FACULTÉ DE DROIT DE TOULOUSE

# DROIT ROMAIN

DE

# LA PROHIBITION TESTAMENTAIRE

D'ALIÉNER *EXTRA FAMILIAM*

## DROIT FRANÇAIS

## EXAMEN CRITIQUE DE LA JURISPRUDENCE

SUR

# LA FEMME

## DU COMMERÇANT

THÈSE POUR LE DOCTORAT

PRÉSENTÉE

PAR

## PAUL BRESSOLLES

Avocat à la Cour d'appel de Toulouse

PARIS

LIBRAIRIE NOUVELLE DE DROIT ET DE JURISPRUDENCE

ARTHUR ROUSSEAU, ÉDITEUR

14, RUE SOUFFLOT ET RUE TOULLIER, 13.

1887

# THÈSE

## POUR LE DOCTORAT

# FACULTÉ DE DROIT DE TOULOUSE

MM. BONFILS, ✳, Doyen, professeur de Droit commercial.

GINOULHIAC, ✳, professeur de Droit français dans ses origines féodales et coutumières.

POUBELLE, O. ✳, professeur de Code civil, en congé.

ARNAULT, ✳, professeur d'Économie politique, en congé.

DELOUME, professeur de Droit romain.

PAGET, professeur de Droit romain.

CAMPISTRON, professeur de Code civil.

WALLON, professeur, chargé d'un cours de Code civil

BRESSOLLES (Joseph), agrégé, chargé du cours de Procédure civile.

VIDAL, agrégé, chargé du cours de Droit criminel.

HAURIOU, agrégé, chargé du cours de Droit administratif.

BRISSAUD, agrégé, chargé du cours d'Histoire générale du Droit.

ROUARD de CARD, agrégé, chargé d'un cours de Code civil.

De BOECK, agrégé, chargé du cours d'Économie politique.

MÉRIGNHAC, agrégé, chargé du cours de Droit international privé.

TIMBAL, agrégé, chargé du cours de Droit constitutionnel.

M. MOUSSU, secrétaire.

M. HUMBERT, O. ✳, sénateur, professeur honoraire.

M. HUC, ✠, Conseiller à la Cour d'appel de Paris, Professeur honoraire.

M. BRESSOLLES, (Gre) ✳, professeur honoraire.

PRÉSIDENT DE LA THÈSE : M. DELOUME.

SUFFRAGANTS : 
{ MM. CAMPISTRON.
  HAURIOU.
  ROUARD de CARD.

*La Faculté n'entend approuver ni désapprouver les opinions particulières du candidat.*

CHATEAUROUX. — TYP. ET STÉRÉOTYP. A. MAJESTÉ.

FACULTÉ DE DROIT DE TOULOUSE

## DROIT ROMAIN

DE

# LA PROHIBITION TESTAMENTAIRE

## D'ALIÉNER *EXTRA FAMILIAM*

### DROIT FRANÇAIS

## EXAMEN CRITIQUE DE LA JURISPRUDENCE

SUR

# LA FEMME

## DU COMMERÇANT

THÈSE POUR LE DOCTORAT

PRÉSENTÉE

PAR

## PAUL BRESSOLLES

Avocat à la Cour d'appel de Toulouse

PARIS

LIBRAIRIE NOUVELLE DE DROIT ET DE JURISPRUDENCE

ARTHUR ROUSSEAU, ÉDITEUR

14, RUE SOUFFLOT ET RUE TOULLIER, 13.

1887

A LA VÉNÉRÉE MÉMOIRE DE MA MÈRE

P. B.

DROIT ROMAIN

DE

# LA PROHIBITION TESTAMENTAIRE
## D'ALIÉNER *EXTRA FAMILIAM*

# OUVRAGES CONSULTÉS

Bruns :
Fontes juris romani antiqui (editio tertia) : Tubingae, in-8°, 1876.

Cujas :
Opera omnia : Neapol, 1722-1727, 11 vol. in-fol.

(*Passim et praecipue*, t. IV ; *Comment. in libros Quaest. Papin.*, col. 525 sq., 547 sq., 1155 sq. ; t. VI, col. 741 sq. ; t. VII ; *Recit solem. ad tit. de Leg.* 1° et 2°, col. 1081 sq., 1138 sq., 1286 ; — t. X : *Recit sol. ad tit. de Leg.* 3°, col. 1106 sq.)

Cuq :
Recherches historiques sur le Testament *per aes et libram*.

(Nouvelle Rev. hist. de Dr. fr. et étr., 1885, p. 533 et suiv.)

Doneau :
Commentarii de jure civili : Norimbergae, 12 vol. in-8° (t. V, lib. VIII, cap 28, n°ˢ 2-6 ; — lib. IX, cap. 10.)

Faber :
Opera omnia : Lugduni 1658-1661, 10 vol. in-fol. (*Passim et praecipue : Conjecturae juris civilis*, lib. XIV, cap. 6 à 16. — *De error. pragmat. et interpr. juris :* Dec. LIV (errores, 7-11) ; LXXXVII (error., 10) ; LXXXVIII (errores 1-2.)

Fustel de Coulanges : La Cité antique, 11° édit. Paris, Hachette, 1885, in-18 jésus.

| | |
|---|---|
| GIRAUD : | Juris romani antiqui vestigia : Parisiis, 1872, in-12. |
| GLÜCK : | Pandekten : Erlangs, 1796-1843 (t. XVI, § 976). |
| HUSCHKE : | T. Flavii Syntrophi instrumentum donationis : Breslau, in-8°, 1838. Die multa und das Sacramentum. (p. 303-343). Leipzig, in-8°, 1874. |
| IHERING (von) : | L'Esprit du Droit romain, traduit par Meulenaere (t. II, passim) 2° édit. 1880, 4 vol. in-8°. |
| LABBÉ : | Du mariage romain et de la *manus*. (Nouv. Rev. hist. de Dr. fr. et étr., 1887, p. 1 et suiv.). Appendice VI sur le livre II de l'Explication hist. des Instit. de Justinien, par Ortolan (12° édition), t. II, Paris, Plon, Nourrit et C^ie, 3 vol. in-8°. |
| LABOULAYE : | Testament de Dasumius (Rev. de législ. et de jurispr., 1845, t. II, p. 273-340.) |
| ORELLIUS : | Inscriptionum latinarum selectarum amplissima collectio. Turici, 1828, 3 vol. in-8°. |
| POTHIER : | Pandectae Justinianeae (édition Bréard-Neuville). Paris, 1817 et suiv., 26 vol. in-8° (t. XII, —tit. *de Legatis*, n^os 437-451). |
| — | Traité des Substitutions, Sect. III, art. 3, § 2 (t. I des œuvres posthumes. Paris, 1777, 4 vol. in-4°). |
| DE RETES : | De fideicommissis perpetuo familiae relictis (extrait du *Novus Thesaurus* |

*Meermani*, t. VII, Hagae Comitum,
1751-1753, 7 vol. in-fol.

SANDE : De Prohibita rerum alienatione (Pars,
tertia, p. 45-75), (extrait des Opera
omnia juridica. Bruxellis, 1721, in-f°).

VILLEQUEZ : Étude historique sur les substitutions
prohibées (Rev. hist. de Dr. fr. et
étr., t. IX, p. 81 et suiv).

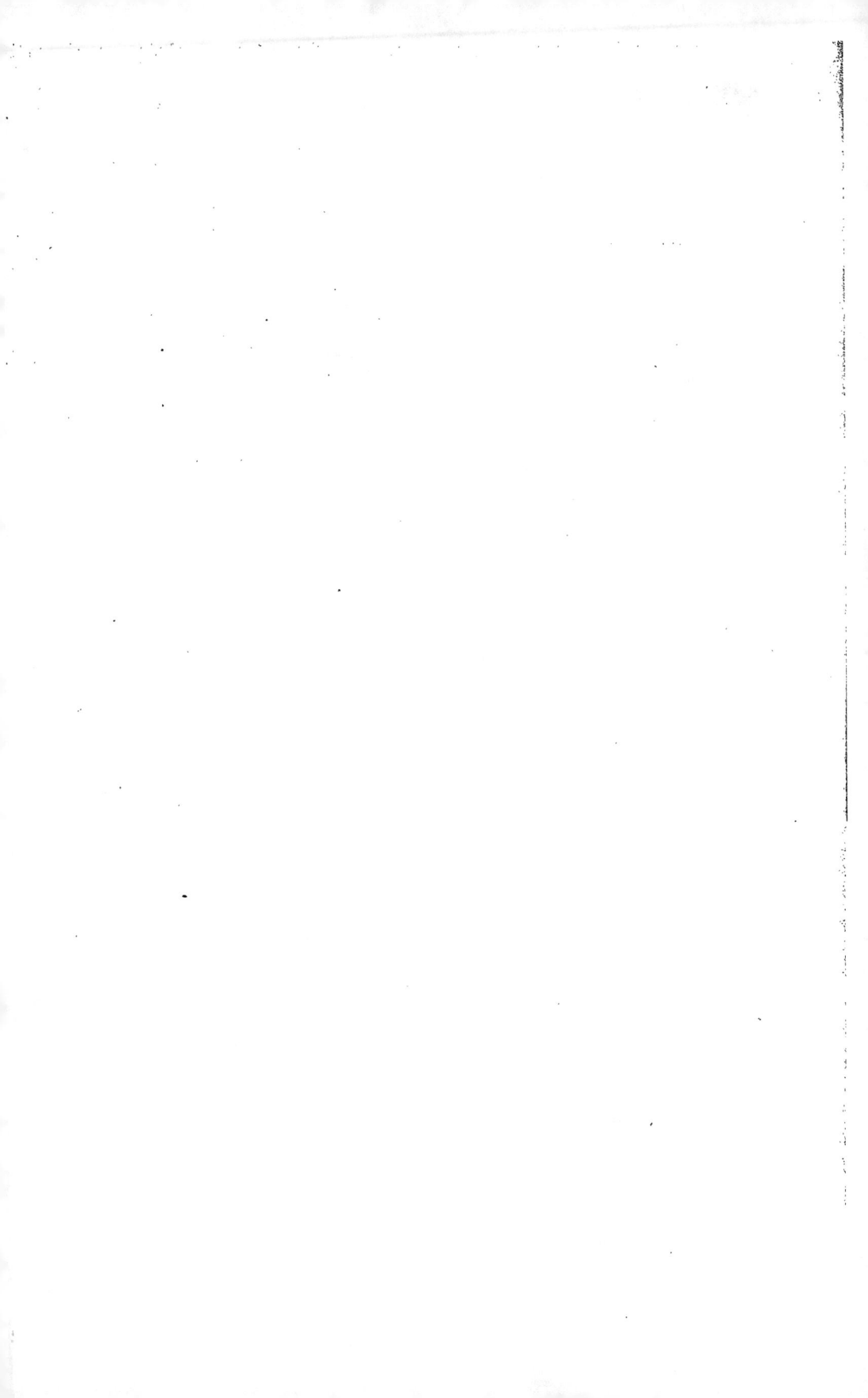

DE LA

# PROHIBITION TESTAMENTAIRE

## D'ALIÉNER *EXTRA FAMILIAM*

## DANS LE DROIT ROMAIN CLASSIQUE

## INTRODUCTION

Les curieux de droit romain s'appliquent aujourd'hui
à le déchiffrer surtout dans ses origines et à retrouver,
par la conjecture, les lignes maîtresses d'institutions
perdues. Rien de tel dans cette étude. Une institution de
pur droit classique, une théorie qui se retrouve dans nos
sources : c'est à quoi je veux borner mon attention.
Mais cette recherche n'en est pas moins pleine d'attraits.
Elle nous porte vers un côté de la vie romaine curieux
à surprendre et que je n'ai vu exprimé nulle part de
façon pleinement satisfaisante. C'est à peine, en effet, si
les romanistes modernes, au moins en France, mention-
nent au passage soit la prohibition d'aliéner *extra familiam*, soit même le fidéicommis de famille. Sans doute,
chez les vieux auteurs on trouve sur ces points une vraie
profusion de commentaires. Mais, si fructueux que
soient leurs travaux et profitables leurs analyses, ces
jurisconsultes avaient pris le sujet à un point de vue

qui ne peut plus être le nôtre. Ils l'avaient étudié surtout
en vue de la pratique des substitutions qui, de leur
temps, était légale et très répandue. C'était donc par
un intérêt d'ordre pratique qu'ils avaient été poussés et
à leurs explications s'étaient mêlées des préoccupations
étrangères aux idées romaines.

Aujourd'hui les substitutions sont disparues. D'où l'intérêt historique seul peut attirer à l'étude de notre sujet,
qui veut ainsi être rajeunie. La prohibition d'aliéner
*extra familiàm* ne saurait être utilement traitée si on ne
la replace dans le milieu romain qui l'a vu naître et s
l'on ne tâche à ressaisir, dans sa pureté, l'analyse qu'en
avaient faite les juristes du droit classique. C'est ce que
j'ai cherché à réaliser et, en cela, j'ai cru faire œuvre
suffisamment personnelle.

# CHAPITRE PREMIER

## Notions générales sur la prohibition d'aliéner *extra familiam* et sur le fidéicommis qui en résulte.

## 1

**1.** Le jurisconsulte Scaevola rapporte (*lib.* xix *Digestorum*)[1] qu'il fut consulté au sujet d'un testament qui

---

1. F. 38, § 4, *De legatis* 3º.

défendait à l'héritier d'aliéner certains biens, et cela sans
marquer motif ni sanction de cette défense. Il s'agissait
de savoir si l'héritier avait méconnu la volonté du défunt
en instituant un *heres extraneus*. Scaevola répondit
« *cum hoc nudum praeceptum est, nihil proponi contra
voluntatem defuncti factum* [1] ».

Plus tard un rescrit de Sévère et de Caracalla, cité par
Marcien, dans ses *Institutiones* (cap. VIII), statua dans
le même sens. Et les termes de ce rescrit dégagent les
principes plus nettement que ne l'avait fait Scaevola.

« *Divi Severus et Antoninus*, rapporte Marcien, *rescripserunt eos qui testamento vetant quid alienari nec causam
exprimunt propter quam id fieri velint: nisi invenitur
persona cuius respectu hoc a testatore dispositum est,
nullius esse momenti scripturam quasi nudum praeceptum
reliquerint: quia talem legem testamento non possunt
dicere* [2]. »

2. De ce texte il résulte, d'abord, qu'en principe la
défense d'aliéner faite par testament à l'héritier ou au
légataire n'était pas valable. Probablement les *prudentes*
trouvaient contradictoire une disposition qui transmet-
tait le *dominium* et qui en retranchait le plus précieux
attribut. Et puis, il faut voir là une trace de ce respect
sans bornes, qu'on a relevé fort justement [3], et que
professaient les Romains pour la liberté dans le droit.
« Le propriétaire était sans pouvoir sur la liberté même
de la propriété ; il pouvait se ruiner lui-même, mais il ne

---

1. Le même jurisconsulte avait reproduit cette décision au livre III
de ses *Responsa* (F. 93, *De legatis* 3o).

2. F. 114, § 14, *De legatis* 1o.

3. Von Ihering : Esprit du droit romain, t. II, § 35, p. 143 et suiv.
§ 38, p. 216, 221 et suiv., 228.

pouvait ruiner la propriété et le propriétaire futur ;....
diminuer la valeur absolue de la propriété ».

La défense d'aliéner était surtout inefficace quand le
testateur n'avait marqué ni le pourquoi ni les personnes
en faveur desquelles il faisait cette défense. Alors, en
effet, l'ordre du testateur n'était qu'un *nudum praecep-*
*tum*, au dire des jurisconsultes, comme on qualifiait de
*nuda* la *pactio* où « *nulla subest causa propter con-*
*ventionem* » (F. 7, § 3, *de Pactis* II, 14). Pas plus que le
pacte *nu*, la défense *nue* n'engendrait action au profit de
quiconque. A prendre cette défense pour sensée, on ne
pouvait l'interpréter que comme faite en faveur du seul
héritier ou légataire à qui on l'adressait. Or, toute
personne peut renoncer aux faveurs qui la concernent.
C'est donc qu'ici l'aliénation était possible, malgré le
conseil contraire du testateur.

**3.** Mais que l'on suppose le testateur indiquant le
motif de la prohibition qu'il porte. Ainsi il impose
une sanction, il marque certaines personnes en faveur
desquelles il fait défense et qui profiteront de la chose
au cas d'aliénation. Les principes alors ne fléchi-
ront-ils pas? Le passage cité du rescrit préjuge la
réponse, et la phrase qui le suit, non encore citée, lève
tous les doutes « *Quod si liberis, aut posteris, aut libertis,*
*aut heredibus, aut aliis quibusdam personis consulentes*
*eiusmodi voluntatem significarent, eam servandam esse.* »
C'est pourquoi il suffisait au testateur, pour rendre efficace la défense qu'il portait, de prohiber l'aliénation en
dehors de sa *familia*. Par exemple, ajoutait-il à la
prohibition les mots « *de nomine familiae non exeat* [1] »

---

1. F. 77. § 28, *de legatis* 2º.

« *ne de familia nominis mei exeat* [1] » « *de nomine vestro nunquam exeat* [2] » « *peto ne domus alienetur sed ut in familia relinquatur* [3] » : dans ces cas, la prohibition d'aliéner était reconnue valable.

**4.** Cette validité avait-elle été imposée par la pratique? C'est fort probable. Dans tous les cas, on peut dire que la pratique, une fois cette validité établie, en profita largement. Peu de clauses ont été plus usitées que celle qui prohibait l'aliénation *extra familiam*. La preuve en résulterait d'abord des décisions nombreuses consignées au Digeste touchant cette prohibition et qui, pour la plupart, portent avec soi des citations de testaments. Au surplus, nous avons nombre d'inscriptions portant défense d'aliéner ; or ces inscriptions sont des extraits de testaments conformes. Les prohibitions qu'elles renfermaient n'auraient pu avoir d'efficacité par la seule mention qu'on en avait faite sur un tombeau, si, d'ailleurs, un testament ne leur eût donné de la force [4].

**5.** On peut expliquer ce fréquent emploi des prohibitions d'aliéner par l'un des motifs suivants. Tantôt les testateurs voulaient pourvoir à des intérêts d'affection envers telles ou telles personnes. Tantôt ils prenaient l'intérêt plus général de leur famille et voulaient, par la conservation de certains biens dans le patrimoine de ceux qui devaient porter leur nom, assurer à ceux-ci la

---

1. F. 77, § 11, *de leg.* 2°.
2. F. 38, § 3, *de legatis* 3°.
3. F. 114, § 15, *de legatis* 1°. F. 69, § 3, *de legatis* 2°.
4. Voir les développements de Huschke (*Die multa und das Sacramentum*, p. 323 et suiv.) touchant la force obligatoire des *multae* inscrites sur les tombeaux.

richesse et la considération. Ou bien, par un motif qui
se liait à certains égards au précédent et qui naissait
d'idées religieuses, ils tenaient à assurer, soit directement, soit indirectement, honneur et respect à leur
sépulture et à celle de leur famille.

6. Au premier motif on peut rattacher les prohibitions
qui étaient faites en faveur de certaines personnes déterminées v. g. prohibition d'aliéner *extra familiam liberorum* ou *libertorum*. De même, les prohibitions dites *in
personam*, et dont il sera parlé plus loin, étaient des dispositions de pure bienveillance et bienfaisance. Elles
étaient temporaires : dès lors, nulle place à des considérations religieuses ou politiques. Ainsi, c'est un testateur
qui veut assurer gîte ou aliments à ses affranchis ; il
leur lègue « *praediolum cum taberna* » avec défense
d'aliéner à d'autres qu'un *collibertus* [1]. Ainsi la disposition suivante « *Insulam libertis utriusque sexus legavit ita
ut ex reditu eius masculi duplum feminae simplum percipiant ; eamque alienare vetuit* [2] ».

7. Mais ce motif n'était pas celui qui, le plus souvent,
poussait les testateurs aux clauses d'inaliénabilité.
Et il est à croire que le désir de maintenir le patrimoine
des familles ou celui d'assurer le culte et le respect des
tombeaux en étaient les principaux mobiles.

Le désir d'abord de maintenir le patrimoine des
familles. Il suffit de parcourir les textes du Digeste
relatifs aux prohibitions d'aliéner. Ils prévoient, le plus
souvent, des fidéicommis perpétuels et conçus en termes
généraux « *peto ne fundus de nomine meo exeat* » ou

---

1. F. 38, § 5, *de legatis* 3°.
2. F. 88, § 14, *de legatis* 2°.

« *veto fundum exire de familia nominis mei* » ou
« *de nomine familiae meae* ». Par où l'on voit le souci du
nom affirmé, bien plutôt que celui d'aider ou d'assister
les membres de la *familia*. Au surplus, les textes ne
citent que des testaments frappant d'inaliénabilité les
immeubles, c'est-à-dire les biens réputés les plus précieux et qui, par leur stabilité, affirment la permanence
du nom. « *Fundum* » (F. 77, § 11, 27, *de legatis* 2°, F. 38,
§ 1, 3, *de legatis* 3°). « *AEdes* » (F. 88, § 15, *de legatis*
3°. « *Domum* (F. 69, § 3, *de legatis* 2°, F, 38, § 4. F. 93 *de
legatis* 3°). « *Praedium* » et même « *praedium suburbanum
(eod. loc.)* ». Ce dernier point est important à noter, car,
les premiers empereurs s'étant emparé de presque toutes
les terres situées aux environs de Rome, celles que
possédaient les particuliers étaient d'un grand prix.

**8.** Quant au désir des testateurs d'assurer culte et
respect à leur sépulture et à la sépulture de ceux qui
porteraient leurs noms, il se manifeste abondamment
dans les sources épigraphiques. Et voici, en raccourci,
à quels types principaux l'on peut ramener les prohibitions que contiennent ces sources.

**9.** En de certains cas, l'on voit la prohibition portant
uniquement sur le tombeau ou le mausolée. Qu'on ne
s'en étonne pas, à raison de l'inaliénabilité dont la loi
frappait déjà les tombeaux comme *res religiosae*. En effet,
dans la vente d'un fonds, les *loca religiosa modica* qui
en faisaient partie passaient à l'acheteur avec le reste du
fonds [1] (arg. F. 22 et 24 *de contrah. empt.* XVIII, 1.
F. 53, § 1 *de act. empti*, XIX, 1). D'où, la prohibition du
testateur pouvait avoir de la portée.

---

1. Cf. Cujas, *Recit. solemn. ad. tit. III de Leg*. F. 38, § 4, *de legatis* 3°.
(*Opera* t. X, p. 1108.)

Voici un exemple de prohibition de ce genre [1].

D. M.

M. AVRELIVS ROMANVS ET
ANTISTIA CHRESIME VXOR EIVS
FECERVNT SIBI. ET LIBERTIS LIBERTAB
POSTERISQ. SVIS. ITEM LIBERTIS LIBERTABVSQVE
POSTERISQ. EORVM MONVMENTVM CVM AEDIFICIO
SVPERPOSITO. HOC AVTEM MONVMENTVM CVM
AEDIFICIO NEQVE MVTABITVR. NEQVE VAENIET
NEQVE DONABITVR. NEQVE PIGNORI OBLIGABITVR
SED NEC VLLO MODO ABALIENABITVR NE DE
NOMINE EXEAT FAMILIAE SVAE.

10. Dans d'autres cas, la prohibition porte sur les biens situés à l'entour du tombeau, tels que champs, maisons, jardins, etc. Ces sortes de biens étant, de par le droit commun, parfaitement aliénables, la prohibition était du plus grand intérêt pour le testateur qui voulait, en les frappant d'indisponibilité, mieux garantir le respect du tombeau.

Voici des extraits d'inscriptions :

1. «. . . . . . . . . .
HVIC MONIMENTO SIVE SEPVLCRO ATPLICITVM
INSTRVCTVM AEDIFICATVM EST ET SI QVA MACERIA
SECVNDVM SE. IBI. APPLICITA EST. EA OMNIA
HVIC MONIMENTO SIVE AEDIFICIO CEDANT [2]. »

2. «... VICVS SPVRIANVS CVM SVIS MERITORIIS ET
DIAETA.
QVAE EST IVNCTA HVIC MONVMENTO CVM
SVIS PARIETIBVS ET FVNDAMENTIS HVIC
MONVMENT. CEDET [3]. »

---

1. Orelli 4386. Cf. Orelli, 4387, 4388, 4403, 4425, 4427, 7338.
2. Orelli 4428.
3. Orelli 4430. Cf. eod. loc. 4395, 4509, 4549.

11. Dans d'autres cas, enfin, les prohibitions d'aliéner *extra familiam*, en considération de la sépulture et du culte des morts, se présentent d'une façon plus indirecte, je veux dire sous forme de legs *ad alimenta*. Un testateur désire que son tombeau et celui des siens soit gardé ou qu'à de certains jours se fassent près du *monumentum* des cérémonies expiatoires. Il établit une sorte de fondation qui s'analyse ainsi. Le fonds sur lequel le tombeau a été ou sera construit est légué *in perpetuum* à une *familia*, mais avec charge d'employer une partie des revenus à la conservation du tombeau et à des services funèbres pour le repos des âmes. Cette pratique, curieuse à signaler et qui, dans le monde païen, formait l'analogue de nos fondations de messes à perpétuité, se fait voir dans plusieurs inscriptions. Il en est deux particulièrement célèbres : ce sont celles qui reproduisent le *testamentum Dasumi* et la *Donatio Flavii Syntrophi*.

12. Le *testamentum Dasumi*, retrouvé par fragments en 1820 et en 1830, près de la voie Appienne, date de l'an 109 de notre ère, c'est-à-dire de la douzième année du règne de Trajan. C'est une inscription bien mutilée et que l'on ne possède pas dans toute sa largeur ; mais elle offre encore des renseignements intéressants. Elle est le seul testament romain dont on possède l'ensemble. Au surplus, Rudorff en a proposé une restitution appuyée des plus savantes conjectures et à laquelle, après les maîtres de l'érudition [1], il n'est pas trop hardi de se ranger. Or, parmi les dispositions que contient le

---

1. Cf. Bruns : *Fontes juris romani antiqui*, p. 202 et suiv. Giraud : *Juris romani antiqui vestigia*, p. 211 et suiv.

*testamentum Dasumi*, on trouve de la ligne 84 à la ligne 102, un fidéicommis d'aliments.

**13.** Il convient de citer un extrait de ce fidéicommis, tel qu'il est restitué par Rudorff [1].

*Prædium suburba.*

86   *num sestertiu*M SEXAGIES, QVOD BENEFICIO *imp.*
    *Caesaris Traiani Augusti Germanici Dacici*

87   *consecutus sum,* INTRA BIENNIVM, QVAM MO*rtuus*
    *ero, libertis in alimenta dari volo. Fidei ita-*

88   *que heredum com*MITTO, VTI PRAEDIVM, IN QVO *cor-*
    *pus meum sepeliri volo, cum in eo...., amicus*

89   *meus rarissim*VS, RELIQ*uias* MEAS CON*dide-*
    *rit, exceptis locis religiosis et monimento,*

90   *quo reliquiae* MEAE INLATAE FVERINT, CVI*cunque*
    *sive testamento anteave libertatem dederim sive*

91   *codicillis ded*ERO. . . . . . . . .

92   *cum pascuis, sal*TIBVS, SILVIS, INSTRVCTVM MA*nci-*
    *pio dent, ita ne de nomine libertorum exeat neve*

93   *ii vendant, pig*NORE DENT, CEDANT, CONDONENT,
    *eius autem portio, qui ex his decesserit, reliquis*

94   *adcrescat, donec* IN RERVM NATVRA ESSET VN*us eo-*
    *rum. Quodsi liberti libertaeque in rerum natu-*

65   *ra omnes esse de*SIERINT, TVNC AD LIBERTORVM, *meo-*
    *rum filios posterosque, donec esset unus eorum,*

96   *idem volo perti*NERE. QVODSE ESSE DESIERIT, *tunc*
    *ad Serviani mei libertos posterosque eorum*

97   *pertineat...* »

**14.** Rudorff a très pertinemment justifié sur ce passage, comme sur les autres, la restitution qu'il a faite et voici le résumé de ses conjectures [2]. Il a d'abord démon-

---

1. Les passages restitués sont imprimés en petit caractère.
2. Voir, à cet égard, le travail qu'il publia dans la *Zeitschrift für*

tré, contre l'avis de Niebuhr, qui avait prévalu jusqu'alors, que le legs d'aliments était contenu dans le
passage qui va de la ligne 84 à la ligne 102 et non pas
seulement de 100 à 102. D'où, le fond de la disposition
s'analyse ainsi : les amis du testateur devront élever
son tombeau sur le *praedium suburbanum ;* le reste de ce
*praedium* doit appartenir à la *familia* des affranchis du
testateur et leur fournira des aliments. Le testament
n'exprime pas qu'en retour les affranchis devront, soit
veiller à la garde du tombeau, soit faire tout auprès certaines cérémonies. Mais il est permis de penser, en s'appuyant de l'usage des Romains sur ce point [1], que l'un
ou l'autre de ces buts avait inspiré Dasumius.

Le second point, démontré par Rudorff, c'est que la
fondation dont il s'agit n'était pas faite sous forme de
gage [2], mais sous forme de transfert de propriété avec
clause d'inaliénabilité. Dasumius voulait que ses affranchis eussent la propriété du fonds transmise par les
soins de son héritier. De plus, ce fonds leur devait appartenir *in perpetuum*, les choses étant réglées de la
façon que voici. Le *praedium* irait d'abord à la première
génération d'affranchis avec accroissement au profit des
survivants. Cette génération éteinte, le *praedium* passe-
rait à la suivante et ainsi de suite, jusqu'à l'extinction
de la *familia*. Et, la *familia* éteinte, c'est aux affranchis
de Servianus que devait échoir le fonds.

---

*geschichtliche Rechtswissenschaft* (t. XII, liv. III, p. 301 et suiv.) et
dont M. Laboulaye fit un excellent résumé dans la *Revue de législation
et de jurisprudence* (année 1845, t. II, p. 273-340).

1. Cf. Pétrone : *Satyricon,* c. 71. — F. 18 § 5. *de aliment. lega.*
XXXIV, 1. — Flavii : *Donatio Flavii Syntrophi* (*infra* n° 15).

2. Cf. F. 11 *de alimentis legatis* XXXIV, 1. Orelli, 4417.

**15.** La *donatio Flavii Syntrophi* [1], dont la date peut être portée au milieu du IIIe siècle de notre ère et qui nous a été conservée grâce à deux copies manuscrites, faites au XVIIe siècle, d'une inscription lapidaire aujourd'hui perdue, peut s'analyser ainsi.

T. Flavius Syntrophus fait donation à un affranchi de jardins « *cum aedificio [et vineis macerea clusis]*. » C'est à la condition que la jouissance de ces biens appartiendra à tous les affranchis de l'un et de l'autre sexe. Le revenu doit être perçu par portions égales et dans les conditions suivantes.

« *Parique portione inter eos reditum eius custodiatis ita, ut die parentali [meo, item XI, K. Apr. die viola] tionis item XII K. Iunias die rosationis, item III K. Ianuar. die natali meo cu[m mortuus ero, tum ut ]quisque vestrum vivet quive ex vobis geniti erunt aut a quo vestrum quis ma [munissus erit, ad quem unum] pluresve portio similiter huius loci aedificiive pertinebit, id ex formula suprascripta dividatis...* »

Plus bas, le donateur ajoute :

» *Quive ex vobis novissimus morietur eodem modo testamento suo [caveat, ut q(ui) s(upra) s(cripti) s(unt), quive] ex iis prognati erint aequaliter in familiam nominis mei permanea [nt eodemque quo vos iure sint].*

## II

**16.** — Pour valider les prohibitions d'aliéner *extra familiam*, les juristes du droit classique l'analysaient en un fidéicommis imposé à l'héritier ou au légataire pour le

---

1. Orelli 7321. Huschke : *T. Flavii Syntrophi instrumentum donationis* (Breslau 1858). Giraud, *op. laud.* p 200. Bruns, p. 83.

profit de la *familia* (Marcien : *lib.* viii, *Institutionum*[1]. Papinien : *lib.* xix[2] et ix[3] *Responsorum*).

Cette analyse ne rencontrait d'objection ni dans le caractère tacite du fidéicommis, ni dans l'incertitude du bénéficiaire auquel on l'attribuait.

D'une part, il n'est pas exigé, pour être reconnu fidéicommissaire, qu'on ait été ouvertement appelé au bénéfice de la disposition. Cette qualité s'applique également à ceux, comme dit Doneau[4] : « *Quorum interest id datum esse et quibus testator prospectum voluit etiam si de his nihil nominatim caverit.* » Ainsi, pour citer des exemples pris aux sources, un testateur a ordonné à certains héritiers de payer ses dettes. Dans ce cas, l'action n'appartient pas aux créanciers, mais aux cohéritiers, dont le testateur a voulu prendre les intérêts. Un testateur a donné l'ordre de payer une dot à son gendre. « *Non... gener...* dit Gaius, (*lib.* ii, *de legatis ad Edictum Praetoris*[5]) *sed filia habet actionem cuius maxime interest* ». Cf. F. 49, § 4 et suiv. *de leg.* 1°.

D'autre part, il est vrai qu'on peut, à la rigueur, considérer la *familia* comme une *persona incerta*. Mais cette remarque n'a, jusqu'au temps d'Hadrien, aucune portée contre la validité de notre institution. Les fidéicommis échappaient à la règle des legs et des institutions d'héritier, qui voulait que le gratifié fût certain. Et, à partir d'Hadrien, l'extension de cette règle aux fidéicommis (Gaius, II, § 287) ne dut toucher en rien à ceux qui

---

1. F. 114. § 15 et suiv. *de legatis* 1°.
2. F. 69, § 3, *de legatis* 2°.
3. F. 78, § 3, *de legatis* 2°.
4. *Comment. de jure civ.* lib. VIII, cap. 27, § 2.
5. F. 69, § 2, *de legatis* 1°.

étaient faits au profit de la *familia*. Les textes sans nombre qui prévoient, au Digeste, des fidéicommis de cette sorte, soit exprès, soit tacites, et résultant de prohibitions d'aliéner, émanent tous de jurisconsultes postérieurs à Hadrien. Ainsi Scaevola (F. 88, § 15 et 16 *de legatis* 2°. F. 38, §§ 3, 4, 5, 7. F. 93, *de legatis* 3°). Marcellus (F. 54, *ad legem Falcid.* xxxv, 2). Papinien (F. 67, § 5. F. 69, §§ 1, 3, 4, *de legatis* 2°. F. 77, §§§§ 11, 24, 27, 28 *de legatis* 3°). Marcien (F. 114, § 14 et suiv. *de legatis* 1°). Modestin (F. 32 § 6 *de legatis* 2°) traitent des effets du fidéicommis *familiae*, sans marquer un doute sur sa validité. Ce qui amène à dire, avec un maître [1], que « le sénatusconsulte d'Adrien a reçu... une dérogation par un acte législatif que nous ignorons et dont nous voyons seulement les conséquences dans les textes ».

17. Mais, en rangeant la prohibition d'aliéner *extra familiam* dans la classe des fidéicommis de famille, qu'a voulu dire le droit romain ?

Voici, en se plaçant au point de vue théorique et quitte à voir plus tard [2] si la pratique romaine ne dévia pas, quelle analyse on doit faire du fidéicommis naissant de la prohibition d'aliéner *extra familiam*.

Cette prohibition d'aliéner ne produisait pas de fidéicommis dans tous les cas. Pour mieux dire, elle contenait un fidéicommis conditionnel qui, dès lors, ne se réalisait que si la condition se réalisait elle-même. En effet, prise au pied de la lettre, la prohibition d'aliéner

---

1. M. Labbé sur Ortolan, t. II, p. 756 (livre II, appendice vi, § 3 *in fine*).

2. *Vide infra* ch. II, sect. ii.

*extra familiam* ne restreint qu'à certains égards le droit de disposer de l'héritier ou du légataire grevé. S'il lui est défendu d'en user au profit d'étrangers, il en a pleine liberté au profit des membres de la *familia*. Il peut, dans cette limite, choisir ses acquéreurs. Le mode d'aliénation est aussi à son choix, mode à titre onéreux ou à titre gratuit, acte entre vifs ou de dernière volonté. Il peut enfin imposer des charges et des restrictions. C'est donc qu'en aliénant *in familia*, le grevé n'opère pas une restitution de fidéicommis : il fait acte de disposition. Les membres de la *familia* qu'il a choisis reçoivent la chose de lui et non pas du testateur, bien que l'acte du grevé concorde ici avec un désir du testateur et en forme la réalisation. Pour voir apparaître le fidéicommis ou plutôt pour le voir sortir effet, il faut supposer que l'héritier ou le légataire a aliéné le bien hors de la *familia*. Dans ce cas, les membres de la *familia* viennent, en vertu du testament et dans l'ordre marqué par le testateur ou, à défaut, par la loi. Le grevé ou ses héritiers sont tenus envers eux de la restitution du fidéicommis et ceux-ci reçoivent les biens sujets à restitution non pas du grevé mais du testateur. C'est l'aliénation *extra familiam* qui réalise la condition à laquelle était subordonné le fidéicommis [1] (Arg. F. 38, § 5, *infine*, *de legatis* 3°).

**18.** On voit, par ce qui précède, combien le fidéicommis résultant de la prohibition d'aliéner tranchait sur les autres fidéicommis de famille, notamment sur les deux qui étaient le plus usités à Rome, le fidéicommis

---

1. Pothier *Pandectae Justinianeae* (*de Legatis*, n° 437, corol. II note). Traité des Substitutions, section III, art. 3, § 2.

*familiae* et le fidéicommis laissé *uni ex familia. quem heres elegerit.*

Le fidéicommis laissé directement *familiae* et qui est ainsi conçu : « *fundum familiae meae relinquo* » est attribué, comme notre fidéicommis, suivant un ordre réglé par le testateur ou, à défaut, par la loi. Mais c'est un fidéicommis pur et simple. D'où la *diei cessio* se produit à la mort du testateur, et, de plus, le grevé ne peut restituer à tel ou tel membre de la *familia* selon son choix. L'ordre fixé doit être suivi (Modestin, *lib.* IX, *Regularum*[1]. Papinien, *lib.* VIII, *Responsorum*[2]). Ici rien de tel. Le fidéicommis est conditionnel : ce qui porte la *diei cessio* au jour de l'événement de la condition. Et le grevé peut attribuer le bien compris dans le fidéicommis aux membres de la *familia* qu'il lui plaît de choisir.

**19.** Mais le grevé n'est pas à considérer, pour cela, comme chargé d'un fidéicommis avec faculté d'élire. Dans le cas de ce dernier fidéicommis, on est en face d'un acte pur et simple et qui, dès le début, a l'aspect d'un fidéicommis. Le grevé peut, sans doute, restituer le bien à qui il veut, pris dans la *familia*. Mais lorsqu'il le fait, c'est toujours *au nom du testateur*, jamais en son nom ni par acte de disposition « *quis est enim*, disait Papinien (*lib.* IX, *Quaestionum*[3]), *quod de suo videatur reliquisse qui quod reliquit omnimodo reddere debuit ?* ». D'où, notamment, il ne saurait imposer des charges à l'attribution qu'il fait, non plus que la faire par un acte à titre onéreux. Et, en réalité, quoi de plus contraire à l'idée de

---

1. F. 32, § 6, *de legatis* 2°.
2. F. 77, § 32, *de legatis* 2°.
3. F. 67, § 1, *de legatis* 2°.

restitution fidéicommissaire, qu'une charge que se ré-
serverait le fiduciaire ou un prix touché par lui en retour de la restitution? Ici, au contraire, celui qui a reçu
défense d'aliéner est bien plus à l'aise que le grevé d'un
fidéicommis *uni ex familia quem heres elegerit*, lorsqu'il
veut aliéner *intra familiam*. Il est alors dans la situation
normale de tout propriétaire, qui peut disposer de sa
chose au prix et aux conditions qu'il lui plaît de fixer.
Bien loin qu'il agisse comme grevé de fidéicommis,
l'aliénation qu'il consent au profit du membre de la
*familia* est précisément ce qui empêche un fidéicommis
de naître au profit de cette *familia*.

20. La notion comprise du fidéicommis résultant de
la défense d'aliéner, il importe de dire un mot touchant
les variétés de forme de cette défense, dont chacune,
procédant d'une pensée différente du testateur, donnait
aussi un aspect divers au fidéicommis.

Les testateurs pouvaient, d'abord, soit défendre d'aliéner *extra familiam*, sans attacher à ces paroles un sens
restreint, soit, au contraire, amoindrir par une addition
de paroles ou par un changement de termes, la portée
de la prohibition ou le cercle des personnes qu'elle avait
pour but de favoriser. Ainsi, au lieu de prohiber toute
aliénation, en général, le testateur pouvait ne viser que
le testament ou la donation (F. 38, § 3, *de legatis* 3°.
C. 4, *de fideicommissis*, VI, 42). Ainsi, au lieu de prohiber
l'aliénation *extra familiam*, il pouvait ne le faire qu'en
faveur de la *familia liberorum* (F. 78, § 3, *de legatis* 2°).
ou *libertorum* (F. 77, § 15, F. 88, § 6, *de legatis* 2°.
F. 38, § 1 et 2. F. 94, *de legatis* 3°). En ce qui touchait
les prohibitions d'aliéner de la première espèce, le sens
des mots « *alienare* » ou « *familia* » devait être pris très

largement, comme on le verra plus bas. Quant à celles
de la seconde espèce, il fallait, pour fixer soit les causes
qui produisaient le fidéicommis, soit les personnes appe-
lées à en profiter, s'attacher à la volonté du testateur.

**21.** Une seconde distinction à faire est celle des
défenses d'aliéner, qu'on peut appeler *in rem*, et des
défenses *in personam* [1]. La prohibition *in rem* est celle
qui n'est pas adressée spécialement à une personne, à
l'héritier ou au légataire, mais qui est conçue d'une façon
générale. Par exemple : « *de nomine meae familiae fundum exire veto* » ou bien « *fundum extra familiam alienari prohibeo* ». Au contraire, la prohibition *in personam*
n'est faite qu'à une personne déterminée. Par exemple :
« *fundum extra familiam ab herede alienari prohibeo* ».

**22.** Enfin, il importe de distinguer la prohibition qui
se limite à une seule aliénation et celle qui est faite à
perpétuité.

Dans le premier cas, les volontés du testateur sont
observées une fois que le bien a été transmis à la
*familia* par l'héritier ou par le légataire. Ainsi, il suffit
que celui-ci ait spontanément fait aliénation des biens
à un membre de la *familia* ou que, ce bien ayant été
aliéné *extra familiam*, les membres de la *familia* qui se
trouvaient alors les plus proches aient recueilli le fonds
*iure fideicommissi*. Désormais l'aliénation est permise
hors de la *familia*.

Dans le cas où la défense d'aliéner est faite *in perpetuum*, le fidéicommis conditionnel doit exister, selon
la volonté du testateur, tant qu'il survivra un membre
de la *familia*. « *Hoc fideicommissum*, a-t-on très bien

---

1. Cf. Sande : *De Prohibita rerum alienatione Pars* III, ch. ii.

dit[1].... *tam multiplex est, totque fideicommissa in se continet quot sunt capita gradusque personarum in familia, quibus fideicommissum relinqui oportebit.* » Celui à qui le testateur a fait défense d'aliéner, ou ses héritiers après lui, sont exposés à voir naître une *persecutio iure fideicommissi*, au cas d'aliénation faite *extra familiam*, jusqu'à l'extinction de celle-ci. Le bien passe de mains en mains à tous les membres de la *familia*, frappé de la même indisponibilité.

**23**. Dans quels cas la prohibition d'aliéner et le fidéicommis qui en résultait étaient-ils à regarder comme uniques ? dans quels cas comme perpétuels ? — C'était un point de fait que servaient à trancher les termes mêmes du testament. Mais on peut croire qu'à ce point de vue la distinction entre les prohibitions *in personam* et les prohibitions *in rem* correspondait à la distinction entre les fidéicommis *uniques* et les fidéicommis *perpétuels*. Se trouvait-on en présence d'une prohibition *personnelle*? le fidéicommis en résultant n'était pas perpétuel. C'était le contraire, si la prohibition était conçue *in rem*.

**24**. Ce principe se justifie d'abord en raison et paraît conforme à l'intention probable du testateur.

Prenons la prohibition *in rem*. Par le fait que le testateur n'a pas imposé d'obligation à tel plutôt qu'à tel autre, mais n'a mentionné que son bien avec ces mots : « *de nomine meo* » ou « *extra familiam exire veto* », il a grevé le fonds même. D'où ce fonds passera d'un possesseur à un autre, perpétuellement grevé de la même charge. Il en sera ainsi tant que la loi posée par le testateur pourra

---

1. Sande, *op. laud, Pars* III, ch. v, n° 15.

être obéie, c'est-à-dire jusqu'à l'extinction de la *familia*.
— Prenons, au contraire, la prohibition *in personam*,
v. g. « *fundum ab herede extra familiam alienari nolo* ».
Que semble indiquer cette formule? L'ordre qu'elle
donne au sujet du fonds est à l'adresse d'une personne
nommément désignée et ne semble concerner qu'elle
seule. Ce n'est donc pas d'une charge imposée et adhé-
rente au fonds même, mais d'une obligation personnelle
au grevé qu'il s'agit ici. Sitôt que le grevé a satisfait
au désir du testateur, il paraît juste de dire que tout
est fini et que l'obligation ne s'étend pas à d'autres
têtes.

**25.** Des exemples pris aux sources confirment, au
reste, cette façon de voir.

Les F. 67, § 5 et 6, et F. 69, § 3, *de legatis* 2°, prévoient
des cas de prohibition *in rem*, puisque, dans l'un, le
testateur parle ainsi: « *peto non fundus de familia
exeat* », et dans l'autre, « *peto ne domus alienaretur sed
ut in familia relinqueretur* ». Or, Papinien, de qui viennent ces textes (*lib.* xix, *Responsorum*), fait résulter
de ces prohibitions un fidéicommis perpétuel. Au F. 67,
en effet, il décide que si le grevé aliène, comme il en a le
droit, *in familia*, il peut exiger de son acquéreur la
*cautio* que, à son tour, celui-ci restituera le bien *in
familia*. D'où les choses ne sont pas finies par une
seule restitution. Au F. 69, Papinien établit un vérita-
ble ordre successif entre les membres de la *familia* en
cas d'aliénation faite *extra familiam*. Et il dit notamment : *Proximus quisque primo loco videtur invitatus ;
nec tamen ideo sequentium causa propter superiores in
posterum laedi debet.*

**26.** Qu'on voie maintenant des exemples de prohibi-

tions *in personam*. — Le F. 38, § § 2, 5, *de legatis* 3° (Scaevola, *lib.* xix *Digestorum*) nous en fournit et marque bien,
au sujet de ces espèces, que le fidéicommis est limité.

Le cas du § 2 est celui d'un testateur qui a chargé son
héritier de ne pas aliéner sa maison à d'autres que ses
*vernae* qu'il nommait dans le testament. — L'ordre est
observé et la fille lègue la maison aux *vernae*. Ceux-ci,
mourant à leur tour, sauf l'un d'eux, instituent des
*heredes extranei*. Le survivant a-t-il droit de réclamer
les parts de la maison que les *vernae* morts avaient
reçues et doit-on dire que ceux-ci n'avaient pas le droit
de les transmettre à un *extraneus*? Non, répond
Scaevola. Le *verna* survivant n'a droit qu'à la part virile
qu'il a reçue. En effet, l'héritier seul, et non les *vernae*,
avait reçu défense d'aliéner. Cette défense a été suffisamment observée si le bien est parvenu à ceux qu'avait
désignés le testateur.

De même, au § 5, Scaevola prévoit une testatrice
qui lègue un bien à ses *liberti* sous la condition qu'aucun n'aliénera sa part à un autre qu'un affranchi. Certains de ces légataires ont vendu leur part à deux *colliberti*. Mais, à leur tour, ceux-ci ont laissé des *heredes
extranei*. Par suite, ils ont transmis à un étranger et la
part qu'ils avaient reçue du testateur et la part qu'ils
avaient achetée de leur *collibertus*. Quant à la première
de ces parts, il est certain que la volonté du testateur
a été violée ; d'où, réalisation de la condition et ouverture du fidéicommis. Mais *quid* des autres parts, celles
que les *liberti* défunts avaient achetées? Scaevola répond
qu'elles appartiennent à *l'heres extraneus* et voici le
motif qu'en donne son annotateur, Claudius Tryphoninus, « *quia non possidentis persona qui nunc extraneus est,*

*respicienda est : sed emptorum qui secundum voluntatem defunctae ex illis fuerunt quibus permiserat testatrix venumdari nec condicio exstitit dati fideicommissi.* Une fois le bien parvenu à l'un des *colliberti*, celui-ci en avait pu valablement disposer au profit d'un *extraneus*.

### III

**27.** Avant d'aborder, dans le détail, la théorie du droit classique sur la prohibition d'aliéner *extra familiam* et sur le fidéicommis qui en résulte, il convient de se demander ce qu'avait été cette prohibition d'aliéner au regard du droit antérieur. Ce droit l'admettait-il ? A quel titre la reconnaissait-il ?

J'ai précisé plus haut, à dessein, par quels motifs s'expliquait l'emploi chez les Romains des prohibitions testamentaires d'aliéner. C'était affection ou bienveillance pour les membres de la *familia*, ou bien souci aristocratique de conserver le patrimoine, ou enfin désir religieux d'assurer le culte des morts. Or, ces sentiments ne régnaient pas seulement à l'époque classique. Plus haut remonterait-on vers les origines, plus on les trouverait vifs et accusés dans les mœurs des Romains. D'où, il semblerait naturel de conclure que les défenses d'aliéner *extra familiam* datent des époques les plus reculées.

Cette induction est-elle justifiée par l'histoire ?

**28.** On peut dire que non pour les temps qui ont précédé la loi des XII Tables. Alors, en effet, l'organisation du droit de propriété, toute religieuse et politique, suffisait à assurer les intérêts que la prohibition d'aliéner eut plus tard pour but de garantir. Même sans revenir aux temps de la propriété collective, qui certainement

excluait toute disposition faite en dehors de la *gens* et de
la famille agnatique, il est à croire que la propriété individuelle ne donna pas au début le droit d'aliéner [1].
« Devenue individuelle au point de vue de l'exploitation
elle continue à être affectée, par la règle de sa transmis-
sion héréditaire, à l'existence, aux besoins des membres
de la *gens* à laquelle elle appartenait antérieurement. Il
en est ainsi tout au moins des terres distribuées par
l'État; *heredium quod heredem sequeretur* (Varron, *de
Re rustica*, I, 10)[2] ». L'*heredium* devait être conservé
dans la famille et ne pouvait être aliéné qu'en cas de
nécessité. — C'est même ce qui permet d'expliquer les
solennités qui entouraient alors les modes de transmis-
sion soit entre vifs soit à cause de mort.

**29.** Avec la loi des XII Tables, on voit apparaître le
principe de la liberté d'aliéner, et, dès ce moment, il faut
constater que ce principe fut appliqué dans toutes ses
conséquences. « Il n'y a point de matière où l'idée du
pouvoir absolu sur la chose se soit traduite avec autant
de rigueur que dans la propriété romaine [3] ». Le propriétaire, je l'ai dit plus haut (n° 2), pouvait faire de sa chose
ce qu'il voulait : mais il ne pouvait enlever le droit d'a-
liéner à celui auquel il la transférait par acte entre vifs
ou par testament. Au temps où ces principes s'affirmaient
dans toute leur rigueur, on comprend que les clauses

---

1. Fustel de Coulanges : *La cité antique*, p. 73 et suiv. Cf. von Ihering :
*op. laud.*, t. I, p. 205, note 152.

2. Labbé : *Du mariage romain et de la* manus (Nouv. Rev. Hist., 1887,
p. 4). Sic Cuq : *Recherches historiques sur le testament* per aes et libram
(eod. loc. 1886, p. 537).

3. Von Ihering, *op. laud.* t. II, p. 143, cf. id. *eod. loc.* p. 144, 146,
*passim.*

d'inaliénabilité que nous étudions ne devaient pas être
en usage. Mais alors comment faire pour garantir la conservation des biens dans les familles? N'était-il pas à
craindre que certains enfants, peu respectueux des tra-
ditions, se missent à disperser le patrimoine? Sur ce
point, il faut croire que les mœurs suffisaient à tout. Et
je profite à ce sujet d'excellentes remarques faites à un
autre point de vue par un savant romaniste. « Les
mœurs répondant aux sentiments d'une société aristocratique, ont dû maintenir comme un but à atteindre la
conservation des biens dans les familles. Ce n'est plus
une nécessité légale, c'est la volonté du chef... qui tend à
ce but. Les familles ou les *gentes* ont encore une importance politique. Elles doivent s'efforcer, avec soin et ja-
lousie, de conserver la fortune qui fait leur force, leur
éclat, leurs éléments d'influence, qui leur donne le moyen
d'augmenter le nombre de leurs partisans, de leurs
clients [1]. » Et puis, il ne faut pas oublier le droit d'exhé-
rédation qui dérivait pour le père de famille de son
droit de propriété. Par ce moyen, il pouvait écarter le
fils prodigue des biens héréditaires et les attribuer à
qui serait plus digne de les posséder [2].

30. Comment a donc pu s'introduire l'usage et, plus
tard, la reconnaissance légale des prohibitions d'aliéner
*extra familium?*

Voici probablement l'origine première. A cette époque où l'esprit de race et l'orgueil patricien étaient
assez forts pour retenir les « *bona paterna avitaque* »

1. Labbé : *Du mariage romain et de la* manus (Nouv. Rev hist. 1887,
p. 5).
. Cf. Ihering, *op. laud.*, p. 142.

dans les familles, il y avait comme des pactes tacites
entre les pères et les héritiers au sujet de ces biens.
Libre de les aliéner au regard de la loi, le fils ne l'était
pas au regard de sa conscience. Néanmoins, l'usage dut
prendre crédit de rappeler dans le testament à quoi les
devoirs de famille obligeaient le fils qui recevait ces
biens. L'autorité morale et le désir du père, bien
qu'inefficaces en droit, s'y affirmaient d'une façon trop
précise et trop solennelle pour que des enfants respectueux osassent désobéir. — Cet usage dut gagner encore lorsque, les liens de la famille romaine s'affaiblis-
sant, les testateurs avaient des craintes fondées sur la
conservation du patrimoine de leurs aïeux. Seulement il
est probable que, vers ce temps-là, les prohibitions d'a-
liéner étaient déjà reconnues efficaces.

**31.** Il ne faudrait pas croire, en effet, que la rigueur
des principes du droit romain postérieur aux XII Tables,
touchant la liberté de la propriété individuelle, se soit toujours maintenue. Et, de fait, cela n'aurait pas eu lieu sans
heurter, en une foule de cas, les nécessités pratiques.

Pour le comprendre en un exemple, on n'a qu'à se
rappeler l'évolution de notre propre jurisprudence fran-
çaise, au sujet des prohibitions d'aliéner. Au lendemain
du Code civil, qui avait aboli les substitutions, c'eût été
peine inutile que soutenir devant un tribunal la validité
de pareilles prohibitions. Dans le feu de la réaction où
l'on était alors contre l'ancien régime, nul juge n'aurait compris qu'un propriétaire pût être privé du droit
d'aliéner. Ce droit semblait un attribut inséparable
de la propriété individuelle. Or, peu à peu, la rigueur
première s'est tempérée : des distinctions ont été
agréées. Finalement, les arrêts et les auteurs s'accor-

dent aujourd'hui à reconnaître licite la condition de ne
pas aliéner « lorsqu'elle est seulement relative et tem-
poraire et qu'elle se trouve justifiée par un intérêt sé-
rieux » (Demolombe : XVIII. n<sup>os</sup> 294 et suiv.).

32. Nous trouvons trace, dans les Pandectes, d'une
évolution semblable. De la rigueur première, on en vint
à permettre les défenses d'aliéner qui se réclamaient
d'un « intérêt sérieux ». C'était une brèche aux anciennes notions qui tenaient pour essentielle la liberté du
propriétaire et pour indestructible son droit de disposer.
Désormais on ne s'attacha plus qu'à un seul point : la
prohibition d'aliéner offre-t-elle ou non un avantage
pour quelqu'un ? Dans le dernier cas seulement, elle
était nulle. Cette conception des défenses d'aliéner, qui
dénote une idée plus large du droit de propriété, se fait
voir dans les sources à propos des prohibitions conventionnelles et testamentaires.

En ce qui est des premières, je n'ai rien à dire ici : mais
il suffirait, pour se convaincre de ce que j'avance, d'une
combinaison des F. 61, *de Pactis* II, 14, F. 11, *de Re-
ligiosis*, XI, 7 et de la C. 9 *de Pactis inter empt. et
vendit.* ', IV, 54.

En ce qui est des prohibitions testamentaires, le
rescrit, cité plus haut, de Sévère et Caracalla (F. 114,
§ 14, *de legatis* 1°), marque plus nettement la théorie
dont je parle. Or il n'y a pas à douter que cette théorie
fut bien antérieure au rescrit. Un passage de Scaevola
(lib. xix *Digestorum*) [2], prouve qu'elle était accréditée du

---

1. Cpr. Faber : *Rationalia ad Pandectas* sur F. 61, II, 14 — Glück : Pan-
dekten, XVI, § 976, p. 54.

2 F. 38, § 4, *de legatis* 3°.

temps de ce jurisconsulte. Les termes mêmes du rescrit
font voir que la théorie était déjà en cours au moment
où il fût rendu. Les empereurs ne consacrent qu'une application : ils ne créent pas le droit. D'ailleurs, les motifs
d'ordre pratique qui ont amené un adoucissement des
principes sur les prohibitions d'aliéner avaient dû se
présenter antérieurement à Scaevola, et même aux empereurs, et solliciter l'attention des jurisconsultes.

33. A consulter le rescrit de Sévère et de Caracalla,
on voit que la théorie dont je parle autorise la prohibition d'aliéner, quand on se trouve en face soit d'un
motif ou intérêt exprimé ( « *nec causam exprimunt
propter quam id fieri velint* »), soit d'une personne en
faveur de qui le testateur a fait cette défense (« *nisi
invenitur persona, cuius respectu hoc a testatore dispositum est* »). Il était donc tout naturel que la prohibition
d'aliéner *extra familiam* fût déclarée valable : l'intérêt
de la *familia*, pris par le testateur, suffisait à ce résultat.

34. Mais comment se réalisait cette validité?

Du temps où les fidéicommis furent permis, la jurisprudence eut moyen de faire résulter, des prohibitions
d'aliéner, un droit *d'action* au profit des membres de la
*familia*. D'où, par le seul fait que le testateur interdisait
la sortie d'un bien *de nomine suo, de familia nominis sui,*
la *familia* était éventuellement appelée à en bénéficier.

Il est probable que la théorie du fidéicommis fut, de
bonne heure, appliquée à notre matière. Certains auteurs
ont, il est vrai, insinué que, nul jurisconsulte antérieur
à Antonin le Pieux ne mentionnant le fidéicommis de
famille, cette institution aurait pris naissance vers le

temps de ce prince [1]. D'autres ont soutenu que, jusqu'au rescrit de Sévère et de Caracalla cité par Marcien, les fidéicommis de famille perpétuels n'avaient pas été usités et valables [2]. Mais la réponse à ces systèmes se trouve dans le testament de Dasumius qui, daté du règne de Trajan, contient un fidéicommis de famille perpétuel.

**35.** La question devient plus délicate en se plaçant à l'époque où les fidéicommis n'étaient pas consacrés. Si l'on admet, comme je crois qu'il le faut, que la prohibition d'aliéner *extra familiam* pouvait être efficace même avant qu'on ne l'eût considérée comme un fidéicommis, il n'est pas trop hardi de croire que les testateurs lui procuraient ou, du moins, lui pouvaient procurer une sanction par l'un des deux moyens suivants.

**36.** D'abord, ils pouvaient insérer des *multae* dans le testament, c'est-à-dire imposer à l'héritier ou au légataire désobéissant le paiement d'une amende au profit de certains trésors publics. Par la crainte de cette amende, l'héritier ou le légataire s'abstenait de toute aliénation. Ces sortes de clauses étaient très usitées dans les testaments des Romains et remontaient aux temps antérieurs à l'Empire. Elles prenaient leur efficacité dans la volonté du père de famille qui pouvait imposer des *leges privatae* à ses descendants pour le temps postérieur à son décès. Qu'on n'objecte pas qu'elles formaient des legs *poenae nomine*. D'abord, ces sortes de legs ne paraissent avoir été prohibées qu'à dater

---

1. Villequez : *Etude historique sur les substitu ions prohibées* (Revue histor. du dr. français, t IX, p. 101).

2. De Retes : *De fideic. perpetuo familiae relictis* (*Thesaurus Meermann*, t. VII, p. 625).

d'Antonin le Pieux ; or ici nous nous plaçons à une époque antérieure. Et puis, on a fort bien remarqué que *multa* et legs *poenae nomine* étaient choses distinctes [1].

**37.** Ce n'est pas au hasard que je conjecture l'application qui a dû être faite des *multae* en ce qui est des prohibitions d'aliéner. Je le fais à cause de l'adjonction fréquente de ces sortes d'amendes aux clauses de non-aliéner qui figurent sur les inscriptions. Bien peu de ces clauses sont dépourvues d'une *multa* imposée à l'héritier désobéissant. Tantôt c'est au fisc ou à l'*aerarium*, « *fisco* » « *aerario populi romani* [2] », qu'une somme doit être payée, tantôt à la cité dont le testateur faisait partie [3], tantôt aux vestales « *V. V.* » [4], tantôt au collège des Pontifes [5].

En voici deux exemples :

1 . . . . . . . . . . . . . . . . . . NE DE
NOMINE MEO EXIAT. QVOD SI QVIS ID MO-
NIMENTVM PARTEMVE EIVS VENDERE QVIS VO-
LET VEL DONATIONIS CAVSA CVI MANCIPARE
VOLVERIT. ALIOVE QVO NOMINE EIVS MONIMENTI
PARTEM ALIENARE TEMPTAVERIT. DARE DAMNAS
                                              ESTO
AERARIO POPVLI ROMANI S-H. $\overline{XV}$. $\overline{M}$. $\overline{N}$. ET COLLEGIO
PONTIFICVM S-H. $\overline{XV}$. $\overline{M}$. $\overline{N}$. [6]

---

1. Huschke : *Die Multa und das Sacramentum* (p. 308). (Voir, dans ce même ouvrage, pages 303-343, les nos I et II du 5e chapitre, où sont traitées à fond les questions relatives aux *multae* figurant dans les testaments ou sur les tombes).
2. Orelli, 2936, 4425, 4428, 4509, 4610, 7338. — Gruter, 827, 2, — 1133, 3.
3. Orelli, 7337.
4. Orelli, 4428. Gruter : *Thesaurus*, 861, 13.
5. Orelli, 2936, 4425, 4427, 4549. Gruter : 833, 8.
6. Orelli, 4425.

2.... *Et praecepit heredibus ne quis... venumdare vel fidu-*
*ciare, vel donum dare, vel ullo modo alienare, nam post haec*
*praecepta si quis inventus fuerit hoc fecisse, inferat sacro*
*fisco sestertia centum millium nummum* » [1].

**38.** Un second moyen pour assurer l'effet des prohibitions d'aliéner, c'était d'attribuer le bien qui en était
frappé à une cité ou au fisc en cas de désobéissance.
Nous avons la preuve que les testateurs usaient de ce
moyen.

D'abord Scaevola (*lib.* xix *Digestorum*) cite les deux
exemples que voici :

1. *Quod si adversus voluntatem meam facere voluerit, fun-*
*dum Titianum ad fiscum pertinere, ita enim fiet ut fundus*
*Titianus de nomine vestro nunquam exeat* [2].

2. *Quod si adversus ea quid factum erit, tunc eas portiones*
*praediumve cum taberna ad rempublicam Tusculanorum*
*pertinere volo* [3].

**39.** De plus nous trouvons des exemples dans les
inscriptions :

(A) « SI QVI EX IS. QVI SVPRA SCRIPTI SVNT. HOC
      MONVMENTVM AVT VICVM SPVRIANVM
      AVT DIAETA. QVAE EST IVNCTA HVIC MO-
      NVMENTO VENDERE VOLENT
      TVNC AD REMPVBLICAM COLONIAE PVTEO-
      LANAE PERTINEBIT » [4].

(B) « .  .  .  .  .  .  .  .  .  .  .  QVOD SIQVI
      ADVERSVS IT FECERINT, EORVM
      BONA PERTINERE DEBEBVNT

---

1. Murator, 794, 1 (cité par Huschke : *Die Multa*, p. 324 note 90).
2. F. 38, § 3, *de legatis* 3°.
3. F. 38, § 5, *de legatis* 3°.
4. Orelli, 4430.

AD REMPVBLICAM BRVN
DISINORVM » [1].

**40.** Scaevola (au F. 38, § 5, *de legatis* 3°) analyse ces
sortes de clauses en fidéicommis faits au profit des
cités désignées par le testateur. Il est probable que c'est
ainsi qu'on dut raisonner dès que le fidéicommis fût
entré dans les mœurs et reconnu efficace. Mais, antérieurement, la disposition pouvait être validée à titre de
legs conditionnel fait au profit des cités désignées par le
testateur. Et il est à croire que c'est sous ce point de vue
que les jurisconsultes envisageaient alors les choses.

---

1. Orelli, 4431.

# CHAPITRE II

## Effets de la prohibition d'aliéner *extra familiam.*

**41.** Les effets de la prohibition d'aliéner s'analysent en deux principes : 1° Le grevé ne peut aliéner le bien hors de la *familia;* 2° Il peut, à son choix, l'aliéner au profit d'un membre de la *familia.*

Il importe d'examiner, en deux sections séparées, chacun de ces principes.

### Section I. — De l'impossibilité où est le grevé d'aliéner le bien *extra familiam*

#### I. — *Portée du principe*

## I. — *Portée du principe.*

**42.** Il faut d'abord mettre hors de discussion le cas où le testateur a limité la défense d'aliéner à une certaine catégorie d'aliénations. Nul doute qu'alors les modes d'aliéner non visés par le testateur ne soient permis au grevé.

Ainsi, le testateur a interdit à son fils de *venumdare, donare, pignorare* un certain fonds *quoad vixerit*. Les héritiers externes, institués par le fils le seront-ils valablement ? Scaevola répondait (*lib.* xix *Digestorum*) [1] « *hoc ex voluntate defuncti colligi posse, filium, quoad viveret,*

---

1. F. 38, § 3, *de legatis* 3º.

*alienare vel pignorare non posse : testamenti autem fac-
tionem, et in eo fundo, in extraneos etiam heredes habitu-
rum ».*

**43**. Ainsi encore le testateur a interdit à ses fils de vendre ou de donner à gage certains biens *extra familiam*..
L'un des fils a fait donation de quelques-uns de ces biens
à sa sœur ; la condition du fidéicommis est-elle réalisée ?
Non, répondit Alexandre Sévère [1] « *voluntas patris prohi-
bentis liberos fundos extra familiam vendere vel pignori
dare, fratrem sorori donare prohibuisse non videtur* ».

A vrai dire, quelques anciens auteurs ont nié la portée
qui, selon moi, résulte de ce rescrit. Partant de cette
idée inexacte que toute prohibition de vendre entraîne
prohibition de donner et voulant écarter les objections
qui résultent de la C. 4., ils ont soutenu qu'Alexandre
Sévère avait validé la donation parce qu'elle était faite
à la sœur du grevé. Ce qui veut dire qu'il n'aurait pas
statué de même si la donation eût été destinée à une
personne étrangère au donateur. Mais, comme on l'a
observé [2], ce raisonnement est fautif. L'empereur n'a fait
mention de la sœur dans son rescrit que parce que c'était
la sœur qui était donataire. Les rescrits impériaux sont
toujours conçus en fait et modelés sur l'espèce qui était
soumise aux Empereurs.

**44**. Ces points acquis, plaçons-nous dans l'hypothèse
d'une prohibition d'aliéner conçue d'une façon générale
et sans restriction quant aux modes. Ainsi « *ne ullo modo
alienaret* » (F. 93, *de legatis* 3° — Orelli, 4386), ou « *nulla
ex causa abalienent* » (F. 38, § 7, *de legatis* 3°) « *ne*

---

1. C. 4, *de fideicommissis*, VI, 42.
2 Sande, *op. laud.*, 3° P., ch. 3, n° 5.

*alienent et ne de familia nominis mei exeat* » (F. 77, § 11, *de legatis* 2° — Orelli, 4386, 4387, 4425, 7331) « *ne ad exterum perveniat* » (Orelli, 4403).

Quelle est la portée d'une défense ainsi conçue?

Si l'on veut rendre exactement l'idée générale qui résulte des textes, il faut faire une distinction. La défense d'aliéner doit s'entendre, d'une façon absolue, de toutes les aliénations *volontaires*, mais elle ne touche pas, en principe, aux aliénations dites *nécessaires*.

**45.** 1° La prohibition de l'aliénation volontaire *extra familiam* concerne d'abord les aliénations entre vifs.

Ainsi, la vente, la donation, la dation en paiement, l'échange étaient certainement compris dans cette prohibition. Si l'on en juge par les restes de testaments que nous fournissent soit les textes, soit les inscriptions, on voit la vente, la donation, l'échange cités par les testateurs pour appuyer le sens du mot *alienare*. Rien d'étonnant à cela. C'était les modes d'aliénation les plus familiers.

Voici quelques exemples:

« *Hoc monumentum cum* || *aedificio neque mutabitur neque vaeniet* || *neque donabitur...* || *sed nec ullo modo abalienabitur...* » (Orelli, 4386).

« *Quod si quis id mo* | *nimentum vel partem eius vendere quis vo* || *let, vel donationis causa cui mancipare* || *voluerit aliove quo nomine eius monimenti* || *partem álienare temptaverit...* » (Orelli, 4425)[1].

« *...ea lege et condicione ne quis eorum partem vendere, donareve, aliudve quid facere alii velit* » (F. 38, § 5, *de legatis* 3°):

---

1. Cf. Orelli, 2936, 2956, 4388, 4395, 4421, 4427, 4430, 4431, 4509, 4549, 4610.

**46.** De même, le gage ou l'hypothèque est interdit à qui a reçu défense d'aliéner *extra familiam*. A vrai dire, le débiteur gagiste ou hypothécaire n'aliène pas ; il garde la pleine propriété sur le bien qui fait la sûreté du créancier. Mais le droit réel qu'il confère peut amener la vente de ce bien. Or, si la mise en gage d'un bien frappé d'inaliénabilité était chose permise, il serait trop facile de tourner cette inaliénabilité. Aussi les testateurs qui défendaient d'aliéner *extra familiam*, mentionnaient-ils, à titre d'exemple et à côté de la vente et de la donation, la mise en gage du bien.

« *Ne ullo modo... pigneraret aut nullo modo alienaret* » (F. 38, § 4, *de legatis* 3°).

« *Vetuit venumdari, donari, pignerari... ut fundus... de nomine numquam exeat* » (F. 38, § 3, *eod. loc.*).

« *Neque vaeniet, neque donabitur, neque pignori obligabitur* » (Orelli, 4386).

« *Ne veneat, ne fidu || ciare liceat nec de nomine || exire liceat...* » (Orelli, 7331).

**47.** Il paraît logique d'interdire au grevé l'établissement d'une servitude et la constitution d'un droit d'usufruit sur le bien qu'il ne peut aliéner. La servitude, d'une part, est une atteinte à la liberté du fonds et l'usufruit diminue pour le propriétaire l'utilité naturelle du fonds. Or, le grevé ne peut concéder un avantage quelconque faisant partie du droit de propriété qu'au profit des membres de la *familia*.

Enfin la transaction est également défendue au grevé par rapport au bien qui fait l'objet du fidéicommis, si elle aboutit à transférer ce bien à un étranger. Mais, à l'inverse, la transaction serait permise si elle aboutissait à conserver le bien et à forcer le grevé au payement d'une somme.

**48.** Mais la prohibition d'aliéner ne s'applique aux divers modes qui précèdent, notamment à la vente, à la donation, que s'ils portent sur le bien même. Il en serait autrement du cas d'aliénation des fruits. C'est ce qui résulte d'un *Responsum* de Scaevola (*lib.* III *Responsorum*)[1] au sujet d'un testament ainsi conçu : « *volo meas aedes non vendi ab heredibus meis, neque fenerari super eas sed manere eas firmas simplices, filiis et nepotibus per universum tempus.* » L'un des héritiers, ayant fait un emprunt, délègue son créancier dans la part qui lui revenait sur les loyers de la maison. Les enfants de cet héritier ont-ils action *iure fideicommissi?* Scaevola décide que non : la condition ne paraît pas s'être réalisée.

**49.** La prohibition d'aliéner *extra familiam* concerne aussi l'aliénation qui a lieu par dispositions de dernière volonté.

Ainsi l'institution d'un *heres extraneus* par le grevé ou le legs de la chose déclarée inaliénable fait au profit d'un étranger à la *familia* sont contraires à la défense imposée par le testateur. C'est ce que consacra formellement un rescrit de Septime-Sévère et de Caracalla, rapporté par Marcien (*lib.* VIII *Institutionum*)[2].

*Cum pater, filio herede instituto ex quo tres habuerat nepotes, fideicommisisset ne fundum alienaret et ut in familia relinqueret; et filius decedens duos heredes instituit tertium exheredavit, eum fundum extraneo legavit : Divi*

---

1. F. 88, § 15, *de legatis* 2º.
2. F. 114, § 15, *de legatis* 1º.

*Severus et Antoninus rescripserunt, verum esse non pa-
ruisse voluntati defuncti filium* (Cf. dans le même sens
F. 114, § 16, *de legatis* 1°. F. 67, § 3 sq. F. 69, § 3, *de
legatis* 2°).

50. De même faut-il décider pour le cas où le grevé
serait mort laissant *ab intestat* un héritier qui ne serait
pas de la *familia*. A vrai dire, cette solution rencontre
une difficulté apparente dans le F. 77, § 28, *de legatis*
2°. Cette loi, extraite des *Responsa* de Papinien (lib. VIII),
suppose le legs d'une maison fait par un patron à ses
*liberti* avec la clause *ne de familia libertorum exiret.*
Parmi les *liberti* légataires se trouve une femme qui, en
mourant, laisse un fils. Ce fils est étranger à la *familia libertorum* puisqu'il ne porte pas le nom de sa mère, mais
celui de son père. Peut-il recueillir dans la succession de
sa mère la portion que celle-ci avait reçue en legs avec
clause d'indisponibilité? Papinien décide qu'il le peut.
Mais cette solution ne heurte pas notre opinion qui tire
sa raison des principes généraux. Papinien paraît s'in-
spirer de l'équité plutôt que du droit strict, comme l'in-
diquent les mots dont il use (*retinere visum est*). Ici,
comme en d'autres endroits (par ex. F. 102, *de cond.
et demonst.* XXXV, 1), le jurisconsulte fait une *conjectura
pietatis.* Le testateur, sachant très bien que la *liberta*
à qui il léguait une part du fonds ne pourrait conserver et transmettre le *nomen*, a implicitement autorisé
la succession du fils de cette femme dans la part lé-
guée à sa mère. Il faut donc restreindre cette solution à
l'espèce qu'elle concernait, c'est-à-dire à une prohibition visant la seule *familia libertorum.* S'il se fût agi
d'une prohibition d'aliéner *extra familiam* en général,
il eût été contraire à la pensée du testateur de décider

de la sorte. Aussi Papinien ne l'aurait-il pas fait [1].

51. 2° La possibilité des aliénations *nécessaires*, malgré la prohibition d'aliéner faite par le testateur, comporte plusieurs distinctions selon la cause qui produit ces aliénations.

52. La cause peut, d'abord, provenir du testateur.

Ainsi, que l'on suppose un testateur mort insolvable. Les créanciers héréditaires auront le droit de faire vendre *sub hasta* les biens laissés par le défunt sans excepter l'objet du fidéicommis (Marcien, *lib.* VIII *Institutionum* [2]. Papinien, *lib.* IX *Responsorum* [3]). De même l'héritier grevé aurait le droit, devançant les poursuites, de vendre ces biens. C'est ce que décidait Scaevola (*lib.* XIX *Digestorum*) [4] : « *An emptores qui fideicommissum ignoraverunt bene emerint ? Respondi secundum ea quae proponerentur, recte contractum, si non erat aliud in hereditate, unde debitum exsolvisset.* « Il ne faudrait pas induire des mots « *qui fideicommissum ignoraverunt* » que, dans le cas où les acheteurs auraient eu connaissance de la prohibition d'aliéner, ils n'auraient pas valablement acquis. Les mots en question visent simplement un point de fait qui, dans l'espèce soumise à Scaevola, rendait la situation des acheteurs plus favorable [5]. Mais le jurisconsulte exige, pour valider la vente, qu'il ne de-

---

1. Cujas : *Recit. solemnes* ad tit. de Leg. 1o : sur le F. 114, § 14 (*Opera* t. VII, col. 1082. Cf. Faber : *Conjectur*, lib. XIV, cap. 12. C.ntrà Sande, *op. laud.* l'art. III, ch 3, n° 40. Pothier, *Pand. Just*, de *Legatis*, n° 442.

2. F. 114, § 14, *de legatis* 1o.

3. F. 78, § 4, *de legatis* 2o.

4. F. 38, pr. *de legatis* 3o.

5. Sic Pothier, *Pandectae Just. de Legatis*, no 443 en note. Cf. F. 78, § 4, *de leg.* 2o.

meure dans la succession aucun autre bien qui puisse acquitter la dette.

Les décisions qui précèdent étaient admises également pour un cas tout à fait analogue au nôtre, celui d'un esclave légué sous la condition « *ne servus alienam servitutem patiatur* ». Le fidéicommis de liberté qui résultait de cette clause, en cas d'aliénation, n'était pas acquis à l'esclave si « *necessitas alienandi ex causa testatoris penderet* » (Marcellus, *lib.* xv *Digestorum*[1]). Et, en effet, on peut dire de notre cas ce que Marcellus professe sur cette espèce « *potest videri defunctus nihil sensisse de huiusmodi casu alienationis* ». D'ailleurs, le testateur n'avait pas le droit, en imposant sa volonté, d'empirer la situation de ses créanciers. D'où, les membres de la *familia* suivront le sort commun des légataires et des fidéicommissaires, qui n'ont droit à rien avant le paiement des dettes.

**53.** Un autre exemple d'aliénation nécessaire, *ex causa testatoris*, cité par les textes, est celui où, le testateur ayant consenti, avant sa mort, un gage ou une hypothèque sur le bien dont il a interdit l'aliénation à l'héritier, celui-ci paie le créancier gagiste ou hypothécaire avec des fonds d'emprunt. Dans ce cas, le bien peut être engagé ou hypothéqué au profit du bailleur de fonds : ce n'est pas empirer la situation de ce bien (Scaevola, *lib.* xix *Digestorum*)[2].

**54.** Enfin, on peut rattacher au même ordre d'idées la fin du § 14, au F. 114, *de legatis* 1°, qui spécifie que le fidéicommis résultant de la prohibition d'aliéner ne

---

1. F. 9, *de fideic. libertatibus XL*, 5.
2. F. 38, pr. *de legatis* 3°.

doit pas « *fisco fraudi esse* ». A vrai dire, les anciens interprètes n'étaient pas tous d'accord sur le sens de ces mots. Mais l'avis de Cujas et de Pothier [1] doit être adopté, et il y faut voir une allusion à la *lex vicesima hereditatum*. Le fisc, d'après cette loi, émanée d'Auguste, avait droit à un vingtième des successions laissées à d'autres qu'à des héritiers siens. Or, il est certain que cet impôt atteignait les biens frappés d'inaliénabilité comme les autres. Du temps de Marcien, dont émane le F. 114, *De legatis* 1°, cet impôt existait encore, et il n'y aurait rien d'étonnant à ce que ce jurisconsulte l'eût visé dans les mots précités. Sans doute, sous Justinien, cet impôt avait disparu, et l'on est forcé, pour admettre l'interprétation de Cujas, de croire à une inadvertance de Tribonien. Mais on pourrait citer plusieurs passages des Pandectes, où le compilateur a laissé subsister des traces de la *vicesima hereditatum*. A ce point de vue, la conjecture ne serait donc pas invraisemblable.

**55.** Le second ordre d'aliénations *nécessaires* se réfère aux causes qui procèdent de l'héritier grevé, c'est-à-dire à la vente des biens de celui-ci par ses propres créanciers.

**56.** A première vue, on serait tenté de décider ici que l'aliénation emporte réalisation de la condition du fidéicommis *familiae*. Et, en effet, on ne peut plus dire, comme au sujet du cas précédent, que le testateur a, par son fait, rendu impossible la défense qu'il portait.

---

1. Cujas, *Recit. solemnes ad tit. de Leg* 1°. ad. F. 114, § 14 (*Opera*, t. VII, col. 1084). Pothier : Pandect. Justin., *de Legatis*, n° 443, note 1, Sande, op. laud. Pars III, ch. vIII, § 11 sq.

Tout provient de l'héritier, lequel ne saurait entraver, par ses propres actes, les dernières volontés dont il est chargé. C'est pourquoi Papinien (*lib.* xix *Quaestionum*)[1], touchant le fidéicommis qui résulte de la clause « *ne servus alienam servitutem patiatur* », décide que l'aliénation nécessaire *ex causa heredis* donne à l'esclave affranchi le droit de réclamer aussitôt le fidéicommis. Ce qui forme une différence avec le cas d'aliénation nécessaire *ex causa testatoris*.

Néanmoins, si les considérations qui précèdent doivent prévaloir au cas de *fideicommissaria libertas*, il n'est pas dit qu'elles le puissent pour un fidéicommis portant sur biens *in patrimonio*. La liberté doit être vue avec faveur et, dans le doute, il faut décider à son profit. Mais, dans notre espèce, où il ne s'agit pas de liberté, la question veut être examinée de plus près. Si, d'une part, l'aliénation nécessaire *ex causa heredis* ne doit pas être traitée comme l'aliénation nécessaire *ex causa testatoris*, il ne faut pas non plus l'assimiler à l'aliénation volontaire, qui dénote une conscience résolue à transgresser les ordres du testateur. C'est ce qu'avait très bien senti le même Papinien et, au lib. xix de ses *Responsa*, il accordait ainsi les choses. En cas d'aliénation nécessaire *ex causa heredis*, tout se passera comme si l'héritier, ayant gardé le bien, ne l'avait aliéné qu'à sa mort « *tamdiu emptor retinere debet quamdiu debitor haberet bonis non venditis* ». Par conséquent, l'aliénation ne donnera pas lieu aussitôt à l'action de la *familia*. Ce n'est qu'au décès de l'héritier que les acheteurs se ver-

---

1. F. 21, *De fideic. libertatibus*, XL, 5.

ront reprendre le bien acquis ; jusque-là, ils en jouiront paisiblement.

57. On peut rapprocher de cette solution, pleine de sagesse, une décision analogue de Paul. Au lib. II, *Decretorum* [1], ce jurisconsulte supposait le cas d'un individu chargé de restituer, après sa mort, l'hérédité qu'on lui laisse. Devenu héritier, ce fiduciaire est déporté pour quelque délit; ses biens sont confisqués, parmi lesquels se trouve l'hérédité reçue du testateur. Paul décide que le fidéicommissaire ne pourra agir qu'après la mort du déporté. Jusqu'à cet événement, l'hérédité sera maintenue au fisc.

Ce rapprochement nous permet de tirer deux conséquences importantes.

D'abord, il autorise à étendre à notre hypothèse une décision du F. 48, § 1 *de iure fisci*. Il résulte, en effet, de cette loi que, si le fidéicommissaire mourait avant le déporté, les biens à rendre par celui-ci demeureraient toujours au fisc « *quia posset prius ipse mori* ». De même il faut dire, ici, que les acquéreurs seront définitifs propriétaires si, à la mort de l'héritier, tous les membres de la *familia* sont décédés.

En second lieu, on est autorisé à conclure que, si l'héritier qui a reçu défense d'aliéner *extra familiam* est déporté et que ses biens soient *publicata*, le fisc gardera les biens déclarés inaliénables tant que vivra l'héritier. On pourrait objecter il est vrai, que le délit qui amènerait l'aliénation dans ce cas donnerait à celle-ci un certain aspect d'aliénation *volontaire*. Mais cette remarque, si elle portait, devrait faire ouvrir le fidéicommis

---

1. F. 48, § 1, *de iure fisci*, XLIX, 14.

au cas d'expropriation de l'héritier par ses créanciers. En contractant des dettes, il a agi volontairement comme en perpétrant un délit. Or, cette dernière objection n'a pas prévalu dans l'esprit des jurisconsultes et ne doit pas, dès lors, prévaloir en ce qui est du cas actuel.

**58.** Le troisième ordre d'aliénations *nécessaires* se rattache aux aliénations qui procèdent de la loi, c'est-à-dire à celles que la loi valide, dans tous les cas, au bénéfice de certains intérêts. A ce point de vue, on trouve surtout des dispositions émanées de Justinien.

Ainsi le testateur, ayant prohibé l'aliénation de ses biens *extra familiam*, n'a laissé à ses enfants que la *légitime*. Or, la légitime est insuffisante pour l'établissement des enfants selon leur rang. Dans ce cas, la novelle 39, ch. 1, permet d'aliéner les choses sujettes à restitution fidéicommissaire pour procurer aux enfants une dot ou des donations *propter nuptias* convenables. Or, peu importe la prohibition d'aliéner qu'a pu faire le testateur : celui-ci n'avait pas le droit d'empêcher, par sa volonté propre, une aliénation que la loi autorise (arg. F. 55, *de legatis* 1°).

**59.** De même, serait permise l'aliénation des biens frappés d'indisponibilité, au cas où, le testateur ayant laissé à ses enfants moins que la légitime, il ne serait possible de la compléter qu'au moyen de ces biens (Nov. XVIII, ch. 1).

Mais il importe d'observer que, pour la *Quarte Falcidie*, Justinien avait pris une décision contraire. Dans la novelle 149, ch. 11, il avait déclaré que la loi Falcidie n'avait pas d'empire sur les biens immeubles laissés à la *familia* et déclarés inaliénables par le testateur. L'héritier ne pouvait ni les aliéner ni les hypothéquer.

## II. — *Sanction du principe*

### SOMMAIRE

**60**. Un fidéicommis est ouvert au profit de la *familia*.
    Division en 3 questions.
        1° Qui peut exercer le fidéicommis?
        2° Comment l'exercer ?
        3° Y peut-on renoncer?

60. Dans le cas d'une aliénation faite contrairement à la défense du testateur, il y a ouverture du fidéicommis au profit de la *familia*. C'est l'événement de la condition, à laquelle était soumis ce fidéicommis, qui se réalise. Il importe même d'observer que, sauf dans le cas précité d'aliénation nécessaire *ex causa heredis*, le droit de la *familia* est ouvert dès l'instant de l'aliénation, sans qu'on attende la mort de l'héritier (F. 69, § 3, *de legatis* 2°). — Il ne servirait de rien à l'héritier, pour éviter ce résultat, de racheter le bien aliéné. Sitôt l'aliénation opérée, la condition du fidéicommis s'est réalisée et c'est un fait qu'on ne peut plus effacer. Cette solution qui dérive des principes généraux était, au reste, formellement consacrée par Marcellus (*lib.* XVI *Digestorum* [1]), et par Papinien (*lib.* XIX *Quaestionum*) [2] au sujet du fidéicommis « *ne servus alienam servitutem patiatur* ». Vu l'analogie qui existe entre ce fidéicommis et celui qui résulte de la défense d'aliéner, on peut, sans témérité, dire que les jurisconsultes décidaient de même en ce qui touche ce dernier.

Cette idée générale marquée et le droit au fidéicommis reconnu à la *familia*, il convient de voir, un peu en

---

1. F. 10, pr. *de fideic. libertat.*, XL, 5.
2. F. 20, *de fideic. libertat.*, XL, 5.

détail, la mise en œuvre de ce droit. A cet égard, trois points sont à examiner : 1° Quelles personnes peuvent l'exercer? 2° Comment l'exercent-elles? 3° Y peuvent-elles renoncer?

**Première Question:** Quelles personnes peuvent exercer le droit au fidéicommis dont la condition s'est réalisée par l'aliénation *extra famil:am?*

### SOMMAIRE

61. Il est essentiel de distinguer le cas où le testateur a laissé au mot *familia* son sens le plus général et le cas où il l'a restreint.

Première hypothèse : Le testateur a prohibé l'aliénation *extra familiam* ou *de nomine* d'une façon générale.

62. Dans ce cas, il ne faut admettre à recueillir le fidéicommis que ceux qui portent le même nom que le défunt. — C'est ce que disait Modestin (*lib.* ix *Regularum*) [1] à propos du fidéicommis, pur et simple, fait en faveur de la *familia*. « *In fideicommisso quod familiae relinquitur, hi ad petitionem eius admitti possunt.... qui ex nomine defuncti fuerint.....* » Or, sauf les différences provenant du caractère conditionnel de notre fidéicommis, les règles du fidéicommis *familiae* sont ici applicables. — Du reste, les prohibitions d'aliéner que nous révèlent les sources et les inscriptions unissent le plus souvent l'idée de *nomen* à celle de *familia*. Ainsi, l'on trouve indifféremment employée l'une ou l'autre de ces expressions « *ne de nomine familiae exeat* » et « *ne de familia nominis exeat* » (F. 69, § 4. F. 77, §§ 11, 15, 28. F. 88, § 6, *de Legatis*, 2º. F. 94 *de Legatis*, 3º). Et cela se comprend, étant donné le but aristocratique poursuivi par les testateurs qui faisaient ces sortes de défenses.

---

1. F. 32, § 6, *de legatis* 2º.

**63.** Cette notion de la *familia*, telle qu'elle doit être entendue dans notre matière, comprend d'abord les enfants et, après eux, les *adgnati*. Les enfants adoptifs y sont également compris. Ils empruntent, en effet, son nom à l'adoptant et font partie de ses *adgnati* (F. 7 et 23 *de Adopt. et Emancip.* I, 7)...

Que penser des *emancipati* ? Papinien (*lib.* xix *Quaestionum* [1]) présente la question comme pouvant, dès l'abord, faire doute « *tractari potest an hi quoque recte fideicommissum petant* ? » Mais il la résout favorablement aux *emancipati* : « *Et puto recte petituros : quoniam* FAMILIAE *appellatione, personae quoque hae demonstratae intelleguntur.* » Et Marcien (*lib.* viii *Institutionum*) se rangeait au même avis. « *Quod evenit et si vivus filios emancipasset et postea fundum alienasset* [2] ». En effet, ici l'*emancipatus* peut être considéré comme *in familia*, puisqu'après l'émancipation il continue à porter le nom de son père.

A plus forte raison, les *exheredati* seront considérés comme de la *familia*. D'où, si l'on suppose que le fils d'un testateur qui a reçu défense d'aliéner un bien, exhérède deux de ses fils et institue le troisième, en léguant le bien à un *extraneus*, tous les petits-fils du testateur agiront *iure fidecommissi*. Marcellus avait déjà exprimé cet avis, et Marcien (*lib.* viii *Institutionum*) [3] l'adopte en se réclamant de la solution admise sur les *emancipati*.

**64.** Le motif qui fait admettre les *adgnati* au béné-

---

1. F. 69, § 4, *de legatis* 2°.
2. F. 1 4, § 16, *de legatis* 1°. Voir sur ce §, Cujas, *Recit. solemnes ad titul. de legatis* 1° (*Opera*, t. VII, col 1081).
3. F. 114, § 16, *de legatis* 1°.

fice du fidéicommis en doit faire exclure les *cognati*. Ainsi, seront écartés les enfants de la sœur du testateur. Ils portent le nom de leur père, non celui de leur mère, et ne font, dès lors, pas partie de la même *familia* que celle-ci. — S'il fallait faire la preuve de ce que j'avance, les textes la fourniraient abondamment.

D'abord, le sens du mot *familia* est proprement le même que le sens du mot agnation. « *Communi iure familiam dicimus omnium adgnatorum* », dit le F. 195 *de verb. signif.* L. 16. Et le F. 9 *de Legatis* 3° distingue expressément « *in familia esse* » et « *cognatum esse* ».

Au surplus, le F. 69, § 4 *de Legatis* 1°, que j'ai cité plus haut et où Papinien se demande si les *emancipati* ont accès au fidéicommis, confirme mon point de vue. Comment, en effet, le jurisconsulte aurait-il pu avoir un tel doute, si les *cognati* eussent été tous appelés au fidéicommis ? Les *emancipati* demeuraient unis à leur ancienne famille *iure cognationis* : ils perdaient seulement les *iura adgnationis*.

Au temps de Justinien même, la situation ne fut pas changée dans sa généralité. Cet empereur assimila, il est vrai, les *cognati* et les *adgnati* en ce qui est des successions *ab intestat* (Nov. 118, c. 3 et 4) et de la charge de la tutelle (id., c. 5). Mais il n'eut pas dessein de détruire, sur les autres points du droit, la différence entre les *adgnati* et les *cognati* et de les mettre absolument sur le même pied. D'où, en notre matière, les principes anciens se maintiennent. La seule chose que fit Justinien fut de donner au gendre et à la bru accès au fidéicommis de famille, à défaut d'autres parents membres de la *familia* (c. 5, *de verb. et rer. signif.*, VI, 38).

**65.** Après les *adgnati* et, depuis Justinien, après le

gendre et la bru, viennent les *liberti* (F. 38, §. 1, *De
leg.* 3°) du testateur. Ils participent, en effet, du *nomen*
et de la *familia* de leur *patronus*. Peu importe qu'ils
aient été affranchis par un *heres extraneus* du testateur,
auquel celui-ci aurait imposé par fidéicommis cet af-
franchissement. A vrai dire, dans ce cas, les *liberti* le
sont plutôt de l'*heres extraneus*, qui les a affranchis, que
du testateur. Néanmoins Papinien (*lib.* VIII *Responsorum*)[1] se contente de ce fait que le testateur a donné
le fidéicommis de liberté. En effet, dans ce cas, le *libertus*
prend le nom du testateur et non celui du fiduciaire.

Que penser des *liberti libertorum*? Il est à croire
qu'ils avaient droit au bénéfice du fidéicommis : ils por-
taient le même nom que le testateur chef de la *familia*.
On peut, il est vrai, objecter une solution de Scaevola
(*lib.* XIX *Digestorum*)[2] qui semble, à première vue,
contraire, « *Duobus libertis Sticho et Erote heredibus
institutis* dit le jurisconsulte, *ita cavit : fundum Cornelia-
num de nomine meorum exire veto ; unus ex heredibus
Stichus ancillam Arescusam testamento liberam esse
iussit, eique partem suam fundi legavit. Quaero an Eros
et caeteri colliberti Stichi ex causa fideicommissi, eius
fundi partem ab herede Stichi petere possint? Respon-
dit : non contineri* ». Ce qui veut dire que l'*ancilla* du
*libertus*, qui avait été institué héritier et avait reçu
défense d'aliéner, *n'était pas comprise* parmi les personnes pouvant recevoir le fonds frappé d'inaliénabilité.
Mais l'avis de Cujas[3] me paraît devoir être suivi, qui

---

1. F. 77, § 11, *de legatis* 2°. Cf. Pothier, *Pandectae Just.* (*de Legatis*, n° 449).
2. F. 38 § 1, *de legatis* 3°.
3. Sur le F. 77 § 11, *de leg.* 2°. *Recit. solemnes ad titulum II de legatis*,
(*Opera*, t. VII, col. 1248).

explique cette décision par le caractère restrictif de la prohibition qu'elle visait. Par ces mots « *de nomine meorum* », il faut entendre une défense faite au profit de la *familia* des *liberti*. Les choses prises ainsi, on comprend la réponse de Scaevola. En effet, le testateur a prohibé l'aliénation faite à d'autres que ses *liberti*. Or, les *liberti* affranchis par ses propres *liberti* ne figurent pas au nombre de ces derniers. Cette doctrine, au reste, concorde avec une autre décision de Scaevola (*lib.* xviii *Digestorum*) [1] d'où il résulte que le legs fait aux *liberti* du testateur ne peut être recueilli par les *liberti libertorum*, sauf volonté contraire et expresse du disposant.

66. A quel moment faut-il ou suffit-il qu'on ait fait partie de la *familia* pour recueillir le bénéfice du fidéicommis résultant de la prohition d'aliéner ?

A cet égard, notre fidéicommis se sépare du fidéicommis laissé purement et simplement à la *familia*. Pour ce dernier, en effet, la *diei cessio* se produit lors de la mort du testateur : c'est conforme au droit commun (F. 5, § 1, *quando dies legat. cedat*, XXXVI, 2). Il est donc tout naturel que le F. 32, § 6, *de leg.* 2°, n'accorde la *fideicommissi petitio* qu'à ceux qui « *ex nomine defuncti fuerint eo tempore quo testator moreretur* ». Ici le fidéicommis est conditionnel : la *diei cessio* n'a lieu qu'à l'événement de la condition (F. 5, § 2, *loc. cit.*). Dès lors, il suffit de faire partie de la *familia* au moment de cet événement pour être de ceux qui ont droit au fidéicommis. Peu importerait que ceux-ci n'eussent pas existé au temps de la mort du testateur qui avait fait la défense d'aliéner. Une solution contraire rendrait, en

1. F. 16, § 1, *de alim. leg.* XXXIV, 1.

effet, impraticables les fidéicommis perpétuels qui peuvent ne se réaliser que bien longtemps après la mort du *primus relinquens* (Cf. F. 69, § 3, *in fine, de legatis* 2°).

67. A suivre la rigueur des principes, il faudrait admettre au bénéfice du fidéicommis tous les membres de la *familia*, sans distinction et sans considération de degré « *Omnes fideicommissum petent qui in familia fuerunt* » tel est le principe que posait Papinien (*lib.* xix *Quaestionum*) [1].

Néanmoins, au point de vue pratique, ce concours simultané de toute la *familia* eut amené de fâcheux résultats. Le fidéicommis, fait en faveur de la *familia*, n'aurait procuré à celle-ci que des avantages insignifiants. Fractionné à l'infini, ce fidéicommis se serait réduit à rien. C'est pourquoi le même Papinien, dont l'exquise *judiciaire* se fait voir en mainte décision afférente à notre sujet, avait admis un tempérament (*ita res temperari debet*) à la rigueur du principe. Il établissait un ordre successif entre les divers degrés de la *familia* et admettait seul en première ligne le degré le plus proche. Au défaut de celui-ci, se présenteraient les degrés plus éloignés à leur tour de proximité. Ce classement avait sa raison dans la volonté présumée du testateur que l'on pouvait justement croire plus favorable aux plus proches degrés qu'aux suivants. Sur ce point, notre fidéicommis et le fidéicommis laissé directement et expressément à la *familia* furent mis sur la même ligne.

Voici les textes spéciaux à chacun de ces fidéicommis : ils s'éclairent l'un par l'autre.

F. 32, § 6, *de leg.* 2° (Modestin, *lib.* ix. *Reg.*).

---

1. F. 69, § 3, *de legatis* 2°.

« *In fideicommisso quod familiae relinquitur, hi ad petitionem eius admitti possunt, qui nominati sunt; aut post omnes eos exstinctos qui ex nomine defuncti fuerint eo tempore quo testator moreretur et qui ex his primo gradu procreati sint...* »

F. 69, § 3, de leg. 3° (Papinien, *lib.* xix *Dig.*).

« *... Omnes fideicommissum petent qui in familia fuerunt. Quid ergo si non sint eiusdem gradus? Ita res temperari debet, ut proximus quisque primo loco videatur invitatus...* »

68. Sur ces textes les anciens interprètes avaient élevé bien des controverses. Ils se demandaient notamment de quel *proximus* les jurisconsultes voulaient parler. Était-ce du *proximus* au regard du testateur ou au regard du grevé? De plus, s'agissait-il d'un *proximus* selon la nature ou selon le droit civil et en tenant compte du *jus repraesentationis?* Mais ces questions n'étaient sûrement pas connues à Rome : c'est la pratique des substitutions, qui, la chicane aidant, les avait fait surgir. Il ne saurait, en effet, y avoir doute sur aucun de ces points, à consulter les principes et les textes eux-mêmes.

69. En parlant de *proximus*, les jurisconsultes n'ont voulu parler que du *proximus testatori.*

D'abord, ceux qui perçoivent le fidéicommis résultant d'une aliénation faite *extra familiam* ne sont pas censés succéder à l'héritier, mais au testateur même. En effet, le testateur n'a laissé liberté de disposer à l'héritier ou au légataire qu'en tant que celui-ci n'en use pas au profit d'un *extraneus.* Au cas contraire, la volonté de l'héritier n'est d'aucune valeur : ce dernier perd tout droit sur le bien aliéné. C'est alors la *familia* qui est appelée par la disposition du testateur.

Au surplus, le texte du F. 32, § 6, *de leg.* 3°, est explicite *« qui ex nomine defuncti fuerint et qui ex his primo gradu procreati sint.* » Certains docteurs subtils à l'excès ont, il est vrai, soutenu que ce passage serait la consécration de l'opinion contraire. Le jurisconsulte y voudrait dire qu'on appelle d'abord ceux qui ont été *ex nomine defuncti,* puis ceux qui sont issus de ceux-ci, c'est-à-dire les plus rapprochés non pas du testateur, mais de ceux *qui ex nomine defuncti fuerint.* Mais c'est une interprétation fautive. Modestin veut dire qu'on admet au bénéfice du fidéicommis ceux qui sont *ex nomine defuncti,* mais que parmi eux « *ex his* » on choisit d'abord ceux *qui primo gradu procreati sint.*

**70.** En parlant de *proximus,* les jurisconsultes n'ont, en outre, voulu parler que de la proximité de degré selon la nature et non de celle que crée le droit civil en matière de succession *ab intestat.* Les termes dont ils usent dans les lois précitées marquent bien ce sens-là « *qui ex nomine defuncti fuerint... et qui ex his primo gradu procreati sint* » (F. 32, § 6, *de leg.* 2°) « *proximus quisque primo loco... invitatus* » (F. 69, § 3, *de leg.* 2°). On a bien objecté [1] que ces textes n'avaient pas de portée et qu'avant Justinien la représentation était inconnue. Mais cette objection part d'une idée inexacte. Justinien a introduit la représentation dans la ligne collatérale : mais, avant lui, ce droit existait en ligne directe (§ 6 et ult. Inst. de *hered. quae ab intest.* III, 1). Il faut observer d'ailleurs, que rien n'est plus étranger aux principes de la succession *ab intestat* que le fidéicommis de famille. Celui-ci, on

_____

1. Sande, *op. laud.* Pars III, cap. VI, § 27.

l'a vu, ne concerne que les seuls *adgnati*; celle-là, au contraire, admet sur le même pied *adgnati* et *cognati*. D'où, il serait anormal de recourir à la succession *ab intestat* pour appliquer les principes du fidéicommis de famille.

**71.** Dans le cas où le fiduciaire est mort, c'est contre son héritier qu'est exercé le fidéicommis auquel a droit la *familia*. Mais il peut arriver que cet héritier soit du même degré de *familia* que les demandeurs. Alors l'héritier se trouve, à la fois, créancier du fidéicommis comme étant l'un des *proximi ex familia* et débiteur de ce même fidéicommis envers les autres *proximi* comme héritier du grevé.

Comment régler cet embarras?

Papinien (*lib.* xvii *Quaestionum*) répondait judicieusement: « *Is qui heres scriptus est, ratione doli exceptionis caeteris fideicommissum petentibus facere partem intellegitur : nam quae ratio caeteros admittit eadem tacitam inducit pensationem* » (F. 67, § 3, *de leg.* 2°). A la demande faite par les *proximiores* et portant sur la totalité du fonds soumis au fidéicommis, l'héritier du fiduciaire opposera l'exception de dol. Il usera du bénéfice de la compensation et, par ce moyen, il retiendra une part virile de ce fonds. En effet, il est dans la même condition que les demandeurs: comme ces derniers, il est du nombre de ceux que le testateur a voulu gratifier au cas où se réaliserait la condition. Il est juste qu'il partage avec eux.

Voici un exemple emprunté dans ses lignes générales au même Papinien[1] et qui fait bien ressortir le principe.

Le grevé d'un fidéicommis résultant d'une prohibition d'aliéner laisse quatre frères germains. Il institue hé-

---

[1]. F. 67, § 4, *de leg.* 2°.

ritiers deux d'entre eux, Primus et Secundus, et pour des portions inégales (*non aequis portionibus*), par exemple, Primus pour 8/12$^{es}$, Secundus pour 4/12$^{es}$. De plus, il lègue à un *extraneus* le quart du bien frappé d'indisponibilité, sans faire disposition des trois quarts restants. Les deux autres frères du défunt, Tertius et Quartus (qui, avec Primus et Secundus, sont les *proximiores* de la *familia*), réclament *ex causa fideicommissi* à leurs frères héritiers institués le 1/4 légué à l'*extraneus*. A l'encontre, Primus et Secundus opposeront l'exception de dol et retiendront leur part virile sur ce quart. D'où résultera la division suivante du fonds entre les frères :

*Primus* a déjà, en vertu de l'institution d'héritier, droit à une portion héréditaire, c'est-à-dire aux 8/12$^{es}$ sur les trois quarts du fonds non légué : ce qui veut dire la moitié de tout le fonds. En outre, sur le quart légué à l'*extraneus*, il a droit à une part virile c'est-à-dire à $\frac{1}{16}$. D'où, en dernière analyse, Primus prend $\frac{9}{16}$ du fonds.

*Secundus* prend, à titre héréditaire $\frac{4}{12}$ des trois quarts dont le testateur n'a pas disposé. A titre de portion virile sur le quart légué, il prend $\frac{1}{16}$ : le tout fait $\frac{5}{16}$ au profit de Secundus.

Enfin *Tertius* et *Quartus* prennent chacun leur part virile ($\frac{1}{16}$) sur le quart légué à l'*extraneus*.

72. L'ordre et le classement de la *familia* d'après la proximité du rang, que je viens de marquer, avait une portée différente suivant la nature du fidéicommis.

Dans le cas du fidéicommis dit *unique*, les divers degrés de la famille n'étaient appelés, comme disaient les vieux auteurs [1] que *in casum vulgarem non adgniti*

---

1. Sande, Pars III, cap. 5.

*fideicommissi.* En d'autres termes, le fidéicommis n'était jamais recueilli qu'une fois, c'est-à-dire par un seul des degrés de la *familia*. Si le premier pouvait et voulait le recueillir, il le faisait et tout était terminé. Ceux qui avaient reçu le fonds du grevé le transféraient valablement à un *extraneus*, sans que les membres de la *familia*, au degré suivant, eussent à réclamer. Ce degré n'aurait pu se présenter efficacement pour percevoir le bénéfice du fidéicommis que si le degré qui le précédait ne l'avait pas déjà perçu.

73. Dans le cas de fidéicommis *perpétuel*, l'ordre indiqué par les jurisconsultes était, pour reprendre les termes des interprètes, *in casum fideicommissarium* et non plus *in casum vulgarem*. C'était une substitution, non vulgaire, mais fidéicommissaire. D'où, par le fait que le premier degré avait recueilli le fonds *iure fideicommissi*, le degré suivant n'était pas sans droit. Toute aliénation *extra familiam* aurait ouvert à son profit un autre fidéicommis : et ainsi de suite jusqu'à l'extinction de la *familia*.

74. Il convient pourtant de signaler que Justinien atténua les effets énergiques du fidéicommis perpétuel. En effet, il eut à statuer sur le cas d'une défense perpétuelle d'aliéner un immeuble *extra familiam* qui avait été observée successivement par quatre générations. Le quatrième membre de la *familia* qui avait reçu ledit immeuble était mort impubère laissant *ab intestat* un héritier étranger à la *familia*. Justinien décida que cet héritier recueillerait le fonds et que la charge du fidéicommis s'éteindrait en sa personne (nov. 159).

Et il ajoute « *atque haec non tantum praesentis causae decisio esto, sed et reliquarum in quibus huiusmodi pro-*

5

*hibitione facta tot successiones praeterierint, et ultimus heredum per intervenientem aliquem in medio impuberem hereditatem capessat* » (cap. III). Pourquoi cette décision? Franchement, on ne le voit pas. L'empereur dit bien, au cours de la Constitution (cap. II), qu'après quatre générations il serait singulier de soumettre aux juges un procès et un testament aussi surannés. Mais ce motif prouve trop et on ne voit pas alors pourquoi Justinien n'a pas rendu de décision générale déclarant éteinte, après quatre générations, toute prohibition d'aliéner perpétuelle. Aussi Cujas [1] incline-t-il à attribuer cette Novelle 159 à Tribonien qui, gagné à prix d'or, l'aurait, à dessein, rédigée obscurément. N'ayant pas d'arguments concluants, je me garderais de donner dans cette vue et je tiens la Novelle 159 pour exacte, quitte à n'en pas trop saisir l'intention.

Deuxième hypothèse. — Le testateur a prohibé l'aliénation *extra familiam* en attachant à ces mots un sens restreint.

**75.** Ainsi le testateur a prohibé l'aliénation d'un bien *extra familiam libertorum* ou *liberorum* ou *posterorum*. Dans ces cas-là, l'exercice de la *fideicommissi persecutio* appartient seulement aux personnes en faveur de qui a été faite la défense,

Papinien (*lib.* IX *Responsorum*) [2] nous offre un exemple de cette hypothèse. Un testateur avait défendu d'aliéner un bien *extra familiam libertorum*. Les *liberti* meurent successivement: le dernier mourant pourra-t-il instituer

---

1. *Ad. Novell. Const. Just.* (*Opera*, t. II, col. 1164, 1165).
2. F. 78, § 3, *de legatis* 2°.

un *heres extraneus* et celui-ci pourra-t-il garder le bien frappé d'inaliénabilité? Le jurisconsulte déclare la chose possible. D'où, le fidéicommis est éteint et les *adgnati de familia testatoris* n'ont pas d'action; car ce n'est pas en leur faveur que la défense a été faite.

**Deuxième question.** — **Comment la** *familia* **exerce-t-elle le droit naissant du fidéicommis?**

### SOMMAIRE

76. Sous Justinien, on ne peut pas contester que les fidéicommissaires ont trois sortes d'actions pour faire valoir leur droit. 1° Une action *personnelle* naissant du testament contre l'héritier ou le légataire grevé ou contre ses héritiers, s'il est mort ; 2° Une action *réelle* contre tout possesseur. En effet, la C. 3, § 2, *Commun. de leg. et fideic.*, VI, 43, prescrivit l'inaliénabilité de tous les biens soumis à un fidéicommis ; 3° Une action *hypothé-*

*caire* sur les biens perçus par le grevé dans la succession (C. 1, *Comm. de leg. et fideic.*, VI, 43).

**77.** Dans le droit antérieur à Justinien, il faut, à mon avis [1], reconnaître aux fidéicommissaires deux actions.

La première est une *persecutio extra ordinem* contre le grevé qui a fait l'aliénation, ou contre ses héritiers (F. 114, § 16 et suiv. *de Leg.* 1°; F. 67, § 5, 69, § 3 *de Leg.* 2°). C'est le droit commun des fidéicommis.

La seconde action est une action *réelle* contre l'acquéreur du bien frappé d'inaliénabilité et contre tout possesseur, quel qu'il soit, auquel il l'aurait transmis. Ce qui revient à dire que l'aliénation, consentie par le grevé à un *extraneus*, a transféré la propriété, non pas à celui-ci, mais à ceux en faveur de qui avait été faite la défense d'aliéner. En effet, il n'y a d'action *in rem* qu'au profit de celui qui est propriétaire (F. 23, pr., *De rei vind.*, VI, 1). Cette action, d'ailleurs, n'empêche pas que le contrat qui a pu intervenir entre le grevé et son acquéreur ne produise des effets. Ainsi, au cas où le grevé aurait vendu la chose, celui-ci n'en serait pas moins tenu d'observer ses obligations de vendeur et, notamment, d'indemniser l'acquéreur de l'éviction qu'il aurait éprouvée.

**78.** Il est un cas où les deux actions, personnelle et réelle, résultant du fidéicommis, ont lieu de s'exercer contre le même défendeur. C'est lorsque l'aliénation *extra familiam* s'est réalisée par l'institution qu'a faite le grevé d'un *heres extraneus*. Alors, en effet, cet *heres* joue un double rôle. L'adition d'hérédité l'a fait, en

---

1. Sic Cujas : *Comment. in libros Quaest. Papin. lib.* XIX sur le F. 69, § 3, *de leg.* 2° (*Opera*, t. IV, col. 547, *in fine*). Pothier, *Pandectae Justinianeae* (*de Legatis*), n° 448 en note.

même temps, acquéreur du bien frappé d'inaliénabilité et successeur du grevé dans l'obligation où il était de satisfaire à la *persecutio fideicommissi* de la *familia*. Il va de soi que les fidéicommissaires agiront alors contre lui *in rem* plutôt qu'*in personam*. Sitôt la délivrance faite, cet *heres extraneus* sera libéré de toute obligation et n'aura plus à craindre d'être inquiété, sauf dans le cas où le fidéicommis serait perpétuel.

**79.** Dans cette dernière hypothèse, en effet, l'*heres* peut avoir à craindre que les membres de la *familia* ne fassent, à leur tour, une aliénation prohibée. Chose qui réaliserait à nouveau la condition du fidéicommis et qui exposerait l'*heres extraneus* et ses héritiers à un recours *iure fideicommissi*. Pour parer aux suites fâcheuses de ce recours éventuel, l'héritier peut user d'un moyen dont Papinien (*lib.* xix, *Quaestionum* [1]) nous donne l'esquisse.

« ...*Ita proximus quisque admittendus est si paratus sit cavere, se familiae domum restituturum. Quod si cautio non fuerit ab eo, qui primo loco admissus est, desiderata. Nulla quidem eo nomine nascetur condictio : sed si domus ad exterum quandoque pervenerit, fideicommissi petitio familiae competit. Cautionem autem, ratione doli mali exceptionis, puto iuste desiderari, quamvis nemo alius ulterior ex familia supersit* ».

**80.** Il résulte de ce passage que l'héritier, en faisant délivrance au *proximus ex familia* qui l'a assigné, peut exiger de celui-ci la promesse (*cautio*) « *se fundum familiae relicturum* [2] ». Par ce procédé, l'héritier se trouve

---

1. F. 69, § 3, *de legatis* 2°. Sur ce fragment, voir Cujas : *Comment. in. libros Quaest. Papin.* lib. xix (*Opera*, t. IV, col. 545 sq.).

2. Voir, au F. 67, § 6, *de legatis*, 2°, dont il sera traité plus bas et

garanti pour l'avenir et a le moyen de se faire indemniser au cas où il serait poursuivi plus tard *iure fideicommissi*. Papinien nous dit que cette *cautio* peut être
exigée, même au cas où le demandeur à titre de fidéicommis serait le seul *in familia* (*quamvis nemo alius ulterior
ex familia supersit*). Et la raison de cela se voit très bien.
Le fidéicommis, étant perpétuel, concerne tous les membres de la *familia*, même ceux qui, à la mort du testateur, ne seraient pas encore vivants. Or, dans le cas qui
nous occupe, des enfants pourraient naître de celui
auquel l'héritier fait restitution : et c'est en vue de ces
enfants que la *cautio* sera très justement requise (*iuste
desiderari*).

**81**. La *cautio* dont il s'agit sera exigée par l'héritier
au moyen de l'exception de dol opposée à l'action du
*proximus* (*ratione doli mali exceptionis desiderari*)[1]. En
effet, c'est commettre un dol que refuser de promettre
restitution à la *familia* d'un bien qu'on sait devoir y rester. Mais que faudra-t-il décider si l'héritier, négligeant
d'opposer cette exception, a fait délivrance ? Papinien
répond : *nulla quidem eo nomine nascetur condictio*. Cela
veut dire que l'héritier sera dépourvu, non seulement
d'une *condictio certi* à l'effet de reprendre la chose (ce
qui va de soi, puisque l'héritier n'a pas alors indûment
payé), mais encore de la *condictio incerti* pour obtenir,
soit la *cautio* omise, soit la possession de la chose et, par
là, une reprise de l'exception de dol. A vrai dire, Cujas

---

au F. 3, § 4, *de adimend. vel transfer. leg.* XXXIV, 4, la mention d'une
*cautio* semblable.

1. Cf. F. 67, § 6, *de leg.* 2°, F. 3, § 4, *de adim. vel. transf. leg.*
XXXIV, 4, F. 48, *de fideic. libertat.* XL, 5.

avait pensé [1] que Papinien ne visait ici que la *condictio certi*. Il y avait été induit, surtout, par des raisons d'équité. Et ces raisons se fortifiaient de ce qu'en bien des passages où les jurisconsultes dénient toute *condictio*, cela doit s'entendre, d'un avis commun, de la *condictio certi*. Mais cette opinion ne persista pas et, dans son commentaire sur le titre *de legatis*, 1.°, [2], l'illustre jurisconsulte tient pour un avis opposé. Et, de fait, le texte de Papinien ne laisse aucun doute. « *Quod si cautio non fuerit desiderata...*, *nulla quidem eo nomine nascetur condictio* ». Les mots « *eo nomine* » marquent bien que le jurisconsulte refuse la *condictio cautionis omissae*. La chose était à préciser ; car, en bien d'autres cas analogues au nôtre, on voit les jurisconsultes accorder le *condictio incerti*, soit à raison d'une stipulation qu'on a omis de faire, soit pour reprendre le bénéfice de l'exception de dol en récupérant la possession d'une chose.[3]

**82.** Dans les explications qui précèdent, j'ai supposé et tenu pour certain qu'avant Justinien, le fidéicommis naissant de la prohibition d'aliéner procurait une action réelle contre tout possesseur de la chose. Mais cette proposition ne va pas sans controverse.

**83.** De savants auteurs anciens et modernes peuvent être cités qui déclarent que la *familia* n'avait que la

---

1. *Comment. in libros Quaest. Papin.* (*Opera*, t. IV, col. 545 et suiv.).

2. Sur le F. 69, § 3, XXXI, *Recit. solemnes ad tit. II de leg.* (*Opera* t. VII, col. 1249).

3. Voir, à titre d'exemples, F. 5, § 2, *De usuf. ear. rer. quae usu consumuntur* VII, 5. — F. 3, § 9, *Si cui plus quam per legem Falcid.* XXXV, 3. — F. 21, *ad Senatusc. Trebell.* XXXVI. 1

*petitio extra ordinem* contre le grevé [1]. Ils ne s'appuient guère que des principes généraux des fidéicommis « Un fidéicommissaire, dit notamment M. Labbé, n'a jamais la revendication avant d'avoir obtenu du grevé la restitution du fidéicommis. La restitution suppose la conservation et n'a d'effet que relativement aux choses conservées. Jusqu'à la restitution, le fidéicommissaire n'a qu'un droit de poursuite *extra ordinem* contre le grevé. » Et, en effet, les textes paraissent indiquer que le fidéicommis ne conférait, en règle, au fidéicommissaire qu'un droit de créance. Paul (*Sententiae: de Fideicommissis*, IV, 1, § 18) dit : « *Ius omne fideicommissi non in vindicatione, sed in petitione consistit* ». De même Pomponius (*lib.* II, *Fideicommissorum*) [2], assimile les biens aliénés par le fiduciaire à des objets perdus, tels qu'objets brisés ou brûlés. Il déclare que le fidéicommissaire n'aura, à raison de ces objets, qu'une *persecutio fideicommissi*.

**84.** Tout cela est incontestable pour le fidéicommis en général. Mais on n'apporte aucun texte qui fasse application de ces principes au fidéicommis de famille. Et, de fait, on le trouverait difficilement. Je crois conforme à l'esprit du droit romain touchant notre fidéicommis, et aussi aux textes qui en traitent, de dire que le fidéicommissaire avait action *réelle* contre les tiers acquéreurs.

C'est conforme à l'esprit du droit romain. On sait, en effet, pour quel but notre fidéicommis était employé par les testateurs et avait été reconnu par le droit. Il

---

1. Faber : *De error. pragm. Decas* LXXXVII, *error.* 10, LXXXVIII, *error.* 1. Sande : op. laud. Pars III, cap. IV, nos 3-6, cap. VII, n° 1. Labbé sur Ortolan, t. II, livre II, Appendice VI, p. 750,
2. F. 70, § 1, *a l Senatusc. Trebell.* XXXVI, 1.

s'accordait avec le désir, toujours si fort empreint dans les mœurs romaines, de conserver les biens aux familles, spécialement les objets les plus précieux et le plus intimement unis au culte des morts et du foyer. Or, le but des testateurs aurait-il été atteint si une pure action personnelle avait été accordée contre l'héritier ?

85. Au surplus, les textes sont dans le même sens et il suffit de rappeler des fragments déjà cités.

Ainsi, le F. 38, *de Leg.* 2°.

Dans le *principium* de ce fragment, Scaevola examine si l'héritier qui a vendu les biens héréditaires pour satisfaire les créanciers du défunt a donné ou non ouverture au fidéicommis, et il pose la question ainsi : « *an emptores, qui fideicommissum ignoraverunt, bene emerint ?* » Par où l'on voit l'action réflexe du fidéicommis sur le droit des tiers acquéreurs.

Même conclusion à tirer du § 5 de ce fragment : Scaevola se demande ce qui arriverait si, plusieurs héritiers ayant reçu défense de faire sortir leurs parts de la *familia*, certains d'entre eux les avaient vendues à leurs cohéritiers par qui elles avaient été alors aliénées *extra familiam.* Y a-t-il lieu à fidéicommis ? Et le jurisconsulte pose la question en ces termes : « *partes quae venierunt an ad superstites collibertos pertinerent ?... an partes venditae ad rempublicam Tusculanorum pertinerent ?* »

86. De même, les décisions de Papinien, dans les F. 69 et 78, *de Leg.,* 2°, impliquent une reprise en nature faite par les membres de la *familia* en cas d'aliénation.

D'abord le F. 69 § 1, relatif à l'aliénation nécessaire *ex causa heredis*, pour exprimer que le droit au fidéicommis s'ouvrira après la mort de l'héritier, dit que l'a-

cheteur gardera jusqu'alors le bien acquis « *emptor re-*
*tinere debet* ». Et le F. 78, § 4 *de Leg.* 2°, relatif à l'aliénation nécessaire *ex causa testatoris* dit formellement :
« *contra emptorem fideicommissi causa, tametsi voluntas*
*defuncti non ignoravit, nihil decernetur.* » Ce qui fait
voir qu'au cas de toute autre aliénation, il en allait dif-
féremment.

En second lieu, le F. 69 § 3, *de Leg.* 2° nous fait voir
les membres de la *familia* reprenant *en nature* des mains
de l'*heres extraneus* institué par le grevé, le bien déclaré inaliénable. En effet, l'exception de dol que peut
opposer cet héritier, la *cautio* que lui doit consentir le
*proximus de familia* sont autant de choses qui démon-
trent que l'héritier leur fait délivrance. Or, cet héritier,
je l'ai précisé à dessein plus haut et je crois cette observation irréprochable, tient un double rôle. En même
temps qu'héritier et, par là, tenu *ex causa fideicommissi*,
il est acquéreur d'un bien inaliénable. Et si, à ce dernier
titre, l'action réelle est admissible contre lui, elle doit
l'être logiquement contre tout autre acquéreur. Pourquoi distinguer et placer un *extraneus* acheteur ou donateur en meilleure situation qu'un héritier ?

**Troisième question.** — Le droit de la *familia* au bénéfice du fidéicommis peut-il se perdre par une renonciation expresse ou tacite
des ayants droit?

SOMMAIRE

**87.** En principe, la renonciation des membres de la *familia* au fidéicommis est permise, mais cette règle ne veut pas être appliquée mal à propos et il convient de poser certaines distinctions.

**88.** Supposons d'abord que la renonciation intervienne avant l'aliénation faite *extra familiam* et pour paralyser d'avance les droits qui pourraient naître au profit de la *familia*.

Dans ce cas, il est certain que la renonciation est inopérante. Le fidéicommis est purement conditionnel et, au moment où la renonciation intervient, la condition n'est pas encore réalisée. C'est dire qu'alors la *familia* n'a aucun droit et ses membres ignorent s'ils auront jamais le droit auquel ils renoncent.

**89.** D'anciens commentateurs [1] ont agité cette question sur le cas où, l'héritier grevé ayant dénoncé aux membres de la *familia* qu'il était prêt à leur rendre, ou à l'un d'eux, le fonds déclaré inaliénable, aucun d'eux n'a voulu se rendre acquéreur. On s'est demandé si l'aliénation *extra familiam* ne serait pas alors valable. Ce qui prêtait au doute c'était un argument d'analogie que

---

1. Cf. Sande, cap. III, § 38-40.

l'on aurait pu tirer du F. 122, § 3, *de V. Obligationibus*, XLV, 1, en faveur de la validité. En effet, ce fragment suppose un pacte de préférence convenu entre associés. Si l'un d'eux veut aliéner sa part du fonds social, ce devra être seulement au profit de l'un de ses coassociés et pour une certaine somme. Mais le jurisconsulte suppose que, l'un des associés ayant fait aux autres offre de leur vendre sa part, ceux-ci n'ont pas accepté. Dans ce cas, l'aliénation peut être faite au profit d'un étranger : les coassociés sont présumés renoncer au droit qui résultait pour eux de la convention. D'où, certains auteurs inclinaient à décider de même au cas d'aliénation faite par un héritier qui aurait reçu défense d'aliéner *extra familiam*. Certains voulaient distinguer selon que le testateur avait simplement prohibé l'aliénation *extra familiam*, ou qu'il avait joint à la prohibition l'ordre de laisser le bien *in familia*.

90. Mais ni l'une ni l'autre de ces opinions ne peut être admise. Elles heurtent, d'abord, le principe que nul ne peut renoncer efficacement à un droit avant de l'avoir acquis. Au surplus, est-il même exact de qualifier de renonciation à leur droit le refus des fidéicommissaires d'acheter le bien que leur offre l'héritier ? D'aucune façon. Le testateur n'a pas voulu donner au fiduciaire le pouvoir de forcer les membres de sa *familia* à acheter le fonds. Ce n'est pas conforme à la pensée de bienveillance qu'il a eue pour eux, pas plus qu'aux termes mêmes de son testament. Et cette dernière remarque écarte les doutes que pourrait susciter le F. 122, § 3 *de Verb. Oblig.* XLV, 1. Dans l'espèce prévue par cette loi, le pacte convenu prohibait seulement la vente au profit d'autres que les associés. D'où l'on pouvait dire, à la

rigueur, que, par l'offre adressée à son coassocié, le
vendeur avait fait tout le possible pour ne pas s'écarter
du pacte. Mais ici, il s'agit de prohibition d'*aliéner extra
familiam* sans limitation spéciale. En offrant aux membres de la *familia* la vente du bien laissé par le testateur, l'héritier n'a pas fait tout le possible pour réaliser
les volontés du testateur. En outre de la vente, il y a un
grand nombre de modes d'aliéner par lesquels il aurait
pu satisfaire à ces volontés et qu'il n'a pas proposés à
la *familia*.

Quant à la distinction à faire entre le cas où la prohibition d'aliéner *extra familiam* est accompagnée, et celui où elle ne l'est pas, de l'ordre de laisser le bien *in
familia*, nulle part les textes ne l'autorisent. Et, en raison, on ne voit pas comment le testateur qui désire
voir son bien rester *in familia*, le manifeste plus éner-
giquement dans le premier cas que dans le second.

**91.** Passons à l'hypothèse où, la condition du fidéicommis s'étant réalisée par l'aliénation *extra familiam*,
les ayants droits renoncent à l'action qui leur est ou-
verte. Dans quels cas et sous quelles conditions cette
renonciation sera-t-elle efficace?

Une première forme de renonciation, je veux dire
celle qui résulte de l'usucapion ou de la prescription
de long temps, a été certainement permise jusqu'à
Justinien. Mais, cet empereur ayant prohibé express-
sément l'application de l'usucapion et de la prescription
contre le légataire ou le fidéicommissaire « *ut nec usu-
capio nec longi temporis praescriptio contra legatarium
vel fideicommissarium procedat* »: cette mesure s'est
étendue à notre cas. (C. 3, § 3, *Communia de leg. et fideic.*, VI, 43). Il faut croire cependant que la *praescriptio*

*longissimi temporis* demeura opposable au fidéicommissaire. En effet, l'empereur ne la mentionne pas et les raisons d'ordre général qui ont fait établir ce mode d'extinction des actions militent pour son application à notre hypothèse.

**92.** En ce qui est des autres formes de renonciation, il paraît nécessaire, pour bien répondre à l'exigence des principes, d'examiner séparément le cas où le fidéicommis doit se réaliser par une restitution unique et le cas où le fidéicommis est perpétuel.

Dans le premier cas, il faut dire que la renonciation des membres de la *familia* est efficace et valide l'aliénation faite au profit d'un *extraneus*. D'une part, le droit au fidéicommis leur étant acquis, ils ont la faculté d'en faire abandon. Et, d'autre part, se trouvant seuls appelés au fidéicommis puisqu'ils existaient seuls *in familia* au moment où s'est réalisée la condition du fidéicommis, il n'y a pas à se préoccuper de ceux qui sont entrés dans la *familia* après l'aliénation.

**93.** Voici deux exemples de renonciation : l'un porte sur une renonciation expresse, l'autre sur une renonciation tacite.

1° Scaevola, (*lib.* xiv, *Responsorum*)[1] supposait un legs d'aliments ayant pour objet une *insula* et fait au profit des affranchis de l'un et de l'autre sexe « *Insulam libertis utriusque sexus legavit, ita ut ex reditu eius masculi duplum, feminae simplum percipiant eamque alienare vetuit* ». Que décider si, l'héritier vendant le bien déclaré inaliénable, tous les affranchis consentent à cette vente ? Scaevola répond que ceux-ci n'auront pas de *fideicom-*

---

1. F. 88. § 14, *de leg*. 2°.

*missi persecutio* touchant le prix, « *nisi ea mente venditioni consenserunt ut similiter ex pretio mares quidem duplum, feminae autem simplum consequerentur* ».

**94.** 2°. Papinien (*lib.* VIII, *Responsorum* [1]) s'exprimait dans les termes suivants :

« *Libertis praedium reliquit ac petiit ne id alienorent, utque in familia libertorum retinerent : si, excepto uno, caeteri partes suas vendiderint, qui non vendidit, caeterorum partes, quibus non dedit alienandi voluntatem, integras petet. Eos enim ad fideicommissum videtur invitasse, qui iudicio paruerunt : alioquin perabsurdum erit, vice mutua petitionem induci ; scilicet ut ab altero partem suam alienando perdiderit. Sed hoc ita procedere potest, si pariter alienaverint.* »

On voit l'espèce et la solution. Un legs a été fait à des affranchis avec défense d'aliéner le bien légué hors de la *familia libertorum*. D'où, si l'un d'eux vend sa part à un *extraneus*, elle sera acquise à ceux qui n'ont pas aliéné. Chacun est légataire de sa part et fidéicommissaire conditionnel de celle des autres. — Dans cette occurrence, le jurisconsulte suppose que tous les *liberti* ont vendu en même temps leurs parts respectives. Or, il décide qu'aucun d'eux ne peut agir contre les autres *ex causa fideicommissi*. Chacun, en vendant sa part, a fait adhésion à la vente consentie par ses *colliberti* et renoncé au droit qu'il aurait de s'en prévaloir. En effet il serait absurde, comme le note Papinien, de décider autrement. Chacun, ayant méconnu la volonté du testateur, ne saurait faire reproche aux *colliberti* de l'avoir aussi méconnue. Le testateur n'a appelé les *liberti* au

[1]. F. 77, § 27, *de leg.* 2°.

fidéicommis qu'à la condition qu'ils aient eux-mêmes
obéi à sa volonté.

Mais Papinien précise « *Sed hoc ita procedere potest
si pariter alienaverint.* » Les choses n'iraient donc pas de
même façon si chacun des fidéicommissaires avait
vendu sa part séparément et à des époques différentes.
Ainsi, supposons que de trois *colliberti*, l'un vende sa
part la première année ; aussitôt les deux autres pourront y réclamer un droit. Que de ces deux autres l'un
vende ensuite sa propre part, le troisième aura droit
dessus à titre de fidéicommis. Mais si, à son tour, le
troisième vendait sa part, on sait [1] qu'il le pourrait librement et que les autres n'auraient pas action *iure fideicommissi.*

**95.** — Dans le cas où le fidéicommis résultant de la
prohibition d'aliéner est *perpétuel*, les solutions qui précèdent doivent changer. Tacite ou expresse, la renonciation que les fidéicommissaires consentent ne consolide
pas, en règle, les droits des acquéreurs. En effet, si elle
enlève au renonçant le droit de se prévaloir de l'aliénation, elle ne l'enlève pas à ceux de ses héritiers et successeurs qui feraient partie de la *familia.* Le fidéicommis
s'étend à l'infini et au profit de tous les degrés ; or, le renonçant n'est présumé avoir parlé qu'en son nom. Mais,
à supposer qu'il eût parlé, en même temps, au nom de
ses héritiers ou successeurs, la renonciation serait opposable à ceux-ci. En effet, tout héritier qui fait adition
d'hérédité est censé avoir approuvé les actes de son auteur. Sa personne se confond avec la personne de celui
auquel il succède et il ne peut revenir sur les actes de ce

---

1. *Vide suprà*, n° 75.

dernier non plus que sur les siens propres. C'est l'application du principe « *ex qua persona quis lucrum capit eius factum praestare debet* » (F. 149, *de div. reg. iur.* L. 17).

Section II. — **De la possibilité, pour le grevé, d'aliéner** *in familia*

96. Jusqu'ici, je me suis placé dans le cas où l'héritier ou le légataire aurait enfreint la défense d'aliéner *extra familiam*. Il convient de voir maintenant l'hypothèse inverse. Cet héritier ou ce légataire veut aliéner au profit d'un membre de la *familia*. Dans quelle situation se trouve-t-il ? Comment qualifier l'aliénation qu'il consent ?

A cet égard, le principe est des plus simples et tient dans une phrase : L'héritier ou le légataire qui veut aliéner *in familia* fait acte de propriétaire et jouit du droit commun de la propriété. Son droit, en effet, n'a été restreint qu'en ce qui est des étrangers à la *familia ;* au delà de cette limite, il reprend sa liberté d'action.

Voici les diverses conséquences qui me paraissent résulter de cette idée :

**97.** *Première conséquence :* Le grevé a pleine liberté pour le choix de son acquéreur. C'est ainsi qu'il peut aliéner ou laisser son bien à un membre, même du degré le plus éloigné, de la *familia*, sans que les *proximi* aient le droit de réclamer.

Il peut aliéner le bien, soit à tous les membres de la *familia*, soit à quelques-uns d'entre eux, soit à un seul. « *Verum est enim in familia reliquisse, licet uni reliquisset* » (F. 114, § 17, *de leg.* 1°).

*Deuxième conséquence :* Le grevé a pleine liberté pour l'époque de l'aliénation.

**98.** *Troisième conséquence :* Il a aussi pleine liberté pour les conditions de l'aliénation.

C'est ainsi qu'il peut, lorsqu'il aliène le bien au profit de plusieurs membres de la *familia*, assigner à chacun des parts inégales. « *Si omnes filii heredes instituti sint ex disparibus partibus, non possunt petere fideicommissum ex minore parte scripti, ut viriles, non hereditarias partes in eo habeant.* » (Marcien : *lib.* VIII *Institutionum*) [1].

De même, il peut imposer des charges et des restrictions à l'aliénation qu'il consent. Par exemple, il lui est loisible, au cas où la prohibition d'aliéner est *unique*,

---

1. F. 114, § 18, *de leg.* 1°

d'imposer à son acquéreur l'inaliénabilité et la volonté
que le bien demeure *in familia*.

Sur ce propos, il convient de placer une observation
touchant le cas où la prohibition testamentaire d'aliéner
est *perpétuelle*. On sait qu'alors l'héritier ou le légataire
reçoit la chose du testateur, frappée d'une indisponibilité
permanente. Or, dans le cas où cet héritier ou ce légataire aliène la chose au profit d'un membre de la *familia*,
il ne peut la lui transmettre que dans les conditions où il
l'a reçue. Aux mains de cet acquéreur, la chose n'est,
comme aux mains de l'héritier ou du légataire, aliéna-
ble qu'au profit de la *familia* ; et, si la prohibition est
transgressée, l'héritier, le légataire ou ses héritiers
seront assignés, par la *familia, iure fideicommissi.* Pour
éviter le préjudice pouvant résulter de ces actions, le
grevé ou ses héritiers feront bien de se réserver un recours contre les membres de la *familia* auxquels ils
délivrent la chose.

On a vu plus haut que cela leur était permis quand,
la chose ayant été aliénée *extra familiam*, les *proximi
ex familia* agissent *iure fideicommissi.* Au moyen de
l'exception de dol, le grevé ou ses héritiers peuvent
obtenir la *cautio* que le fonds sera restitué à la *familia.* Ici, la situation est au moins aussi favorable. C'est
pourquoi Papinien (*lib.* xix *Quaest.*)[1] précise, au sujet du cas spécial où l'aliénation *in familia* se réalise
par le moyen d'un legs, que l'héritier du grevé peut
ne livrer la chose qu'après avoir obtenu la *cautio*
« *fundum, cum morietur, si non in familia cum effectu
relinqueretur, restitui* ». Cet héritier, ou son auteur

---

1. F. 67, § 6 *in fine, de leg.* 2°.

quand l'aliénation avait lieu entre vifs, se faisaient
promettre qu'au cas d'aliénation *extra familiam* par
l'acquéreur, le bien leur serait restitué. Nul détail à
préciser sur cette *cautio* qui, sauf les termes, est la
même que celle dont parle le F. 69, § 3, *de leg.* 2°, et
dont il a déjà été traité.

**99.** *Quatrième conséquence :* Le grevé a pleine liberté
pour le mode d'aliénation.

A cet égard, quelques points sont à préciser.

Le choix que fait le grevé d'un membre de la *familia*,
pour lui attribuer le bien déclaré inaliénable, peut être
*tacite* ou *exprès.*

1° Il y a choix *tacite* lorsque le grevé a institué héritiers un ou plusieurs membres de la *familia,* sans rien
dire de spécial au bien frappé de la prohibition. En effet,
c'est un principe que le testateur, à raison de l'affection qu'il est présumé avoir pour ses héritiers, est censé
leur transmettre tous les biens dont il pouvait disposer
et qu'il n'a pas nommément exceptés. Or, ici, à l'égard
des membres de la *familia*, le grevé jouissait du droit
commun de la propriété et pouvait choisir qui il lui
plaisait. En ne disant rien sur le fonds indisponible et en
instituant des héritiers membres de la *familia*, il a
laissé à ceux-ci ledit fonds. Et il importe peu que ces
membres ne soient pas du degré le plus proche : les
*proximi* n'auraient eu le droit d'agir *iure fideicommissi*
que si le grevé eût disposé au profit d'un *extraneus.*

Ces principes sont appliqués par Papinien (*lib.* XLIX
*Quaest.*) [1], à propos d'une espèce et dans un passage déjà
touchés plus haut (*vide* n° 71). Le grevé a institué héri-

1. F. 67, § 4, *de leg.* 2°.

tiers deux membres de la *familia* pour portions inégales ;
(supposons, par exemple, l'un institué pour $\frac{8}{12}$, l'autre
pour $\frac{4}{12}$), et il a légué à un *extraneus* le $\frac{1}{4}$ du fonds frappé
d'inaliénabilité. Le jurisconsulte décide que, pour ce
$\frac{1}{4}$, les membres de la *familia* auront action *ex causa
fideicommissi*, mais que, pour les $\frac{3}{4}$ restants, les héritiers
institués sont seuls à y avoir droit « *pro his quidem portionibus quas iure hereditario retinent, fideicommissum
non petetur : non magis quam si alteri fundum praele-
gasset* ». Et ils y ont droit dans la même proportion
que celle où ils ont été appelés à l'hérédité : d'où, en
reprenant l'exemple que je citais, l'héritier institué pour
les $\frac{8}{12}$ prendra la moitié du fonds, et l'héritier institué
pour les $\frac{4}{12}$, c'est-à-dire pour moitié moins, prendra le
quart du fonds, c'est-à-dire moitié moins que son cohéritier.

**100**. Un autre exemple de disposition *tacite* est le
cas de mort *ab intestat* du fiduciaire, laissant pour héritier légitime un membre de la *familia* du testateur. Cette
mort donnerait audit membre le droit de garder le fonds
frappé d'inaliénabilité, à l'exclusion de membres de la
*familia* qui seraient plus proches que lui en degré. En
effet, mourir *intestat* est consacrer la dévolution légale
de sa succession et, par suite, en faire disposition. Le
même motif nous a induit plus haut (n° 50), à dire que
la mort *ab intestat* à la survivance d'un *heres* étranger
à la *familia* réaliserait la condition du fidéicommis au
profit des *proximiores*.

**101**. Le choix *exprès* d'un membre de la *familia* par
le grevé peut se faire par acte entre vifs ou par acte de
dernière volonté.

L'acte entre vifs peut être à titre onéreux aussi **bien**

qu'à titre gratuit. Qu'on se rappelle, en effet, le passage de Scaevola (*lib.* xix *Digestorum*) [1], qui suppose le cas d'une vente, faite *in familia*, d'un bien frappé d'inaliénabilité. Cette vente est reconnue valable « ... *persona... respicienda est... emptorum qui secundum voluntatem defunctae ex illis fuerunt, quibus permiserat testatrix venumdari* ».

L'acte de dernière volonté peut être soit un legs, soit un prélegs (Cf. *F.* 67, § 4, *de leg.* 2°) soit même un fidéicommis au profit d'un autre membre de la *familia*.

102. Mais que décider du cas où le fiduciaire aurait légué le fonds à un membre de la *familia*, mais avec charge de le restituer à un *extraneus?*

Voici la décision de Papinien (*lib.* xix *Quaest*) [2] :

« *Sed etsi fundum heres uni ex familia reliquerit, eiusque fidei commiserit* UT EUM EXTERO RESTITUAT : *quaesitum est an hoc fideicommissum peti possit? Dixi ita demum peti posse, si fundi pretium efficiat : sed si quidem ille prior testator fideicommissum ita reliquisset,* ROGO FUNDUM, CUI VOLES, AUT QUIBUS VOLES EX FAMILIA RELINQUAS, *rem in expedito fore. Quod si talia verba fuissent,* PETO NON FUNDUS DE FAMILIA EXEAT, *heredis heredem propter sequens fideicommissum, quod in exterum collatum est, oneratum intellegi ; petituris deinceps caeteris ex primo testamento fideicommissum, post mortem videlicet eius, qui primo electus est* ».

Ce passage a soulevé des explications diverses [3] dont

---

1. F. 38, § 5, *de leg.* 3°.

2. F. 67, § 5. *de leg.* 2°.

3. Cf. Cujas : *Comment. in libros quæst. Papin* lib. xix (*Opera*, t. IV, col. 525 sq.). Doneau *Comm. de jure civ.* (lib. viii, cap. 27, § 6)

il serait oiseux de donner le détail. Il me suffira d'exposer ici celle que je crois exacte : c'est, à peu de chose
près, l'interprétation que fournit Cujas.

**103.** En principe, le fidéicommis dont il s'agit est
inefficace : il aboutit, en effet, à une aliénation *extra familiam* contre la volonté du premier testateur. D'où, si
le fonds a été purement et simplement laissé à titre de
fidéicommis au profit d'un *extraneus*, la *familia* inter-
viendra à bon droit pour le réclamer.

Mais Papinien admet un tempérament au cas où le
fiduciaire, tout en imposant le fidéicommis au membre
de la *familia*, a laissé à ce membre une somme égale à
la valeur du bien. Et voici quelle est, en ce point, la
distinction qu'il pose. De deux choses l'une : il s'agit
d'un fidéicommis de famille *unique* [1] ou bien d'un fidéicommis *perpétuel*.

**104.** Dans le premier cas, le fait de laisser au membre de la *familia* une somme égale à la valeur du fonds
rend l'aliénation de tout point régulière « *rem in expedito fore* ». Et, en effet le membre de la *familia*, par la
réception de cette valeur, est censé avoir reçu le fonds
même. Or, cela est suffisant : peu importe que, dans
la suite, le fonds soit allé en mains étrangères. Le premier testateur n'a pas pris l'intérêt de la *familia* à l'infini, mais seulement pour un temps. Il a voulu simple-

---

« *quo responso nescio*, dit Doneau, *an ullum facile reperiatur scriptum
obscurius* ». Faber, *Conjecturæ*, lib. xiv, cap. 10. Pothier : *Pandectæ Just.*
(*de leg.* n° 436, coroll. III).

1. Papinien cite le cas du fidéicommis exprès : » *rogo fundum cui
voles ex familia relinquas* ». Mais sa décision s'applique également,
par analogie de motifs, au fidéicommis unique résultant tacitement
d'une défense d'aliéner.

ment qu'après son héritier ou son légataire, à qui il
faisait défense d'aliéner, le fonds allât une fois aux
mains d'un membre de la *familia*.

**105.** Plaçons-nous, au contraire, dans l'hypothèse où
la prohibition est *in perpetuum*. L'héritier ou le légataire, à qui on a fait défense d'aliéner, a légué à un membre de la *familia* la valeur du fonds et, en outre, il a
chargé ce membre d'un fidéicommis au profit d'un *extraneus*. Comment sera traitée une telle disposition?

Ce second fidéicommis n'est pas valable. Néanmoins,
Papinien, par équité, lui reconnaît certains effets en tenant compte des désirs du premier testateur et en tant
que la validité est compatible avec ces désirs. Voici comment : L'*extraneus*, qui aura reçu le fonds en vertu du
fidéicommis, ne possèdera pas ce fonds *proprio nomine*
et n'en acquerra pas la propriété. Tant que vivra le
membre de la *familia* qui avait été chargé de le lui remettre, il percevra toute l'utilité du fonds et possèdera
au nom de ce membre, Mais qu'on suppose la mort de ce
dernier : dans ce cas, le fonds ne peut demeurer à l'*extraneus* qui devra le restituer aux *proximi* de la *familia*.
Alors, en effet, la rigueur des principes reprend empire.
Le fidéicommis ordonné au profit d'un *extraneus* par
l'héritier ou le légataire, à qui le premier testateur avait
fait défense d'aliéner, étant considéré comme une violation de cette défense, réalise la condition du fidéicommis
qui s'induit de toute prohibition d'aliéner *extra familiam*. L'*extraneus* sera atteint par l'action réelle des *proximi ex familia*. — De même, l'héritier du membre de
la *familia* qui avait imposé le fidéicommis au profit de
l'*extraneus* sera exposé à la *persecutio fideicommissi*.

**106.** Et il faut observer que la situation de ce dernier

sera particulièrement fâcheuse. C'est ce que veut dire Papinien par ces mots « *heredis heredem propter sequens fideicommissum, quod in exterum collatum est, oneratum intellegi* ». En effet, s'il est poursuivi par l'action personnelle des membres de la *familia*, il n'a recours contre personne, et, ceci est à noter, il n'eût pas pu s'en ménager, l'eût-il voulu. Pourquoi cela ? Pourquoi, par exemple, n'eût-il pas exigé de l'*extraneus*, auquel il remettait le fonds, une *cautio* ayant pour but de se faire restituer ce fonds à la mort de l'*electus* ? Par cette raison bien simple qu'en faisant délivrance du fonds à l'*extraneus* il remplissait les volontés de son testateur. Or, celui-ci lui avait ordonné, sans restrictions ni réserves, de remettre ce fonds à l'*extraneus* et notamment avec le ferme dessein que l'*extraneus* le gardât toujours. Dès lors, exiger une promesse de restitution eût été méconnaître les volontés du testateur alors qu'il était chargé de les exécuter.

**107.** 5° *Conséquence :* L'aliénation que fait le grevé, au profit d'un membre de la *familia*, est un acte de disposition.

Ce qui revient, en d'autres termes, à dire que le membre de la *familia* n'est pas censé tenir la chose du testateur mais de l'héritier ou du légataire à qui celui-ci avait fait défense d'aliéner. Par où notre fidéicommis se sépare du fidéicommis « *rogo cui voles ex familia relinquas* ». Ce point a, du reste, été traité plus haut (n°s 17 et suiv.), et il me paraît, en rigoureuse théorie, indiscutable. D'une part, l'héritier ou le légataire n'ayant reçu défense d'aliéner que *extra familiam*, les aliénations faites *in familia* doivent être tenues pour actes de disposition émanés d'un vrai propriétaire. D'autre part,

l'héritier ou le légataire peut aliéner à titre onéreux *in
familia*; or, serait-ce théoriquement possible si cette
aliénation s'analysait, non en un acte de disposition, mais
en une restitution de_ fidéicommis ? Ces raisonnements
se confirment à la lecture du F. 38, § 5, *de leg.* 3°, extrait du *lib.* xix *Digestorum* de Scaevola et si souvent
cité au cours de mon étude. Un testateur ayant défendu
d'aliéner *extra familiam libertorum* à des *liberti* auxquels
il a légué un fonds, certains d'entre eux ont fait vente
de ce fonds à deux *colliberti*. Tryphoninus, l'annotateur
de Scaevola, nous dit incidemment, à propos de cette
vente : « *persona... respicienda est emptorum qui secundum voluntatem defunctae ex illis fuerunt quibus permiserat testatrix venumdari : nec condicio exstitit dati
fideicommissi* ». Ce qui fait bien voir qu'il n'y a pas
restitution de fidéicommis lorsque le grevé aliène *in familia* et que c'est seulement l'aliénation faite *extra familiam* qui réalise la condition du fidéicommis institué
au profit de la *familia*.

108. Tout cela, encore un coup, ce sont les données de
la théorie sur la défense d'aliéner *extra familiam*. Mais
les jurisconsultes romains y ont-ils été strictement fidèles dans tous les cas ? Il est permis de penser que non
et qu'ils assimilèrent, sur bien des points, l'aliénation
faite *in familia*, dans notre hypothèse, à la restitution
du fidéicommis « *rogo cui voles ex familia relinquas* ».

Il me suffit d'en alléguer deux preuves tirées des
sources.

109. La première est au F. 67, § 6, *de leg.* 2°, dont
il a déjà été question. Ce texte, tiré de Papinien (*lib.* xix
*Quaest.*), prévoit le cas de fidéicommis perpétuel qui résulte de la phrase « *peto non fundus de familia exeat* ».

Il suppose que le grevé, qui a reçu cette défense d'aliéner *extra familiam*, fait disposition au profit d'un membre de la *familia* et il l'autorise, lui ou son héritier, à
exiger de celui-ci la *cautio* que le fonds restera *in familia*. Or, voici de quels termes use Papinien : « *non alias
ei qui electus est*, FIDEICOMMISSUM PRAESTANDUM *erit quam
interpositis cautionibus*, etc. » ; ce qui assimile l'aliénation *in familia* à une restitution de fidéicommis.

110. La seconde assimilation que l'on rencontre est
dans un passage de Marcellus (*lib.* xv *Digestorum*), le
plus ancien texte des Pandectes qui traite de la défense
d'aliéner *extra familiam*. Marcellus se demande si le bien
aliéné *in familia*, par celui qui a reçu défense, doit être
compté pour le calcul de la Falcidie.

Voici l'espèce :

Une personne, qui a reçu défense d'aliéner tel bien
*extra familiam*, institue héritiers des membres de la
*familia*. Dans son testament figurent, en outre, certains
legs assez considérables. Les héritiers en sollicitent la
réduction, s'appuyant de ce que ces legs excèdent la
quarte Falcidie, c'est-à-dire représentent plus des trois
quarts des biens qui appartenaient en propre au testateur, abstraction faite du bien que celui-ci ne devait pas
aliéner *extra familiam*. Les légataires répondent que la
fortune du testateur doit s'apprécier en réunissant les
biens qui appartenaient en propre à celui-ci et le fonds
qu'il ne devait pas faire sortir de la *familia*. Or, il est
certain, et les héritiers l'avouent, qu'avec cette solution,
le testateur n'aurait pas légué plus que la quarte.

De ces deux prétentions, laquelle est fondée ? Quel
est le meilleur calcul ? C'est à quoi devait répondre
Marcellus.

En stricte théorie, le calcul des légataires était le plus juste ; car, le testateur étant propriétaire du fonds et ayant agi conformément au droit commun de la propriété en instituant héritier *unum ex familia*, ce fonds devait être compté à l'actif de son patrimoine. Pourtant Marcellus prononce en sens contraire et déclare que le bien frappé d'inaliénabilité ne doit pas être compté pour le calcul de la Falcidie. Ce bien est comme placé en dehors de la succession du grevé. — Or, le jurisconsulte n'aurait pas décidé autrement s'il se fût agi d'un bien soumis à un fidéicommis *uni ex familia quem heres elegerit*. Alors, en effet, le fiduciaire n'a certainement pas le bien dans son patrimoine et le fidéicommissaire le reçoit, non de ses mains, mais du testateur. Aussi Papinien (*lib.* xix *Quaest.* [1]) ne le comptait-il pas pour le calcul de la Falcidie « *Si Falcidia quaeratur : perinde omnia servabuntur, ac si nominatim ei qui postea electus est, primo testamento fideicommissum relictum fuisset* ».

**111.** Cette déviation de la pratique romaine dans l'application des principes n'a pas été, que je sache, observée par les interprètes. D'où chercherait-on en vain, dans leurs commentaires, de quoi l'expliquer. Mais il n'est pas malaisé de le faire et voici, à mon sens, le principal motif qu'on en peut donner.

Si, en théorie, l'héritier ou le légataire, qui aliène *in familia* le bien qu'on lui a défendu d'aliéner *extra familiam*, doit être regardé comme un propriétaire disposant de son bien, et ce librement, on comprend que la pratique, moins soucieuse de subtilité, et qui serre

---

1. F. 67, § 1, *de leg.* 2°.

les choses d'un peu moins près que la théorie, ait pu
les envisager d'un point de vue différent. En effet,
ne considérons pas d'une façon isolée le fait de l'héritier ou du légataire aliénant *in familia*. Prenant la
question plus largement, voyons quelle est la situation
faite par le testateur à son héritier ou à son légataire,
en lui prohibant l'aliénation *extra familiam*. On peut
dire que cet héritier ou ce légataire a reçu, en définitive,
l'ordre de laisser le bien à la *familia*. Il est propriétaire
de ce bien, mais tenu de le transmettre à une catégorie, à un groupe spécial de personnes. Il a, sans doute,
le choix entre tel et tel membre de ce groupe : mais cela
ne détruit pas la dépendance où il est au regard de la
volonté du testateur. Il peut, sa vie durant, garder le
bien et en jouir : mais, à sa mort, le désir du testateur
se représente et lui impose de laisser le bien à un membre de la *familia*, sans quoi ouverture du fidéicommis
au profit des *proximi*.

Quand on se pénètre de ces vues, qui sont, du reste,
les premières à se présenter si l'on envisage pratique-
ment la prohibition d'aliéner *extra familiam*, il n'y a
qu'un pas pour l'assimiler au fidéicommis de famille
avec faculté d'élire. Et c'est ce qui a dû se passer dans
l'esprit des jurisconsultes romains. La dépendance de
volonté de l'héritier ou du légataire au regard du testateur, l'obligation où il est de ne pas faire sortir le
bien de la *familia* ont principalement frappé ces jurisconsultes. C'est ce qu'on voit aisément dans le passage
de Marcellus cité en partie quelques lignes plus haut.
Voici quel motif apporte Marcellus pour ne compter pas
le bien frappé d'inaliénabilité dans le calcul de la Falcidie « *quod videndum ne dure constituatur; utique enim*

*in alieno aere habuit fundum : necessitate quippe obstric-
tus fuisset filiis eum relinquendi* ». Et, si l'on prend le
texte, également précité[1], où Papinien compte, dans le
calcul de la Falcidie, le bien frappé du fidéicommis *uni
quem elegeris*, on retrouve le même motif exprimé en
d'autres termes « *non enim facultas necessariae electionis
propriae liberalitatis beneficium est : quid est enim quod
de suo videatur reliquisse, qui quod reliquit omnimodo
reddere debuit* ».

1. F. 67, § 1, *de Leg.* 2ª.

# TABLE DES MATIÈRES

DROIT FRANÇAIS

EXAMEN CRITIQUE DE LA JURISPRUDENCE

SUR

# LA FEMME DU COMMERÇANT

# OUVRAGES CONSULTÉS

| | |
|---|---|
| ANONYME : | Notes Dalloz, 57-1-303; 75-1-297. |
| AUBRY ET RAU : | Cours de droit civil français 4e éd. (*praecipue*, V, § 264 *ter*). |
| BABINET : | Rapport à la Cour de cassation (Ch. des Req.) Sir. 87-1-61. |
| BÉDARRIDE : | Des commerçants, articles 4 et suiv. C. comm. — Des faillites et banqueroutes, articles 557 et suiv. |
| BOISTEL : | Précis de droit commercial, grand in-8°, 3e éd., Paris, Thorin, 1884. |
| BONNEVILLE-MARSANGY : | Jurisprudence générale des assurances terrestres, grand in-4°, Paris, Marnier, 1882. |
| BRAVARD-VEYRIÈRES ET DEMANGEAT : | Traité complet de droit commercial, tome V, in-8°, Paris, Marescq 1865. |
| BRUGNON : | De la condition de la femme commerçante, in-8°, Paris, Rousseau, 1881. |
| BUFNOIR : | Note Sirey, 85-2-25. |
| CHÉVRIER : | Conclusions devant la Cour de Paris (Bonneville-Marsangy, op. laud. 1re Partie, p. 261, note). |
| COIN-DELISLE : | Articles dans la Revue critique de législ. 1853, t. III, p. 221 et suiv., 1856, p. 11 et suiv. |

CRÉPON :          Rapport à la Cour de cassation (Ch. civ.) Sir. 85-1-8.

DELISE :          Rapport à la Cour de cassation (Ch. des Req.) Sir. 81-1-126.

DEMANGEAT :       Rapport à la Cour de cassation (Ch. des Req.) Sir. 81-1-145.

DEVILLENEUVE :    Note Sirey, 53-1-151.

L. GUÉNÉE :       Note Dalloz, 87-1-113.

HAURIOU :         Des contrats à titre onéreux entre époux (nos 54 et suiv.) in-8° Bordeaux, Cadoret, 1879.

LABBÉ :           Notes Sirey (66-2-345) — (70-1-8) — (77-1-398) — (80-1-337) — (80-2-249) — (81-1-145) — (81-1-394) — (85-1-7).

LACOSTE :         La femme autorisée de son mari oblige-t-elle directement la communauté ? (Rev. crit. de lég. 1883, p. 754).

LEFORT :          Études sur les contrats d'assurance sur la vie. in-8° Paris, Thorin, 1887).

LEVILLAIN :       Note Dalloz, 79-2-25.

LYON-CAEN et RENAULT : Précis de droit commercial, 2 vol. gr. in-8°. Paris, Pichon, 1885.

LYON-CAEN :       Examen doctrinal de la jurispr. comm. (Rev. crit. de législ., 1881, p. 282 et 287).
                  Note Sirey 80-2-17; 83-1-162.

MANAU :           Rapport à la Cour de cassation (Ch. civ.) Gaz. Pal. 15 et 16 avril 87.

MARX :            Étude sur les droits de la femme dans la faillite du mari, grand in-8°, Paris, Thorin, 1880.

MASSÉ :           Le droit commercial dans ses rapports avec le droit des gens et le droit civil,

4ᵉ éd., 4 vol. in-8°, Paris, Guillau-
min, 1874.

Note Sir. 59-1-193.

MOLINIER : Traité de droit commercial (sur l'art. 5)
tome I, in-8° Paris, Joubert, 1846.

MORNARD : Du contrat d'assurances sur la vie,
in-8°, Paris, Rousseau, 1883.

ORTLIEB : Note Sirey, 79-2-115.

PARDESSUS : Cours de droit commercial, 4 vol. in-8°,
6ᵉ éd., Paris, Plon, 1856-67.

PETIET : De la preuve en matière de reprises
matrimoniales in-8° Paris, Pedone-
Lauriel, 1886.

PONT (Marcadé) : Explication théorique et pratique du
Code civil (privilèges et hypothèques)
tomes X et XI, in-8°, Paris, Delamotte.

RATAUD : Examen de quelques difficultés en matière de faillite (Rev. crit. de législ.
1867, xxxi, p. 1 et suiv.).

RODIÈRE : Note Sirey, 57-2-754.

RUBEN DE COUDER : Dictionnaire de droit commercial, 3ᵉ éd.
1877-81, 6 vol. in-8°, Garnier (v° Fail-
lite, v° Femme mariée).

Note Sirey 83-2-33.

TESTOUD : Revue des travaux législatifs (Rev.
crit. de législ. 1879, p. 644 et suiv.)

THALLER : De la faillite des différents commerçants (*passim*) (Rev. crit. de législ.
1882 et 1883).

Des créanciers dans la masse et des
créanciers de la masse en faillite (Rev.
crit. de législ. 1881, p. 667 et suiv.)

# EXAMEN CRITIQUE DE LA JURISPRUDENCE

# LA FEMME DU COMMERÇANT

## INTRODUCTION

L'accès du commerce est ouvert aux gens mariés comme aux célibataires. Notre législateur, soucieux de porter les époux au travail qui assure leur bonne entente et l'avenir de leurs enfants, est aussi favorable au désir qu'ils peuvent avoir de tenir négoce. Mais ce négoce ne pouvait aller sans être réglementé, quel que fût l'époux qui s'en mêlât. L'état de mariage entraîne avec lui bien des suites. Il place notamment la femme, en droit comme en fait, dans une situation qui devait appeler l'attention.

En droit, on sait l'incapacité dont est frappée la femme mariée et la nécessité où elle est, pour tous les actes juridiques, d'obtenir une autorisation spéciale du mari. Mais on sait aussi l'étendue et l'importance de ses droits en matière de reprises et comment la loi a voulu « corriger l'excès de pouvoir, d'un côté, par une responsabilité sévère et l'excès de faiblesse, de l'autre, par des privilè-

ges exorbitants[1] ». Or, maintenues dans leur rigueur,
ces diverses règles entraveraient la prospérité du commerce auquel l'un des époux se voudrait livrer. Le
succès de tout trafic dépend, entre autres choses, du
crédit qui lui est fait. Or, à supposer que le mari voulût
ouvrir boutique, il trouverait malaisément crédit si
l'on conservait dans leur intégrité les droits de reprise
et d'hypothèque légale de la femme. Serait-ce la femme
qui voudrait devenir marchande ? La nécessité d'une
autorisation spéciale, gênante pour la marchande elle-
même, le serait aussi pour les tiers à qui elle ferait
emprunt.

En fait, le mariage est, à la fois, l'union intime de deux
vies et la société du faible et du fort, celui-ci dominant
celui-là : ce qui crée un double danger au point de vue
d'un commerce à entreprendre. Le mari, mésusant de
son influence, peut vouloir faire de sa femme une victime ou une complice. Une victime, en la poussant, elle
et ses biens, à des entreprises de hasard où le mari aurait intérêt et auxquelles la femme n'oserait pas refuser
concours. Une complice, en tournant frauduleusement
contre les tiers les règles d'incapacité ou relatives à
l'hypothèque légale et aux reprises, les unes quand la
femme tiendrait négoce, les autres quand ce serait le
mari.

Le législateur, pénétré de ces vues, a posé des règles
en conséquence. Il a créé à la femme mariée, commerçante ou unie à un commerçant, une situation spéciale.

---

1. Gide. *Cond. privée de la femme* (édit. Esmein), p. 439.

Il lui a fait un régime destiné à favoriser la prospérité du commerce qu'elle dirige ou que dirige son mari et à sauvegarder ses intérêts et ceux des tiers. C'est de ces diverses règles que je voudrais envisager une partie, celle qui a trait à la femme du commerçant[1]. Prenant pour point de départ les articles du Code civil (art. 220, C. civ.) et du Code de commerce (articles 5 et 557 et suivants), qui concernent la femme du commerçant, je veux me livrer exclusivement à l'étude des arrêts qui ont fait application de ces articles[2]. En effet, au point où en est arrivée la jurisprudence depuis la rédaction de nos codes, c'est chose curieuse et utile, à propos de n'importe quelle partie du droit, d'inventorier et de classer les décisions rendues par les Tribunaux et les Cours. On peut faire une synthèse, construire une théorie, et, grâce aux principes ainsi dégagés, présenter la solution des procès à venir. Or, cette œuvre, qui serait précieuse à la théorie et à la pratique, et qui est loin d'être réalisée, on a voulu l'essayer ici pour un point particulier de notre droit.

Exposer, nettement et sans longueurs, les principes et les conséquences ; tel est le but de l'étude présente, qui se divise tout naturellement, selon les indications de la loi, en deux parts, l'une relative à la

---

1. Pour la femme marchande, voir : Brugnon : *De la condition de la femme commerçante*. Thaller : *De la faillite des différents commerçants* (*Revue crit. de législ.* 1882, p. 578 et suiv , 742 et suiv. — 1883, p. 35 et suiv., 135 et suiv.).

2. On ne s'est occupé ici ni de législation, ni de droit international ou comparé. A ces points de vue, l'ouvrage récent de M. le professeur Thaller : *Des faillites en droit comparé* (t. II, n⁰ˢ 145-152) a épuisé la matière.

femme du marchand en dehors du cas de faillite de son
mari, l'autre, spéciale aux droits de cette femme dans le
cas de faillite de son mari. Chacun de ces ordres d'idées
mérite d'être traité dans un chapitre distinct.

# CHAPITRE PREMIER

## De la femme du commerçant en dehors du cas de faillite de son mari.

### SOMMAIRE

La femme d'un commerçant dont les affaires sont
prospères peut avoir, au regard de son mari, une double
situation : être absolument étrangère au négoce de
celui-ci, ou bien y collaborer de façon plus ou moins
étroite.

1ʳᵉ *Situaiton :* *La femme reste étrangère au commerce de* *son mari*

**1.** On comprend qu'il n'y a pas grand'chose à dire de la femme étrangère au commerce de son mari... La position de cette femme est la même que celle de la femme d'un non-commerçant.

Au cas notamment où la femme tiendrait négoce de son côté, il y aurait, dans le ménage, deux vies commerciales indépendantes.

D'où :

1° Chacun des époux jouirait des avantages et serait sujet aux obligations qui regardent spécialement les commerçants.

2° La faillite de l'un n'entraînerait pas nécessairement la faillite de l'autre. Sans doute, il est possible que les deux époux tombent simultanément en faillite, chacun pour désordre de ses propres affaires. De même, la faillite d'un époux peut, par ricochet, amener celle de l'autre. Mais cela ne créera aucun lien entre les faillites, et les deux masses seront absolument distinctes l'une de l'autre (Brugnon, *op. laud.*, p. 135 et 136).

3° En principe, les profits perçus et les pertes subies dans l'exploitation de chaque commerce, regardent exclusivement le titulaire de ce fonds.

Mais il est bien entendu que la règle se modifie, dans certains cas, par suite du contrat de mariage. Ainsi, sous la communauté, les gains se partagent et le mari est tenu, sur ses propres, des dettes contractées par la femme marchande pour les besoins de son commerce. Ainsi, au gré de certains auteurs, la femme dotale, ou mariée sans communauté, serait privée des profits de

son négoce. Au surplus, ces résultats d'ordre purement
civil n'altèrent en rien l'indépendance respective de la
vie commerciale des époux.

2° *Situation : La femme se mêle au commerce de son mari*

**2.** Tout négociant, pour peu que soit gros son chiffre
d'affaires, a besoin d'un collaborateur. A ce point de
vue, le négociant marié rencontre souvent dans sa
femme une aide des plus utiles et qui, par les profits
que lui attribue son contrat de mariage ou par le seul
désir d'assurer une aisance aux siens, est intéressée à
voir prospérer la maison. C'est pourquoi les arrêts sont
nombreux qui ont eu à juger de la femme d'un commerçant collaboratrice de son mari. Mais ce concours
peut être plus ou moins étroit et se présenter sous la
forme de contrats différents. A cet égard, il importe de
séparer, dans l'exposé de la jurisprudence, le cas de la
femme mandataire ou préposée de son mari, et le cas de
la femme associée à son mari.

I

**3.** La validité du mandat, donné à sa femme par le
mari commerçant, ne fait pas doute, soit qu'il porte sur
un acte isolé du négoce, soit qu'il vise l'ensemble du trafic
pour conférer à la femme le titre de gérante ou de détail-
lante. Mais plusieurs choses doivent être précisées au
double point de vue des effets et de la preuve de ce mandat.

**4.** 1° *Effets du mandat.* — Le mari est obligé à suite
des engagements qu'a souscrits sa préposée, lorsque
celle-ci l'a fait dans les limites du mandat.

C'était la solution de l'ancien droit, qui admet-

tait même que le mari était tenu par corps.
(Charondas,Pandectes, liv. 2, chap.5 ; lib. 4, chap. 19.
Renusson: Communauté, n° 43. Duplessis, Communauté
de biens, lib. I, chap. 4, note 3, Ferrière, Cout. de
Paris sur l'art. 235. Pothier, Puissance du mari, 1re partie, sect. 2, art. 1, § 2. Bourjon, Droit commun de la Fr.
lib. III, tit. x, 4e partie, ch. 4, sect. 2, n° 6).

C'est aussi la solution de la jurisprudence moderne
(Douai, 2 décembre 1813. — Angers, 24 février 1819.
— Req., 25 janvier 1821, 23 avril 1821 et 2 avril 1822.
— Rennes, 17 mars 1823. — Poitiers, 14 mai 1823, *Sir.*
*chronol.*).

Le mari sera également obligé par les fautes ou délits
qu'aurait commis la femme dans la fonction où il l'a
préposée. C'est l'application de l'article 1384, C. civ., et
de principes que l'ancien droit avait consacrés....
(Lebrun, Communauté, lib. II, ch. ii, sect. 2, n° 9.
Req., 11 janvier 1869 (sol. implicite). Sir. 171. Req.,
8 juillet 1872 (motifs), Sir. 257.

**5.** Au regard de la femme, le mandat n'a d'effet que
pour l'astreindre envers son mari aux obligations ordinaires du mandataire. Et notamment, la gestion de la
femme ne saurait lui conférer le titre de commerçante. — A cet égard, peu importerait l'activité dé-
ployée dans l'exécution du mandat. Ainsi a-t-on jugé,
à propos de femmes qui, gérant le commerce du
mari, avaient fait plus que détailler la marchandise,
avaient tenu la caisse, les écritures, etc. (Cass. civ.,
1 mai 1810, *Journal du Palais*, 21-2-14. Civ. rej.,
2 avril 1822 ; Caen, 24 août 1825, [*Sir. chronol.* — Paris,
7 février 1835, Sir. 512.). — Peu importerait encore l'é-
tendue plus ou moins grande de la *préposition*. Ainsi,

ne serait pas commerçante la femme à qui son conjoint, titulaire d'un commerce à plusieurs branches, aurait confié la gestion de l'une d'elles (Req., 1 mars 1826, *Sir. chron.*) ou celle à qui le mari aurait donné haute main dans son négoce avec le mandat le plus général (Req., 25 janvier 1821, *Sir. chron.* — Poitiers, 5 mai 1880, Dall., 252. — Douai, 2 avril 86, *Gaz. Pal.*, 9 avril. — Agen, 14 mai 86, *Gaz. Pal.*, 8 octobre.).

**6.** Cette solution vient des principes généraux. Un préposé n'a pas l'*animus* pour être commerçant. S'il se mêle de commerce, ce n'est pas en son nom, mais du chef de celui sur qui repose l'établissement et dont il n'a voulu être que le mandataire. D'ailleurs, la femme préposée n'a été autorisée par son mari que comme mandataire ; au delà, elle serait incapable.

D'où, à la rigueur, le législateur n'avait pas besoin de dire, dans l'article 220, C. civ., que la femme qui détaille au profit de son mari n'est pas marchande publique. S'il a tenu à marquer ce point, c'est dans une pensée bienveillante à la femme. Il fallait la rassurer sur les suites de l'aide qu'elle prêterait à son mari. N'eût-il rien dit, en effet, que bien des femmes, crainte de faillite ou de responsabilité sur leurs biens, n'eussent pas voulu prêter concours au négoce de leur mari (Cf. motifs de Besançon, 11 mars 1873. Dall., 75. 1. 297).

**7.** Il résulte de là :

1° Que, sauf sous la communauté, la femme préposée n'a pas droit aux bénéfices. Elle ne tire aucun avantage de l'activité qu'elle a pu faire paraître dans l'accomplissement du mandat.

(Roussilhe : De la Dot, n° 190. — Vedel sur Catellan,

lib. IV, ch. v, t. 2, p. 12 et 13. — Riom, 23 mars 81 (motifs), Sir. 86. 1. 24 (en note).

2° Que la femme préposée ne peut être déclarée en faillite.

3° Qu'elle n'est nullement tenue envers les tiers pour les actes qu'elle a posés dans l'exercice de son mandat. Elle est, selon le mot des vieux auteurs, *tanquam institrix*, et elle n'a pas contracté en son propre nom.

**8.** Le motif qui précède induit à conclure que, à l'inverse, la femme préposée serait tenue si, à l'occasion du mandat, elle s'était personnellement obligée.

(A). Cela se produirait, d'abord, au cas de faute personnelle commise par la préposée. Ainsi, la femme d'un aubergiste serait responsable du vol commis au préjudice de voyageurs logés dans l'auberge, si elle avait eu à se reprocher des faits d'imprudence ou un défaut de surveillance (Req., 11 janvier 1869, Sir., 71). Elle serait tenue de dommages sur l'action directe de la victime et sur l'action récursoire de son mari commettant.

**9.** (B). Cela aurait encore lieu, au cas, très fréquent en pratique, d'accession personnelle de la femme aux obligations contractées par son mari. Ainsi en est-il de la femme qui cautionne la dette ou qui s'oblige solidairement avec son mari.

Mais, dans cette hypothèse, l'obligation de la femme, quoique jointe à celle de son mari, en est, à certains égards, indépendante.

**10.** Cette obligation constitue, effet, un acte purement civil et qui ne saurait conférer à la femme le titre de commerçante. Le cautionnement est un acte de bienfaisance n'impliquant pas le désir de faire un commerce. D'où viennent les conséquences suivantes :

2

1° L'obligation ne saurait être valable sans l'autorisation spéciale du mari et, si la femme est mineure émancipée, sans l'observation des art. 484 et 1124 C. civ.

(Duplessis, Communauté, lib. ɪ, chap. 4, *OEuvres*, t. I. p. 391. — Renusson, Communauté, n° 43. — Ferrière, Cout. de Paris., art. 235, n° 2. — Savary, Parère XXII. — Riom, 2 février 1810. Paris, 10 avril 1810. Caen, 2 août 1814. Paris, 2 javier 1815. Paris, 8 février 1820, *Sir. chronol.* — Paris, 1ᵉʳ juillet 1870, (*Journal de jurisp. commerciale*, 73. 2. 108) — Marseille, 1ᵉʳ août 1873 (*eod.* 73. 1. 29). 11 décembre 1877 (*eod.* 78. 1. 56). Poitiers, 5 mai 1880 (Dall., 252).

On ne doit pas tenir pour autorisée la femme avalisant une lettre de change souscrite par le mari ou tirant une lettre de change qu'accepterait le mari; ou, à l'inverse, acceptant une lettre qu'aurait tirée le mari.

(*Sic* auteurs et arrêts ci-dessus. *Adde* pour plus de détails : Bédarrides, *Des commerçants*, art. 4 et suiv., C. com., n°ˢ 151 et suiv.)

2° L'engagement de la femme du commerçant ne peut être prouvé que suivant les règles du Droit civil.

(Agen, 14 mai 1886 ; *Gaz. du Palais*, 8 octobre.).

3° Cet engagement est soumis à la formalité du *Bon et approuvé* de l'art. 1326, C. civ.

(Cass. civ., 1ᵉʳ mai 1820. — Grenoble, 9 mai 1820. — Civ. Cass., 26 mai 1823, *Sir. chron.* — Trib. civ. de Marseille, 31 mai 1882, Motifs. *Journal de Jurisp. Commerciale*, 83. 2. 42).

4° La femme n'est pas, à raison de son obligation, justiciable du tribunal de commerce.

(Req., 1ᵉʳ avril 1823, Dall. V° Commerçant, n° 184. — Cass., 16 mai 1866, Sir., 279. — 27 août 1867, Sir.,

376. — Bordeaux, 12 mai 1873, Sir., 226. — Dijon,
23 novembre 1881, Sir., 83. 2. 75. — Nancy, 16 janvier 1886. *Gaz. Pal.*, 4 août. — Trib. com. Seine,
5 avril 1887, *Gaz. Pal.*, 1er mai 87, Supplément).

Il n'y aurait exception que si la femme avait donné
son cautionnement ou contracté l'obligation solidaire
dans une forme commerciale. Ainsi en serait-il au cas
où elle aurait revêtu de son aval des lettres de change
tirées ou endossées par son mari.

(Toulouse, 23 janvier 1868, Sir. 36).

11. L'indépendance de l'obligation de la femme à
l'égard de celle du mari se manifeste encore au point de
vue des remises de dette par le créancier. Le concordat
accordé au mari en faillite ne libérerait pas la femme
qui serait caution ou coobligée solidaire. C'est ce que
décide l'article 545 C. comm., pour tous les coobligés
d'un failli.

(Paris, 18 avril 1815, *Sir. chronol.* — Paris, 16 avril
1864, Sir., 290).

Quant aux remises volontaires, elles libéreront, en
principe, la femme. Mais quand elle s'oblige solidairement, le créancier peut ne faire remise qu'au mari, la
femme demeurant tenue, sauf déduction de la part de ce
dernier (Arg., art. 1285 et 1287, C. civ.).

Dans les divers cas où le mari se trouve libéré sans
que la femme le soit, les créanciers ne peuvent poursuivre le solde de la créance que sur les propres de la
femme. Ils ne sauraient agir du chef de celle-ci, sur
les biens de la communauté. En effet, tant que dure la
communauté, les biens communs et les biens personnels du mari ne font qu'un. D'où, si l'on suppose un
mari auquel les créanciers ont fait remise de dette, vo-

lontaire ou forcée, ceux-ci ont, par là, renoncé à toute
action sur les biens communs en même temps que sur
les biens du mari. Les créanciers ne peuvent, au lendemain de cette renonciation, poursuivre, contre le mari
auquel ils ont fait remise, la saisie des biens communs,
sous prétexte que la femme ne serait pas libérée. Ce résultat, aussi défectueux en théorie que bizarre dans
l'ordre pratique, est réprouvé par la jurisprudence et par
d'éminents auteurs (Paris, 24 janvier 1855, Sir., 281 ;
Req. 17 janvier 1881, Sir. 126 et Rapport de M. le conseiller Delise, Dall., 147. — Coin-Delisle, *Rev. crit.*, 1856,
p. 11. — Rodière et Pont, II, 787. — Aubry et Rau,
4e édit., t. V, § 509, note 42. — *Contrà* Lyon, 23 juillet 1858, Sir., 59. 2. 615.). Il ne faudrait même pas
distinguer et restreindre, comme on l'a voulu, la solution qui précède au seul cas de concordat. Les raisons,
en effet, tirées de l'absorption de la communauté dans la
personne du mari, se présentent avec la même force et
dans le cas de remise volontaire et dans l'hypothèse
d'un concordat.

Au surplus, cet avis s'imposerait, même en admettant, ce qui est fort discuté, que la femme commune
oblige directement la communauté par ses engagements.
La controverse élevée sur ce dernier point ne paraît pas
offrir d'intérêt tant que dure la communauté (*Contrà*,
Lacoste, *Rev. crit. de legisl.*, 1883, p. 754.).

**13.** 2° *Preuve du mandat.* — En général, la question
de preuve du mandat donné à la femme se pose dans
l'une des hypothèses suivantes ; ou bien, lorsque, la
femme étant poursuivie comme commerçante et débitrice personnelle, elle prétend n'avoir été que la préposée de son mari. Ou bien, lorsque ce dernier, se recon-

naissant commerçant, nie que la femme ait pu l'engager comme étant sa mandataire.

**14.** 1ʳᵉ Hypothèse. — Les exemples de cette situation se rencontrent nombreux dans la jurisprudence. En effet, elle ne se vérifie pas seulement dans des procès où la femme allègue avoir fait l'emprunt ou la commande litigieuse, non de son chef, mais du chef du mari. (Vg., Poitiers, 14 mai 1823. — Grenoble, 17 février 1826. Caen, 8 décembre 1829, *Sir. chron.* — Rennes, 29 décembre 1834, Répert. Dalloz, vᵒ Compét. com., nᵒ 366). Elle a lieu aussi dans le cas où la femme, ayant accédé à l'obligation de son mari, ne nie pas son engagement, mais soutient qu'il doit être placé, à tous les points de vue, sous le régime des dettes civiles. Ainsi, la femme répudie la compétence du tribunal de commerce (Req., 1ᵉʳ avril 1823), ou bien, s'étant engagée sur billet à ordre, elle excipe de l'article 113 C. com., pour repousser la solidarité (Trib. com. Marseille, 31 mai 1882, *Journal de jurisp. com.*, 83. 2. 42). Ainsi, elle allègue n'avoir pas été autorisée par son mari (Poitiers, 5 mai 80, Dall., 252), ou bien elle se prévaut du défaut de *bon et approuvé* sur le titre de son obligation (Civ., 1 mai 1820, *Sir. chronol.*).

**15.** Dans les procès de cette nature, qui mettent en doute lequel des deux époux est commerçant ou préposé, le commerce est réputé, en principe, être propre au mari. C'est conforme à la pensée de protection qui a inspiré la loi sur toute notre matière et au rôle subordonné que tient d'ordinaire la femme dans le ménage. Il serait peu naturel de penser que le mari n'a voulu être que préposé. Pour renverser cette présomption favorable à la femme, des arguments nets et précis sont nécessaires (Lyon, 5 février 1881, Sir., 82. 2. 254). Mais la preuve n'est pas impossible, et il faut d'autant mieux l'accorder que quelquefois, en pratique, c'est par suite de collusion des époux que la femme se dit préposée. Cela peut avoir lieu surtout quand, le mari ayant autrefois fait le commerce et ayant alors été déclaré en faillite, sa femme lui a succédé. Le négoce a repris grâce à la solvabilité de la femme et à la croyance où sont les tiers qu'elle est devenue titulaire du fonds. Mais, la femme étant assignée en payement, celle-ci peut être tentée de se qualifier *factrice* de son mari. Elle n'a fait que prêter son aide, mais n'a rien fait de son chef ; d'où, les tiers n'ont pour ressource que de s'adresser au mari, qui est insolvable (Cf. Paris, 7 février 1835. Sir. 5. 512. — Req., 31 mai 75, Dall. 76. 1. 390. — Req., 17 janvier 81, Sir. 406).

**16.** Pour dire qui est commerçant ou préposé, les juges du fait sont souverains. En effet, l'une ou l'autre de ces qualités s'affirme par des faits purs et simples [1]. Les présomptions sont admises. Voici quelques-uns des points qu'examineront les juges pour éclairer leur religion :

1° Le régime matrimonial. — Ainsi, sous le régime de communauté, il est peu probable que la femme ait voulu être commerçante ; ce titre, ne lui donnant rien de plus quant aux profits, ne ferait que l'exposer à de graves responsabilités [2].

Le régime est surtout à regarder lorsque l'un des

---

1. Req. 27 mars 32, Sir. 366. — 27 avril 41, Sir. 385. — 31 mai 75, Dal. 76. 1. 390. — 17 janvier 81, Sir. 406. — 12 juillet 1887 (*Gaz. Pal.*, 29 juillet).

2. Sic Molinier, *Droit commercial*, t. I, no 171.

époux, la femme par exemple, exerçait avant le mariage. Cet époux est-il resté à la tête du négoce ? Là dessus, en général, le régime adopté sera décisif pour le juge. Si la femme s'est mariée sous la communauté, le commerce, à défaut de stipulation contraire, est censé avoir été transmis au mari[1]. S'est-elle mariée sous la séparation de biens ? Il sera vraisemblable qu'elle a voulu rester commerçante[2].

2° La provenance des fonds, c'est-à-dire la caisse qui a fourni les valeurs de premier établissement : point qui se rattache étroitement au régime matrimonial.

(Grenoble, 17 février 1826, *Sir. chron.* — Cf. Besançon, 11 mars 1873, sur civ. Cass., 27 janvier 1875, Dal., 75. 1. 297).

3° La nature du commerce. — Ainsi, un fonds d'objets de mode ou de lingerie sera plus vraisemblablement attribué à la femme qu'au mari.

(Rennes, 26 novembre 1834 : Dall. Répert., v° Commerçants, n° 186).

4° Le nom qui figure sur le rôle des patentes (Agen, 14 mai 86, *Gaz. Pal.*, 8 octobre), sur l'enseigne (Caen 8 novembre 1829, *Sir. chronol.*), sur les factures (Lyon, 5 février 81, Sir. 82. 2. 254. — Nîmes, 18 décembre 86, sur Req., 12 juillet 87, *Gaz. Pal.* 29 juillet 87).

5° La qualité qu'a pu prendre l'époux assigné, soit dans d'autres procès, soit dans les divers agissements du négoce. — Ainsi, serait mal venue à nier sa qualité de marchande, afin d'éviter le paiement d'un billet,

---

1. Civ. 1er mai 1820. — Req. 1er avril 1839. *Sir. chronol.* — Douai, 2 avril 1886. *Gaz. du Pal.* 9 avril.

2. Trib. de commerce de Toul sur Req. 27 avril 1841. Sir. 41. 2. 385. — Nîmes, 18 décembre 1886 (*Gaz. du Palais*, 29 juillet 1887).

une femme qui aurait précédemment argué de cette qualité pour soustraire le mobilier du négoce à une saisie des créanciers de son mari (Grenoble, 17 février 1826, *Sir. chronol.*). De même, si l'épouse, assignée en paiement, a reconnu sa qualité de commerçante dans le billet et déclaré emprunter pour les besoins du négoce, il y a grave préjugé contre ses prétentions (Caen, 8 novembre 1829, *Sir. chronol.* — Rennes, 26 novembre 1834, Dall. v° Commerçants, n° 186).

**17.** 2ᵉ Hypothèse : Le mari, se reconnaissant commerçant, nie que la femme ait pu l'engager comme étant sa mandataire.

Il a été précisé plus haut que le mari commerçant répond des dettes contractées par sa femme dans les limites du mandat qu'il lui a donné. D'où le créancier, poursuivant le mari pour commandes faites ou pour effets souscrits en son nom par la femme, doit prouver que le mari avait donné, soit un mandat spécial à la dette litigieuse, soit un mandat général où cette dette était comprise : En d'autres termes, dans ce dernier cas, il faut démontrer à la fois l'existence et l'étendue du mandat. Mais, sur ces points, la jurisprudence est très facile et laisse à l'écart les rigueurs du droit commun.

D'abord, l'existence du mandat donné à la femme peut, contrairement à l'article 1985 C. civ., résulter de pures présomptions. Ainsi, en ce qui touche au mandat spécial et limité à l'acte litigieux, il a été décidé : 1° qu'un négociant est tenu du cautionnement qu'a donné sa femme dans une lettre écrite en la forme commerciale s'il a transcrit cette missive sur son livre de copies de lettres (Civ. rej., 28 août 1872, Dall. 396) ; 2° que l'acceptation d'une traite par la femme au nom du mari est ratifiée par le fait que, lors de la représentation de la traite, le mari s'est borné à répondre qu'il n'avait pas reçu les fonds du tireur (Jug. Tarbes, 19 juillet 1878, sur req. 16 mai 1881, Sir., 83. 1. 207.).

**19.** La solution est la même quant au mandat donné à la femme pour l'ensemble du trafic. Ainsi, en supposant qu'un mari s'absente longtemps de son domicile commercial n'y laissant que sa femme, celle-ci sera présumée avoir reçu mandat de gérer le fonds (Aix, 10 décembre 1864, *Journal de jurisprudence com.*, 64. 1. 310). Ainsi, une immixtion habituelle et publique de la femme au commerce du mari, celui-ci le sachant et même approuvant parfois les actes faits, suffira pour indiquer que la femme est préposée (Bourges, 24 brumaire an IX ; Angers, 27 février 1819, Req., 25 janvier 1821 ; Rennes, 27 mars 1823, Req., 1ᵉʳ mars 1826, *Sir. chron.* — Nîmes, 11 août 1851, *Journal du Palais*, 52. 1. 225. — Paris, 4 juin 1869, Sir., 70. 2. 62).

En ce point, la jurisprudence moderne suit les errements de l'ancienne, toutes deux cédant aux nécessités du commerce. Par cela seul, en effet, que le mari tolère l'immixtion de sa femme, qu'il pourrait empêcher s'il le voulait, il est censé l'autoriser. Les tiers n'ont contracté avec la femme que dans cette pensée, et, s'ils n'avaient pas action contre le mari, leur attente serait trompée. « Cela est suite nécessaire, disait Bourjon, de la con- » fiance de son mari, et même de la juste opinion du » public sur cette confiance qu'il y a toujours lieu de » présumer » (Bourjon, *Dr. com. de la Fr.*, lib. III, tit. x, 4ᵉ part., chap. 3, sect. 1, n° 7. — Cf. Charondas, Pandectes, lib. 14, chap. 19, t. I de ses *OEuvres*, p. 559. —

Guy Coquille, Cout. du Nivernais, *OEuvres*, t. II, p. 213).

20. Sur l'*existence* du mandat, les juges du fait sont souverains. D'où, s'ils ont reconnu que le mari a préposé sa femme à la gestion du trafic, leur décision échappe à la censure de la Cour suprême, mais il faut qu'ils aient constaté formellement la volonté du mari. Sans quoi, la condamnation qu'ils auraient prononcée serait cassée.

Ces solutions ressortent nettement de deux arrêts, dont l'un, rendu par la chambre civile (29 mars 1881, Sir., 82. 1. 13), l'autre, par la chambre des requêtes (16 mai 1881, Sir., 83. 1. 207), et intervenus en des circonstances piquantes à signaler.

La femme d'un commerçant avait, au nom de celui-ci accepté deux traites qui avaient été protestées. Poursuivi devant le tribunal de commerce de Tarbes, le mari dit que sa femme avait agi sans mandat. Les juges ne le pensèrent pas et s'appuyèrent notamment de ce que le mari, lors du protêt, s'était borné à dire qu'il n'avait pas reçu les fonds du tireur. D'où deux jugements de condamnation, rendus, l'un le 17, l'autre le 19 juillet 1878, et conçus dans les mêmes termes.

Le premier étant déféré à la Cour de cassation, le pourvoi fut admis et la Chambre civile (29 mars 1881) cassa, parce que le jugement avait statué « sans relever l'existence d'aucun mandat ». Devant ce résultat, le mari se pourvut contre le second jugement. Mais le pourvoi fut rejeté (16 mai 1881) par la Chambre des requêtes, qui déclara « que les juges du fond, pour constater l'existence du mandat n'étaient pas soumis aux règles du droit commun... qu'ils ont pu fonder leur décision sur des présomptions dont l'appréciation ren-

trait dans leur domaine exclusif ». Contradictoires en
fait, puisqu'ils apprécient à un point de vue différent la
même espèce et un jugement identique, ces arrêts s'ac-
cordent très bien en droit. Ils se résument à cette idée que
les juges sont souverains quand ils constatent *formellement* la volonté du mari commerçant d'approuver les
actes faits en son nom par sa femme.

**21**. Sur la question d'*étendue* du mandat, c'est-à-dire
de savoir si tel acte litigieux est compris dans la préposition conférée à la femme, les juges du fond sont également souverains. Au surplus, les nécessités du commerce leur imposent d'être, à ce point de vue, très
faciles. Tout mandat général donné à la femme est présumé illimité.

A la vérité, quelques anciens arrêts ont essayé de
distinguer entre les achats et les ventes d'une part, et
les souscriptions d'effets, d'autre part, professant que,
pour la seconde nature d'actes, un mandat spécial et
formel pouvait seul lier le mari (Bruxelles, 4 et 27 février 1809, Dall. Répert., v° Commerçant, n° 194, et
*Sir. chronol.*), mais cette distinction n'a pas prévalu.
Les tiers, en effet, contractant sur la foi d'un mandat
général, pensent que le mari a donné pouvoirs pour
tous les actes que le commerce exige. Il serait contraire
à la bonne foi de tromper leur attente (Angers, 27 février 1819 ; Rennes, 17 mars 1823, *Sir. chronol.* ; Douai,
21 novembre 1849, *Journal du Palais*, 51, t. II, p. 292 ;
Aix, 10 décembre 1864, *Journ. Pal.*, 64, t. I, p. 310). Il
faut, dès lors, décider que les restrictions apportées par le
mari au mandat conféré à sa femme ne sont opposables
aux tiers que si elles sont notoires, ou, tout au moins,
connues d'eux. Hors de là, le mari serait tenu, à raison

des billets que sa femme aurait souscrits ou acceptés, même par abus de son mandat (Bourges, 24 brum. an IX, *Sir. chronol.* ; Douai, 21 novembre 1849, *Journ. Pal.*, 51, t. II, p. 292).

## II

**22.** Il faut supposer maintenant que les deux époux sont associés, c'est-à-dire exercent le même commerce, sans préposition de l'un ou de l'autre et tous deux sur le même pied. Cela comprend, non seulement la société conclue en forme entre les époux, mais la société de fait ou, comme disaient les vieux auteurs, le commerce *conjoint.*

**23.** Cette société n'est pas valable, et c'est l'avis de la jurisprudence. A part deux arrêts qui font tache, l'un, fort ancien, de la Chambre civile, l'autre des Requêtes (Civ. rej., 23 novembre 1812 ; *Sir. chronol.* — Req., 5 mai 1857. Sir., 59. 1. 490), la Cour suprême, suivie de la pluralité des cours, se refuse à valider la société commerciale entre époux. Un arrêt de la Chambre criminelle et les cours d'appel invoquent, à l'appui, l'incompatibilité de cette société avec les droits du mari comme chef et avec la bonne harmonie des époux. Ces motifs, qui vont logiquement à exclure les sociétés civiles entre époux et les sociétés commerciales, ne sont pas sans soulever de très sérieuses objections[1]. Mais la Chambre civile, mieux inspirée, se réclame, dans ses plus récents arrêts, d'un motif à la fois plus spécial et plus décisif, c'est-à-dire, de l'article 220, C. civ.

**24.** La femme, dit l'article 220, n'est réputée marchande publique que si elle fait un commerce séparé de

---

1. Hauriou : *Des contrats à titre onéreux entre époux*, n⁰ˢ 54 et suiv.

celui de son mari. Or, ce texte doit être pris à la lettre :
il pose une condition irritante et d'ordre public.

En effet, l'ancien droit, d'où la règle est issue, a toujours eu cette pensée. Chez nos coutumiers, depuis
Beaumanoir jusqu'à Pothier, en passant par Loysel, on
ne voit tenue pour marchande que la femme faisant un
trafic « dont son mari ne se mêle pas ». La Coutume de
Paris (art. 235), plus précise que notre article 220, exige
formellement que la femme fasse une marchandise
« séparée et autre que celle de son mari » (Beaumanoir,
XLIII, 28. — Loysel, *Inst. Cout., lib.* I, 39. — Charondas : Pandectes, lib. II, chap. 5, t. I, de ses *OEuvres*, p. 128.
— Pothier, Puiss. du mari, 1$^{re}$ partie, sect. 2, art. 1, § 2,
n° 20). De même, dans nos pays de droit écrit, on accorde
en propre à la femme les produits de son commerce,
mais « il faut, dit-on, que ce soit un commerce particulier de celui du mari » (Faber : *Codex Fabrianus*, lib. IV,
tit. xiv, def. 41. — Catellan : Arrêts de Toulouse, lib. IV,
ch. v, p. 16. — Roussilhe, *Traité de la Dot*, n° 190).

Au surplus, l'article 220 marque, par la place qu'il
occupe et par sa teneur qu'il ne souffre pas extension.
Par la place qu'il occupe, car il figure au titre des
*Droits et devoirs respectifs* des époux. Par sa teneur,
car il a pour but de fixer dans quels cas pourra s'o-
bliger une femme sous puissance de mari. Or, pour re-
produire les paroles d'un vieil auteur, « c'est un cas
odieux... on doit suivre à la lettre les termes de la coutume ».

**25.** Et, de fait, il faut croire que cette condition du
commerce séparé part d'une idée bienveillante à la
femme. Le législateur n'a pas voulu se contenter de la
rassurer sur les conséquences de l'aide qu'elle prêterait

à son mari et de préciser qu'une préposée n'est pas une marchande publique. Il ne la reconnaît pas commerçante, même quand elle a voulu l'être de concert avec son mari et pour un négoce identique. Cette communauté de gestion lui semble suspecte. Le mari pourrait oublier le rôle de protecteur que lui assigne la loi et induire sa femme à des négoce véreux où seraient perdus à toujours ses capitaux. Dans cette occurrence, le bien du ménage sombrerait tout entier, comme il advient, si j'ose dire, quand deux joueurs de baccara, ayant fait mise sur le même *tableau*, sont ruinés par la même carte. La loi ne l'a pas voulu et, si elle a permis aux époux le jeu, parfois meurtrier, du commerce, ce n'est qu'au cas où ils le joueraient sur des *tableaux* différents.

(En ce sens, Cass. civ., 27 janvier 1875, Sir. 112, et Dijon, 22 décembre 1875, Sir. 76. 2. 80 ; Cass. civ., 19 janvier 81, Sir. 82. 1. 158 ; 10 mai 82, Sir. 352 ; 11 août 84, Sir., 416. — Caen, 19 novembre 84, *Journ. des Faill.*, 85, p. 93-Cf. à propos du mineur et analogue, Paris, 20 février 1858, Dall. 55. — Brugnon : *De la femme mariée commerçante*, pages 131 et suiv., 160 et suiv.).

**26.** Ces idées générales ont leurs conséquences, dont il faut marquer les principales :

(A). La nullité étant dans l'intérêt de la femme, la liquidation procèdera de principes tout autres qu'aux cas ordinaires de nullité de société.

On ne saurait regarder la société comme subsistant en fait et régler, selon cette idée, les gains et les pertes. La loi ne veut pas que la femme associée soit, à un point de vue quelconque, traitée en commerçante. Par voie de suite nécessaire, elle sera censée préposée de son mari.

A son égard, le contrat de société sera transformé en contrat de mandat ou de préposition. C'était aussi la pensée de l'ancien droit, qui déclarait que la femme faisant le même commerce que son mari pouvait être considérée *tanquam institrix*, mais non *tanquam mercatrix* [1].

**27.** Voici des applications empruntées à la jurisprudence :

(*a*). Les obligations, contractées solidairement par les époux à suite de prêts ou de fournitures, ne donnent pas action contre la femme. Elle ne les a contractées que comme associée. Or, pris à ce titre, tout engagement de sa part est nul.

(Metz, 22 août 1861, Sir., 62. 2. 330 ; Cass. civ., 11 janvier 1881, Sir., 82. 1. 158 ; Paris, 10 avril 1883, *Gaz. des Trib.*, 11 avril. Civ. Cass., 11 août 1884, Sir., 416).

Dans tous les cas, le tribunal de commerce saisi de l'action contre la femme, se devra déclarer incompétent.

(Cass. civ., 10 mai 1882, Sir., 352. — Nancy, 16 janvier 1886, *Gaz. Pal.*, 86. 2. 249).

(*b*). Si la société a été contractée par la femme avec le mari et avec un tiers, les actions en compte, liquidation et partage, intentées contre la femme par le coassocié, ne peuvent donner lieu qu'à un débouté.

(Paris, 14 avril 1856, Sir., 370).

(*c*). La faillite ne peut être déclarée en même temps coutre les époux [2]. Si, d'aventure, un tribunal oubliait

---

1. Cf. Charondas, *Pandectes*, lib. 2, ch. 5. — Perrier, *Arrêts notables du parlement de Dijon*, t. II, p. 509 quest. 296. — Brillon, *Dictionnaire des arrêts* vo Femme, no 30. — Ferrière, *Cout. de Paris*, art. 235, nos 2 et 3.

2. Vide infra, nos 37 et 38.

cette règle, son jugement devrait être rectifié et les opérations de la faillite ne devraient se poursuivre que contre le mari.

(Caen, 24 août 1826, Dall., 76. — Cass. civ., 27 mai 1857 (décis. implic.), Sir., 446. — Paris, 24 mars 1870, Sir., 71, 2. 72. — Dijon, 27 juillet 1870, Sir., 71, 2. 268. — Cass. civ., 27 janvier 75, Sir., 112, et Dijon, 22 décembre 1875, Sir., 76. 2. 80).

(*d*). De même, au cas de faillite, la femme aurait action dans cette faillite, à raison des mises qu'elle aurait versées.

(Dijon, 27 juillet 1870, Sir., 71. 2. 208).

(*e*). Au cas où les deux époux, ayant été déclarés en faillite par le tribunal de commerce, seraient poursuivis pour banqueroute simple, la femme se trouverait en voie de relaxe. Peu importe la décision consulaire. Les tribunaux de répression sont souverains au sujet de l'existence des éléments d'un délit, en l'espèce, de la qualité de commerçant.

(Cass. crim., 5 août 1851, Sir., 52. 2. 182).

28. Il n'y aurait exception aux règles ci-dessus posées que si l'on se trouvait dans le cas d'une société faite entre époux en violation de l'article 1840, C. civ. A supposer, par exemple, une veuve à la tête d'un commerce important et qui, se remariant, ferait société avec son mari pour l'avantager au préjudice de ses enfants du premier lit, la nullité de la société, obtenue par ces enfants, ne procéderait pas de l'article 220 C. civ. Alors, en effet, ce serait moins une société qui aurait été conclue, qu'une donation sous forme de société. Rien d'étonnant à ce que cette femme fût déclarée titulaire du commerce, et, dès lors, soumise aux obligations des commerçants, par exemple au régime des faillites.

(Nîmes, 18 décembre 1886, sur Req., 12 juillet 1887. *Gaz. Pal.*, 29 juillet 87). Ce serait restituer à l'acte son vrai caractère, masqué par le contrat apparent.

Dans cette hypothèse, seraient nuls les engagements pris par la femme envers son mari pour le remplir de sa prétendue part aux bénéfices.

De même, le mari n'aurait droit à aucune rétribution pour le concours qu'il aurait pu prêter à l'exploitation du fonds.

(Paris, 9 mars 1859, Sir., 502).

**29**. (B). La nullité de la société commerciale entre époux procédant de motifs d'ordre public et qui ont une portée tout à fait générale, voici les conséquences à tirer en pratique :

(*a*). La nullité ne serait pas couverte par un compromis ou par d'autres actes ultérieurs.

(Paris, 4 avril 1856, Sir., 369).

(*b*). La nullité peut être demandée par tout intéressé, notamment par le syndic de la faillite de la société, au nom des créanciers du mari antérieurs à la constitution de la société.

(Cf., Paris, 24 mars 1870, Sir., 324).

(*c*). La nullité existerait quel que fût le régime sous lequel les époux se seraient mariés, fût-ce la séparation de biens.

(Paris, 9 mars 1859, Sir., 502. Dijon, 27 juillet 1870, Sir., 71. 2. 268).

(*d*). Peu importerait le genre de société, universelle ou particulière, conventionnelle ou de pur fait.

Néanmoins, une nuance doit être marquée. En proscrivant les sociétés commerciales entre époux, on ne vise pas celles qui ne sont qu'associations de capitaux.

3

Ainsi, deux époux pourraient faire, en même temps, partie d'une société anonyme. Ainsi encore, ils pourraient être, tous deux, commanditaires dans une société en commandite.

(e). Peu importe, au point de vue de la nullité, que la société entre époux ait été faite avant ou après le mariage. D'où il suit que le mariage de deux associés entraîne, de plein droit, dissolution de la société.

(Paris, 9 mars 59, motifs, Sir., 502. — Dijon, 27 juillet 1870, Sir., 71. 2. 268).

Mais, les sociétés antérieures au mariage ayant été valables jusqu'à cet événement, la dissolution n'en est opposable qu'aux tiers qui ont contracté depuis lors (Dijon, 27 juillet 1870). A leur égard seulement, la femme sera censée préposée.

(f). Peu importerait enfin qu'un tiers figurât dans la société avec les époux

(Paris, 14 avril 1856, Sir., 370).

**30.** La solution qui annule les sociétés commerciales entre époux ne va pas sans controverse. Bien des auteurs et même des arrêts peuvent être cités qui ne l'adoptent pas.

En ce sens, on argumente de ce principe que, pour être commerçant, il suffit de poser, par habitude et par profession, des actes de commerce. Or, telle est bien la situation de deux époux associés ou faisant un trafic conjointement. Dès lors, nul obstacle à leur appliquer le régime des commerçants.

L'obstacle n'est pas dans l'art. 220 C. civ. Lorsque cet article exige que le commerce de la femme soit *séparé*, il va simplement, dit-on, à déclarer non-commerçante la femme préposée. Le commerce sera séparé toutes les fois que la femme trafiquera de son chef, fût-ce de concert avec son mari. La preuve en est dans les termes mêmes de l'art. 220, C. civ. Cet article ne mentionne, en effet, la condition du commerce séparé qu'à propos de la femme factrice du mari et pour lui refuser le titre de marchande. De plus, l'art. 220, C. civ., n'exige plus, comme autrefois la Coutume de Paris, que la femme fasse un commerce séparé « et *autre* que celui de son mari »; ce qui semble permettre aujourd'hui le commerce fait en société. — D'ailleurs, on peut invoquer, par analogie, l'art. 387, C. civ., qui interdit l'usufruit légal du père sur les biens acquis par l'enfant dans « un travail ou une industrie séparés ». Or, l'industrie de l'enfant ne sera séparée que quand celui-ci ne sera pas le préposé de son père. D'où, les mêmes termes, employés ici, doivent avoir la même portée. Il ne serait pas contraire à la séparation voulue par la loi que les époux fissent trafic conjointement et de leur chef[1].

**31**. Au surplus, ce résultat se rencontre, dit-on, avec l'équité comme avec l'esprit de l'art. 220 C. civ. L'article 220 C. civ. a pour but de protéger la femme, mais non de favoriser les fraudes. Il « ne doit pas être un piège pour les tiers qui traitent avec les deux époux et ne doit point permettre à la femme de s'abriter sous le nom de son mari pour se livrer à des spéculations dont elle recueillera le bénéfice en cas de succès et dont elle rejettera les pertes sur son mari insolvable »[2]. Or, c'est à

---

1. Pardessus, *Droit comm.* n° 63. — Lyon-Caen et Renault, t. I, p. 100 et note 7. — Amiens, 3 avril 1851, Sir. 312. — Note Dalloz sous Req. 5 mai 57, Dall. 303. — Note Dalloz, sous Cass. civ., 27 janvier 1875, Dal. 297.

2. Besançon, 11 mars 73 (cassé) Sir. 75. 1. 112.

quoi on aboutirait, en traitant de préposée la femme associée à son mari. Cette considération est, au fond, le
motif capital des arrêts qui ont validé le commerce conjoint des époux. Les juges se sont vus en présence de
tiers qui n'avaient traité qu'en pensant que la femme tra-
fiquait de son chef, et eu égard à la fortune de cette
femme, souvent supérieure à celle du mari. Ils ont
craint qu'une application littérale de l'art. 220 C. civ. ne
mît ces tiers en perte et ils ont déclaré les deux époux
responsables des dettes.

(Cf. Civ. rej. 23 novembre 1812. — Amiens,
3 avril 1851, Sir. 312. Req. 5 mai 1857, Sir. 59. 1. 490.
— Montpellier, 6 août 1867 sur Req. 11 janvier 1869,
Dall. 69. 1. 17. — Besançon, 11 mars 1873 (cassé), Sir.
75. 1. 112. — Montpellier, 3 juillet 1880 (cassé), Sir.
82. 1. 352).

**32.** Voici quelques conséquences de ce système :

(*a*). Les deux époux, s'étant obligés solidairement
pour prêts ou pour fournitures, sont tous deux responsables solidairement. Dans le cas où la femme serait
commune, peu importerait qu'elle eût obtenu séparation
de biens, puis renoncé à la communauté.

(Civ. rej. 23 novembre 1812. — Req. 5 mai 1857. —
Nancy, 19 mars 1879 (cassé) ; Sir. 82. 1. 158. — Trib.
de Marseille, 19 septembre 1883. *Journal de jurispr.
comm.*, 84. 1. 9).

(*b*). La condamnation sera obtenue, bien que les obligations ne soient pas revêtues du *bon et approuvé* de
l'art. 1326 C. civ.

(*c*). Le tribunal de commerce sera compétent pour juger de l'action.

(Req. 3 mai 1857. — Montpellier, 3 juillet 1880).

(d). Le mari et la femme peuvent être, tous deux, déclarés en faillite et poursuivis sous prévention de banqueroute simple.

(Amiens, 3 avril 1851. — Besançon, 11 mars 1873).

(e). La femme sera condamnée, comme le mari, envers les tiers dans la proportion de son intérêt social. (Trib. de Marseille, 19 septembre 1883).

(f). Si le préposé des époux commet une faute, ils en seront, tous les deux, responsables.

(Note sous Req. 11 janvier 1869, Dall., 208).

**33.** Les raisons dont s'appuie cette façon de voir sont plus spécieuses que décisives.

En droit d'abord, elles ne détruisent pas l'argument tiré du texte de l'art. 220 C. civ. La loi distingue deux situations : la femme qui fait et la femme qui ne fait pas un commerce séparé : à la première seule elle donne le titre de marchande [1]. Par où sont exclues de ce titre la femme préposée et la femme associée de son mari.

L'art. 220 C. civ. ne parle, il est vrai, que de la préposée, mais cette énonciation n'est pas pour limiter le sens des mots « commerce séparé ». Le législateur eût peut-être bien fait, pour prévenir les arguties, de laisser les mots « et autre » qui figuraient au texte ancien de la Coutume. Mais, en abrégeant la formule, il n'en a pas voulu changer le sens ; sans quoi il eût marqué plus expressément, soit au texte, soit dans les travaux préparatoires, son désir d'innover.

Quant à l'art. 387 C. civ., il n'a rien à faire ici. Par les mots « industrie et travail séparés », il ne marque, il est vrai, d'opposition qu'avec le cas de l'enfant pré-

---

1. Note Dalloz, 75. 1. 297.

posé de son père. Mais c'est qu'il vise un enfant mineur
de dix-huit ans lequel, par la force des choses, ne peut
être que préposé, soit de son père, soit d'une autre
personne. Ici rien de tel. Une femme mariée pourrait
être, non seulement préposée de son mari, mais associée. Or, dans aucun de ces deux cas, la femme ne
tiendrait négoce séparément de son mari. Dès lors,
l'expression « commerce séparé », appliquée à la
femme mariée par l'article 220 C. civ., a plus d'étendue qu'elle n'en a dans l'article 387 C. civ., appliquée
au mineur.

**34.** Ces résultats ne sauraient changer pour raisons
de pure équité. L'application stricte de l'art. 220 C. civ.
pourra parfois être dure à des tiers qui, sachant la
femme plus riche que son mari et la croyant titulaire
conjointe du négoce, n'avaient fait d'avances au fonds
qu'à cause d'elle. Mais il importe peu. L'esprit général
de l'art. 220 C. civ. est de protéger la femme et, précisément, de la préférer aux tiers quand elle est avec eux
en conflit d'intérêts. Au surplus, les tiers dont il s'agit
ne sont pas à l'abri de tout reproche. En pensant
qu'ils auraient action, pour leurs avances, contre les
deux époux, ils ont commis une erreur de droit dont il
ne convient pas qu'ils se réclament. Ils devaient savoir
que gens mariés ne peuvent, en société, tenir négoce
(Cf. Dijon, 27 juillet 1870, Sir. 71. 2. 268).

# CHAPITRE II

## De la femme du commerçant quand son mari est en faillite

**35.** Il importe de voir si la faillite a quelque influence sur la personne et sur la capacité de la femme et surtout d'étudier les effets de la faillite quant aux droits et aux reprises.

### Section I. — De la faillite par rapport à la personne et à la capacité de la femme du failli.

**36.** La femme du failli n'a pas, en ce qui touche sa personne et sa capacité, une situation pire ni meilleure que celle que la loi fait à la femme du non-commerçant en déconfiture.

(A). La situation n'est pas pire.

D'abord la faillite du mari ne frappe la femme d'aucune incapacité. D'où il suit qu'elle peut s'obliger envers les créanciers de son mari et dans l'intérêt de ce dernier : elle peut le faire au profit de tel ou tel créancier à son choix.

A plus forte raison, la femme du failli ne tombe pas en faillite avec son mari, quel que soit le régime sous lequel ils sont mariés.

La faillite est, en effet, un état spécial aux commerçants. Ce résultat ne saurait changer par le dépôt de bilan qu'auraient fait conjointement les époux. (Paris, 7 février 1835, Sir. 512).

**37.** Il est même essentiel de rappeler que les créanciers n'auraient pas le droit de poursuivre la faillite contre les deux époux, encore que ceux-ci se fussent conjointement mêlés du même trafic. On sait quel obstacle réside à cet égard, dans l'art. 220 C. civ., tel du moins qu'il paraît devoir être interprété et que l'entend la Chambre civile. D'où, si les créanciers avaient fait dé-

clarer les deux époux conjointement en faillite, ou, si la
faillite étant déclarée contre le mari, ils l'avaient fait
étendre à la femme, celle-ci, ou ses créanciers, pourraient en obtenir la rétractation à son endroit

(Caen, 24 août 1825, Dall. 26. 2. 76; — Paris, 7 février 1835, Sir. 512; — Cass. civ. 27 mai 1851, Sir.
446; — Cass. civ., 27 janvier 1875, Sir. 112; — Caen,
31 juillet 1883, *Journ. des Faillites*, 1884, p. 466.

Le principe est, en effet, que les deux époux ne peuvent être reconnus commerçants et, dès lors, déclarés
en faillite au sujet du même commerce.

**38**. Il est arrivé pourtant, en fait, que cette double déclaration de faillite s'est produite et s'est trouvée légalement irréprochable ; et ce par le jeu de la chose jugée.

Ainsi, deux époux sont conjointement déclarés en
faillite : ni la femme, ni ses créanciers ne se pourvoient
dans les délais légaux (art. 580, 582 C. com.). Le jugement est signifié et les deux époux sont censés commerçants pour le même fonds.

(Caen, 19 novembre 1884, *Journ. des Faillites*, 1885,
p. 93).

Ainsi encore les créanciers, ayant cru, par erreur ou à
suite de fraudes des époux, que le mari était titulaire du
commerce, l'ont fait déclarer en faillite. Les délais légaux sont expirés pour rétracter le jugement et substi-
tuer la femme au mari. Les créanciers peuvent poursuivre contre la femme une nouvelle déclaration de faillite
ou une déclaration de jugement commun.

(Req., 31 mai 1875, Dall. 76. 1. 390. — Req., 17 janvier 1881, Sir. 406).

Mais il est bien entendu que ces résultats sont purement accidentels ; les principes reprennent leur action

lorsque rien ne les entrave plus. C'est pourquoi si, mari et femme ayant été déclarés en faillite par une décision devenue définitive, les créanciers formaient une demande en report de faillite, la femme pourrait s'y opposer. Les juges devraient, à son égard, maintenir la date fixée par le jugement déclaratif.

(Caen, 19 novembre 1884, *Journ. des Faillites*, 1885, p. 93).

**39.** (B). La situation de la femme du failli, au point de vue de sa personne, si elle n'est pas *pire*, n'est pas pour cela *meilleure* que celle de la femme du non-commerçant en déconfiture.

La femme reste soumise à l'autorité maritale. Au failli seul appartient le droit d'autoriser la femme à s'obliger, à aliéner, à renoncer à son hypothèque légale, soit directement, soit indirectement par vote au concordat (Civ. Seine, Ch. du Conseil, 3 mai 1882. *Journ. des Faillites*, 1882, p. 295). La justice, comme d'après le droit commun, n'intervient qu'à défaut du mari ; et c'est important à préciser. On pourrait croire, en effet, que le mari failli, devenu incapable de s'obliger lui-même, doit l'être pour autoriser sa femme à le faire.

**40.** — La femme ne reprend pas, à suite de la faillite, l'administration de ses propres. Elle est tenue, pour cela, de demander la séparation de biens ; et c'est une solution qui mériterait réforme. Dans ce sens, un projet de loi fut, en 1879, présenté à la Chambre des députés, lequel proposait de faire résulter la séparation du jugement déclaratif de faillite. L'auteur du projet partait de cette double observation qu'en pratique, les femmes de faillis demandent, le plus souvent, séparation de biens, et que rarement leur demande est contestée ou refusée. D'où, procès inutilement coûteux pour la masse. Au surplus, le projet donnait à la femme la possibilité de refuser, dans le délai de la vérification des créances, le bénéfice de la séparation de biens, sans préjudice de l'art. 1446, § 2. Par où tous les intérêts étaient conciliés, de même que frais et longueurs étaient épargnés à bien des masses et l'on doit, dès lors, regretter que la proposition n'ait pas été accueillie (Cf. Testoud : *Revue des travaux législatifs, Rev. crit.*, 1879, p. 644 et suiv.).

**41.** La femme est donc libre de demander, ou non, la séparation de biens et il convient de toucher un mot de chacune de ces éventualités.

1° Il est bon, de rappeler que la femme peut agir en séparation, bien que n'ayant pas de reprises actuelles à exercer dans la faillite. Elle peut, en effet, agir en vue de reprises futures naissant des produits de son travail ou de biens à acquérir plus tard par succession ou donation.

**42.** La jurisprudence décide, à bon droit, que l'action de la femme doit être dirigée contre le syndic. En effet, tandis que le failli demeure investi des actions touchant principalement à la personne, le syndic est partie nécessaire dans les procès visant surtout les biens (art. 443, C. com.). Or, tel est le caractère de l'action en séparation de biens, au bout de laquelle se trouvent toujours une reprise d'administration et de jouissance, et, s'il y a communauté, une liquidation.

La masse est d'ailleurs intéressée au procès, soit pour déjouer les fraudes ou erreurs pouvant lui être préjudiciables, soit pour éviter une entrave aux opérations de la faillite.

(Bravard, t. I. p. 124 et 125 ; Boistel, n° 913. —

Lyon-Caen, note Sirey, 80. 2. 17, Examen doctrinal de la jurisp. en matière com., *Rev. crit.*, 1881, p. 287. — Douai, 22 avril 1874, Sir., 75. 2. 239. — Paris, 13 mars 1879, Sir., 80. 2. 17. — Req., 23 février 1880, *Journ. des trib. com.*, 1880, p. 231).

**43.** A vrai dire, ce point ne va pas sans controverse en doctrine. L'action en séparation de biens, en même temps qu'elle a trait au patrimoine, touche gravement la personne : elle tend à bouleverser la capacité respective du mari et de la femme. C'est ce qui a incliné quelques esprits à soutenir que le mari seul, non le syndic, devait être assigné par la femme. Cet avis était, de prime abord, favorisé par les termes de l'article 443, C. com., lequel ne dit pas que « toutes » actions doivent avoir lieu contre le syndic, mais parle seulement des actions mobilières et immobilières. Or, l'action dont s'agit ne rentre ni dans l'une ni dans l'autre de ces esj èces (Massé, *Droit com.*, n° 1199). — D'autres esprits, cédant aux mêmes considérations et soucieux de se plier au caractère à la fois pécuniaire et personnel de la séparation de biens, exigent, à peine de nullité, que syndic et et failli soient assignés en même temps (Bourges, 24 mai 1826, *Sir. chronol.* — Angers, 11 mars 1842, *Droit*, 20 avril. — Ruben de Couder, *Dict. de dr. com.*, IV, v° Fail., n° 199).

Mais aucune de ces deux opinions ne peut être admise. La première méconnaît la place prédominante que les intérêts pécuniaires tiennent dans l'action en séparation de biens. Au surplus, elle entend mal la mention des « actions mobilières et immobilières », qui ne figure dans l'art. 443, C. com. qu'à titre d'exemple d'actions intéressant les biens. Quant au second système, il est en dehors de la loi qui, nulle part, n'a prévu d'action possible, à la fois, contre le syndic et contre le failli.

Reste donc, comme seul justifié, le système aujourd'hui constant en jurisprudence. L'action doit être dirigée contre le seul syndic, et le jugement rendu dans ces conditions a autorité de chose jugée au regard du mari. Seulement, il sera convenable que le mari soit mis en cause à raison des conséquences accessoires que le jugement doit entraîner à son endroit.

(Paris, 13 mars 1879, Sir. 80. 2. 17 et note Lyon-Caen).

**44.** La séparation de biens prononcée permet à la femme d'agir dans la faillite pour ses droits et reprises. Mais elle ne sera admise au passif que sur production d'une liquidation régulière. Ainsi, il ne suffirait pas, malgré la tolérance contraire de certains tribunaux de commerce, qu'elle produisît une expédition de son contrat de mariage. Le syndic peut même exiger, quand il conteste le chiffre des reprises, que l'état liquidatif dressé par le notaire soit homologué par jugement. De plus, lorsque les délais de production sont expirés, la liquidation des reprises de la femme ne peut arrêter les opérations de la faillite.

(Article anonyme au *Journal des faillites*, 1883, p. 395 Trib. comm. Seine 14 septembre 1882 *Journal des faillites*, 1882, p. 551).

**45.** 2° Si la femme ne demande pas la séparation de biens, elle n'a pas droit de faire liquider ses reprises. Ses propres demeurent confondus dans la masse et sont administrés par le syndic : mais les revenus de ses biens ne profitent pas pour le tout aux créanciers. La gestion des propres de la femme ayant pour but de parer aux charges du ménage, ce n'est que l'excédent des revenus qui pourra être annuellement encaissé par le syndic (Thaller, De la faillite des différents commerçants, n° 271). Au surplus, la femme aurait le droit, autorisée de son mari, de s'opposer à la vente de ses biens, si l'on prenait mine d'y procéder. Mais elle serait tenue, dans la preuve qu'elle administrerait de son droit, de se conformer aux articles 557 et suiv. C. com.

46. L'abstention de la femme de demander la séparation de biens ne donne pas, aux créanciers de celle-ci, droit de le faire à sa place. Mais, à l'inverse, les tiers ne doivent pas être frustrés. Aussi, l'art. 1446 C. civ., leur permet-il d'assurer les droits et les reprises de la femme à concurrence de ce qui leur est dû. Ce qui veut dire que les créanciers peuvent produire à la faillite pour le montant des reprises, serait-il supérieur au montant de leurs créances, sauf, si le dividende dépasse ce dernier montant, à laisser le surplus à la faillite (note anonyme, *Journal des faillites*, 1883, p. 395).

Dans ce cas, il faut observer que les créanciers sont tenus, comme le serait leur débitrice, de subir, quant aux reprises, les restrictions des art. 557 et suiv. du Code de commerce. De plus, ils doivent toujours fournir un état liquidatif, homologué par jugement ayant force de chose jugée au regard de la femme (note anonyme, *suprà*).

### Section II. — De la faillite par rapport aux droits et aux reprises de la femme du failli.

#### SOMMAIRE

47. Division en deux paragraphes.
  § I. Les reprises ne sont pas liquidées lors du jugement déclaratif.
  § II. Les reprises sont liquidées lors de ce jugement.

47. Une distinction s'impose entre le cas où, faute de

séparation de biens, les droits et reprises ne sont pas liquidés lors du jugement déclaratif et le cas où ils ont
été liquidés antérieurement à ce jugement.

## § I.

*Les reprises de la femme ne sont pas liquidées lors du ju-*
*gement déclaratif.*

### SOMMAIRE

**48.** Subdivision en deux articles.
    Art. 1. La femme produit dans la faillite.
    Art. 2. La femme ne produit pas dans la faillite.

**48.** Cette hypothèse est la seule que visent les articles
557 et suivants; il faut dire aussi qu'elle est la plus fréquente. Le cas inverse suppose, en effet, une femme
qui, peu soucieuse du crédit de son mari, a osé, par un
procès en séparation de biens, donner le signal de la
crise à venir. Sauf en des cas exceptionnels, pareille
chose n'est pas probable. Soit affection conjugale, vigi-
lance pour l'honneur des siens, ou même espoir de voir
se relever les affaires, la femme d'un commerçant tait
le plus souvent, quand elle ne l'ignore pas, le désordre
pécuniaire de son mari. Elle diffère au jour de la catas-
trophe pour aviser à ses intérêts.

Dans quelle situation sera-t-elle alors? C'est ce qu'il
sied de préciser, en examinant, sous deux articles, le cas
où la femme du failli produit dans la faillite et le cas où
elle n'y produit pas.

### Art. 1. — La femme produit dans la faillite.
Aperçu général de la situation de la femme.

### SOMMAIRE

**49-50.** Idée et motifs des règles établies par le Code de commerce.
**51.**    Conséquences de leur caractère exceptionnel.

**49.** La femme du failli, agissant pour ses droits, dans la faillite, est plus sévèrement traitée par la loi que la femme d'un non-commerçant en déconfiture. Il est des reprises que la loi lui défend de faire ; et les autres ne lui sont ouvertes que sous restrictions graves et à de rigoureuses conditions.

Les reprises prohibées sont :

1° Celles qui, par voie d'action réelle ou personnelle, atteindraient des biens acquis ou présumés acquis, depuis le mariage, avec les fonds des créanciers du mari.

- Ainsi, la femme du failli ne peut ni reprendre en nature les biens qu'elle aurait acquis depuis son mariage à l'aide des fonds du mari, ni, en de certains cas, exercer son hypothèque légale sur les immeubles acquis par le mari à titre onéreux. (Art. 559 et 563 C. comm.).

2° Celles qui procéderaient de libéralités faites par le mari depuis le mariage. (Arg. art. 564 C. comm.)

3° Dans certains cas, celles qui viendraient d'avantages matrimoniaux. (Art. 564 C. comm.)

Quant aux restrictions et aux conditions spéciales posées pour l'exercice des autres reprises, et qui s'analysent en exigences relatives à la preuve, elles sont le corollaire des prohibitions de la loi. Elles vont à éviter que les époux colludent et arrivent, sous couleur de reprises permises, à réaliser celles qui sont défendues. Il faut que la femme fasse la preuve non seulement de l'acquisition des droits, réels ou personnels, dont elle se réclame, mais encore de la légitimité, ou mieux de la non-illégitimité de cette acquisition. (Art. 558 à 560, 562 C. comm.)

50. Un tel système de sévérités, spéciales à la femme du failli, a pour but d'assurer et de fortifier le crédit des commerçants mariés. Le législateur a voulu que les bailleurs de fonds qui prêteraient à ceux-ci n'eussent pas à craindre, au cas de faillite, d'être, directement ou indirectement, lésés par la femme de leur débiteur. A cet égard, le droit commun de la déconfiture ne lui a pas paru suffisant. Le crédit aurait fui les commerçants si l'on n'eût assuré aux tiers que jamais la femme de leur débiteur ne pourrait leur retirer, sous forme d'avantages faits par le mari, une partie des biens qui

4

sont leur gage. De même, la possibilité pour la femme du failli d'agir en reprise sur des biens que les seuls deniers des créanciers auraient aidé à acquérir eût découragé la confiance de ceux-ci. Enfin l'intimité de mari à femme est telle que les créanciers auraient pu craindre des concerts pour tourner les prohibitions. La loi a jugé essentiel de bannir même de pareilles craintes.

Il est sans doute que, dans nombre de cas, les règles posées au Code de commerce pourront créer de douloureuses situations à des femmes de marchands. En suite de ces règles, il arrivera parfois que des droits certains et respectables seront perdus pour la femme, faute des justifications exceptionnelles qu'elle devrait fournir. Mais c'est le sort inévitable de toute chose d'avoir son revers et il faut aussi convenir que les inconvénients sont ici largement compensés par les avantages.

D'abord, s'il est vrai que les prohibitions et les restrictions dont il s'agit sont nécessaires au crédit des commerçants mariés, cela revient à dire qu'elles contribuent à la prospérité de leur négoce. Or, quand un commerçant prospère, sa femme y gagne toujours en luxe et en bien-être, sans compter que, si elle est commune en biens, elle aura droit à moitié des bénéfices. Aussi, qui voudrait sainement juger les articles 557 et suivants du Code de commerce, devrait regarder, non les femmes des marchands faillis qui en éprouvent la rigueur, mais celles, beaucoup plus nombreuses, des heureux qui en tirent avantage.

Au surplus, les prohibitions et restrictions de la loi ont le prix d'intéresser les femmes au commerce de leur mari. N'y trouveraient-elles pas profit, que le désir seul de conserver leur fortune et d'assurer leurs reprises les porteraient à se mêler du trafic, à tâcher, par des conseils ou même par leur coopération, de le maintenir en de sages limites.

51. Néanmoins, on ne doit pas perdre de vue que les articles 557 et suivants du Code de commerce sont, pour la plupart, dérogatoires au droit commun. La conséquence c'est que lesdits articles doivent être appliqués aux seuls cas visés par leur texte ou par leur esprit.

Il sera fait, dans la suite, application fréquente de cette idée sous chacune de ces dispositions. Mais il convient, ici même, d'en tirer une déduction qui leur est commune : c'est au sujet des circonstances générales dans lesquelles, et des personnes en faveur de qui on les doit appliquer. Quelles sont ces circonstances? Quelles ces personnes?

Je viens de préciser qu'en instituant des restrictions au droit des femmes, le Code de commerce avait voulu rassurer le crédit des marchands et éviter mécomptes aux créanciers lors d'un désastre commercial. La conclusion est aisée. Pour que les reprises d'une femme soient sujettes aux articles 557 et suivants C. comm., il faudra que son mari soit en état de faillite, c'est-à-dire en état de cessation de paiements, et que lesdits articles soient invoqués contre elle par les créanciers du failli. Ces deux circonstances sont nécessaires. Mais, en retour, elles sont suffisantes et, dès qu'elles sont réunies, force est d'appliquer les restrictions du Code de commerce.

Tirons les conséquences de chacune de ces propositions.

**52.** I. Je dis d'abord que, pour appliquer les articles 557 et suivants C. comm., il faut une faillite du mari et la prétention, manifestée par les créanciers, de se prévaloir desdits articles.

D'où :

1° La femme du marchand resterait soumise au droit commun au cas d'expropriation de son mari pour dettes purement civiles (Civ. cass., 28 déc. 1840, Sir. 41, 1, 31. — Req. 14 avril 1858, Sir. 671. — Req. 28 avril 1869, Sir. 315).

2° Il en serait de même au cas de faillite prononcée contre un mari non commerçant.

C'est ce qui adviendrait, par exemple, si le mari n'avait posé que des actes isolés de commerce, hors de toute habitude et profession (arg. art. 1 C. comm.).

C'est ce qui aurait lieu encore si le failli était incapable de faire le commerce. Ainsi, un mineur non autorisé à tenir négoce est mis en faillite. Sa femme peut venir faire opposition et, pour éviter l'art. 563 C. comm., exciper de l'incapacité de son mari. Et, dans cette hypothèse, les créanciers ne sauraient objecter à l'action de la femme un prétendu défaut de qualité tiré de l'article 1125 C. civ. En effet, cette action ne tendrait pas à attaquer les actes mêmes du mari et à les faire annuler, mais seulement à prouver qu'ils ne sont pas suffisants pour faire du mari un commerçant.

(Sic. Cass. civ. 18 avril 1882, Sir. 83, 1, 162 et note Lyon-Caen).

Mais il ne faut pas confondre les incapacités de tenir négoce avec les interdictions faites par la loi à certaines catégories de gens, tels que notaires, agents de change, receveurs des finances. Comme on l'a observé, les unes

sont prises dans l'intérêt de ceux qu'elles visent et avec
dessein de les protéger ; les autres procèdent d'un souci
de l'intérêt général et d'une idée de convenance. Il s'ensuit que, si les incapables ne peuvent être jamais tenus
pour commerçants ni mis en faillite, il n'en est pas de
même des personnes auxquelles le négoce est interdit.
Font-elles, malgré la prohibition, des actes de commerce
par profession et habitude ? Elles encourront pour ce
fait des peines disciplinaires, mais elles seront soumises
au régime des commerçants (Cass. 15 août 1844, Sir. 540 ;
— Cass. 9 août 1849, Sir. 617. — Paris, 2 février 1855,
Sir. 483 ; Paris, 5 mai 1877, *Droit*, 25 septembre). Au cas
de mise en faillite de ces fonctionnaires, leurs femmes
subiront les restrictions de la loi commerciale. (Req.
5 juillet 1834, Sir. 37, 1, 925. — Nîmes, 10 juillet 1851,
Sir. 635. — Lyon-Caen, note précitée ; *Contrà*, Bordeaux, 10 janvier 1865, Sir. 142).

3° Il faut remarquer que les dérogations dont il s'agit
ne peuvent, à aucun titre et dans aucune circonstance,
être invoquées par le failli. C'est dans l'intérêt des créanciers qu'on les a établies et c'est aussi sur la présomption
de la fraude du mari : double motif pour empêcher
celui-ci de s'en prévaloir. On verra plus bas que ce
point a été contesté, au moins pour certains cas, mais
que les raisons invoquées à l'appui ne sauraient être
admises.

4° De même, les créanciers postérieurs à la faillite
seraient mal venus à invoquer les restrictions des droits
de l'épouse du failli.

**53**. II. — Les conditions ci-dessus, en même temps
que nécessaires, sont suffisantes pour donner lieu aux
art. 557 et suiv. du Code de commerce.

Pour marquer la portée de cette observation, il sied d'examiner séparément deux hypothèses distinctes en fait : 1° Il se peut qu'au moment où la femme se prévaut de ses droits, les créanciers soient formés en ce qu'on appelle ordinairement une masse : ce qui a lieu aux cas où les créanciers n'ont pas encore voté sur le concordat, ou se sont mis en état d'union, ou enfin ont voté un concordat par abandon d'actif. 2° Il se peut que la *masse* n'existe pas encore, faute de déclaration de faillite, ou qu'elle n'existe plus, à suite du vote d'un concordat ou par dissolution de l'union.

1re *hypothèse : La masse chirographaire existe.*

**54.** Dans cette hypothèse, il est certain que le syndic, agissant pour l'intérêt de la masse, peut se prévaloir, contre la femme, des restrictions légales. De même, les créanciers hypothécaires le pourront, soit que la masse y ait intérêt avec eux, soit qu'ils agissent dans un pur intérêt individuel.

**55.** Ce dernier point est contesté par certains esprits. Partant de cette idée que les articles 557 et suivants sont exceptionnels et veulent être limités avec rigueur, on soutient qu'ils ne procèdent que d'une pensée favorable à la masse. A cet égard, on se réclame, par analogie, des articles 446 et suivants du Code de commerce, qui, de l'avis général, n'ont lieu que dans l'intérêt de la masse chirographaire. On ajoute que la loi des faillites ne saurait venir au secours de créanciers qui ont cherché, par leur hypothèque, à se placer hors de la faillite. D'où ces créanciers ne pourraient opposer à la femme les restrictions de ses droits que quand la masse y aurait intérêt : ils ne le sauraient, en aucun cas, dans un intérêt individuel.

(En ce sens, Labbé, note Sirey, 66. 2. 345. — Rataud, *Rev. crit.* 1867, XXXI, p. 1 et suiv. — Boistel, n° 1024. — Lyon-Caen et Renault, t. II, n° 3059).

Voici, du reste, une espèce imaginée par M. Labbé, et qui éclaircit à souhait ce système.

Qu'on suppose une femme agissant en vertu de son hypothèque légale sur un immeuble que cette hypothèque, d'après l'article 563 C. Comm., ne saurait atteindre. Sur le même immeuble, la femme est en concours avec des créanciers hypothécaires du mari. Ces créanciers pourront-ils s'opposer à la collocation de la femme ?

Oui, dit-on, dans le cas où ces créanciers auraient hypothèque sur d'autres immeubles du failli. En effet, « en primant ces créanciers, elle ferait refluer leurs hypothèques sur d'autres immeubles, tandis que, si la femme est réduite au rôle de créancière chirographaire, les créanciers hypothécaires qui la suivent, désintéressés sur le prix de l'immeuble, laisseront au profit de la masse les autres immeubles sur lesquels ils avaient également hypothèque ».

Solution inverse, au cas où les créanciers n'auraient droit que sur le seul immeuble litigieux. « Alors la masse de la faillite n'a pas d'intérêt à l'application de l'article 563. Le prix de l'immeuble sera attribué à la femme ou aux créanciers hypothécaires qui la suivent, et la masse, privée, dans tous les cas, du prix qui lui échappe, restera simplement exposée à subir le concours chirographaire de celui des créanciers qui n'aura pas été désintéressé hypothécairement ».

La réponse à ce système est facile ; car, s'il est vrai

qu'une dérogation doit être interprétée strictement, il est vrai aussi qu'on ne la doit pas diminuer.

Or, le texte des articles 557 et suivants, qui doit être seul consulté ici, sans égard aux articles 446 et suivants, le texte de l'art. 563 notamment, dont il s'agit le plus souvent en pratique, ne distingue pas entre les divers créanciers du failli. Pas davantage le motif de ces dispositions. Le législateur, en effet, a eu pour souci d'enlever aux créanciers du mari des craintes de collusions entre époux, et par là, de favoriser le commerce du mari. Or, les fraudes sont possibles à l'encontre des créanciers hypothécaires comme des chirographaires et le droit réel que les premiers se sont fait concéder ne les mettant pas à l'abri d'une collusion pour enfler les reprises, protection leur est due de ce chef, et ce, dans l'intérêt même du mari. Celui-ci ne trouverait pas de bailleurs de fonds, si la loi n'accordait à tous les créanciers, pour le cas de faillite, le droit d'invoquer les dispositions dont il s'agit.

(Nancy, 27 mai 1865, Sir. 66. 2. 343. — Nîmes, 17 juillet 1867, Sir. 68. 2. 149. — Massé, *Droit commercial*, t. II, n° 1350. — Bédarride, *Faillites*, t. III, n° 996. — Demangeat sur Bravard, t. V, n° 567. — Aubry et Rau, t. III, § 264 *ter*, texte et note 50).

**56.** 2° *hypothèse : Au moment où la femme agit, il n'y a pas de masse chirographaire.*

1° Il faut voir, d'abord, le cas où la masse n'existe pas encore. Ainsi, un commerçant est exproprié d'un immeuble acquis après son mariage, et, sur l'ordre ouvert, sa femme, qui a obtenu séparation de biens, réclame une collocation hypothécaire. On s'est demandé si, dans ce cas, les créanciers peuvent opposer à la femme l'état de cessation de paiements où est son mari et réclamer application des articles 563 et 564 du Code de commerce. Dans le système qui fait dériver les articles 557 et suivants d'une pensée favorable à la masse, il faudrait prononcer négativement. Aucune masse n'existant, la raison de la loi cesserait ici d'avoir empire (Lyon-Caen et Renault, t. II, n° 3059).

Dans le système contraire, qui semble meilleur, la question revient à savoir si le tribunal de commerce est seul compétent pour constater une cessation de paiements.

Sans agiter ce point, qui excède le cadre de notre étude, il faut reconnaître que la jurisprudence applique les articles 557 et suivants, même quand un tribunal civil, statuant sur un ordre ouvert à l'encontre d'un commerçant, constate la cessation de paiements de ce dernier. Les arrêts, ajoutons-le, sont, en cela, fidèles à la pensée de la loi qui, dans toute notre matière, a voulu concilier l'intérêt du mari et celui des créanciers. Et, de fait, exiger pour l'application de nos articles un jugement du tribunal de commerce serait, suivant les cas, fâcheux à l'un ou à l'autre de ces intérêts. D'une part, il pourrait arriver que certains commerçants, désireux de tourner la loi, se fissent saisir par des créanciers complaisants qui assureraient à la femme la reprise intégrale de sa dot. D'autre part, bien des créanciers qui, sous la jurisprudence actuelle, refusent de poursuivre la déclaration de faillite, par intérêt pour la famille du commerçant, et même sur les prières de sa femme, n'hésiteraient plus à le faire, s'il le fallait pour assurer l'intégrité de leurs droits.

(Grenoble, 20 janvier 1832, Sir. 309. — Civ. rej.,

7 mars 1836, Sir. 37. 1. 923. — Civ. cass. 28 décembre 1840, Sir. 41. 1. 31. — Metz, 20 décembre 1865, Sir. 66. 2. 282. — Lyon 4 août 1887 Gaz. Pal. 1 novembre. — Aubry et Rau, III, § 264 *ter.*, texte et note 55).

Mais, comme l'observent judicieusement MM. Aubry et Rau, « il est bien entendu que le tribunal ne sera autorisé à appliquer les articles 563 et 564 qu'à la condition de constater formellement l'existence de la faillite du mari [1] et dans la supposition qu'elle puisse encore être légalement déclarée. Il résulte de là que, si le mari était décédé depuis plus d'une année ou s'il avait quitté le commerce, de sorte qu'au moment de sa déconfiture, il ne fût plus possible de le considérer comme commerçant failli, l'hypothèque légale de la femme ne serait soumise à aucune restriction » [2].

**57.** (2°) Il peut encore arriver que la masse soit dissoute. On s'est demandé si, dans ce cas, les art. 557 et suivants conservent leur application et dans quelles limites.

**58.** (A.) La question peut se poser, d'abord, et se pose surtout en pratique dans le cas de concordat. Ainsi, un concordataire est exproprié d'un immeuble acquis après son mariage. Sa femme produit à l'ordre pour sa dot et se réclame de l'hypothèque légale. Ce qui suppose que la femme n'avait pas voté au concordat, ou que, y ayant voté, elle a, comme femme dotale, conservé son hypothèque légale.

Il est hors de doute que les articles 557 et suivants demeurent, en principe, applicables après concordat.

---

1. Civ. cass. 28 décembre 1840. Sir. 41. 1. 31.
2. Lyon, 21 février 1851. Sir. 317. Caen, 15 mai 1854. Sir. 699. Req rej., 4 décembre 1854. Sir. 55-1-298. Req. rej., 11 avril 1858. Sir. 670.

D'abord, le concordat ne fait pas cesser la faillite; or, il suffit qu'il y ait faillite constatée pour que les droits de la femme soient restreints. Au surplus, le concordat manquerait son but, s'il remettait la femme du failli dans le droit commun et il arriverait que les créanciers pousseraient tous à l'union, crainte des reprises de la femme, ou feraient résoudre le concordat s'ils l'avaient voté. Il faut donc admettre que soit les créanciers hypothécaires antérieurs au concordat, soit les créanciers chirographaires, non payés de leurs dividendes, pourront individuellement invoquer contre la femme la restriction de ses droits. Et cela, sans distinguer si l'action de la femme porte, ou non, sur des biens acquis postérieurement au concordat.

Mais, d'autre part, sitôt satisfaits, les créanciers n'ont plus intérêt à contrarier la femme. Dès lors, elle reprendra la situation que lui fait la loi civile pour l'exercice de ses reprises, sans que ni le failli concordataire, ni les créanciers postérieurs au concordat puissent y faire obstacle.

(Aubry et Rau, III, § 264 *ter*, texte et note 59. Lyon-Caen et Renault, t. II, n° 3060. — Toulouse, 7 avril 1865, Sir. 212).

**59.** Ces solutions ne sont pas agréées de tous les esprits.

Certains, partant de cette idée que le concordat ferait cesser l'état de faillite, avancent que la femme retombe dans le droit commun pour les biens acquis postérieurement au concordat. Quant à ceux qui existaient lors de ce traité, la femme serait, à leur égard, soumise aux restrictions de la loi commerciale, par le motif que la faillite est effacée pour l'avenir seulement (Massé, *Droit commercial*, II, n° 1350).

D'autres juristes sont, au contraire, plus sévères. La faillite ne cesserait ni par le concordat, ni par le paiement des dividendes, mais par la seule réhabilitation du failli. D'où, malgré l'acquittement intégral des dettes hypothécaires et des dividendes, la femme serait soumise aux articles 557 et suiv. C. comm. et pourrait se les voir opposer par le failli et par les créanciers postérieurs à la faillite. (Demangeat sur Bravard, t. V, p. 567).

Chacune de ces opinions méconnaît, soit la portée du concordat après faillite, soit l'esprit des restrictions dont il s'agit. Il n'est pas vrai de dire, d'une part, que le concordat fait cesser l'état de faillite puisqu'il en consacre les résultats ; l'état de faillite ne se termine que par la réhabilitation. Mais ce serait, à l'inverse, exagérer les rigueurs de la loi que de les prolonger jusqu'à ce dernier événement. Sitôt les créanciers satisfaits, nul motif de diminuer les droits de la femme, au profit du failli, qui se réclamerait alors de sa fraude présumée, ou des créanciers postérieurs au concordat que la loi n'a pas eu en vue de protéger.

Un arrêt de la Chambre civile du 1er décembre 1858 (Sir. 59. 1. 113) semble, il est vrai, contraire à cette façon de voir ; mais c'est seulement par l'un de ses motifs. Au fond, il ne la heurte pas ; car l'arrêt déféré à la Cour suprême n'avait pas relevé, en fait, la circonstance que les créanciers eussent été satisfaits.

60. Tout ceci suppose qu'on adopte le système qui ne restreint pas les art. 557 et suivants au seul intérêt de la masse. Dans le système adverse, il paraîtrait logique, la masse étant dissoute par le concordat, de ne plus appliquer lesdits articles. Néanmoins on ne le fait pas et

l'on admet le failli, considéré comme étant aux droits
de la masse et comme jouant un rôle analogue à celui
du syndic d'union, à se prévaloir des restrictions des
droits de la femme. On va même à le lui permettre jusqu'à sa réhabilitation (Labbé, note *suprà*). Ce dernier
point, qu'on l'observe, est contradictoire avec la base du
système de ceux qui l'admettent. Il arrive à faire profiter le failli seul de mesures créées dans l'intérêt de la
masse. Et, quant à mettre le failli concordataire et le
syndic d'union sur la même ligne, c'est une assimilation
fautive. Le failli concordataire administre en son nom ;
il ne représente pas ses créanciers et ne dépend pas
d'eux. D'une part, ceux-ci le peuvent poursuivre s'il ne
paie pas ses dividendes, et, d'autre part, ces dividendes
eux-mêmes ne croîtraient pas au cas où sa fortune aug-
menterait (Rataud, *Revue crit.* 1867, t. XXXI, p. 1).

**61.** (*B*). Les solutions qui viennent d'être posées au
sujet du concordat doivent également s'appliquer, et
pour les mêmes motifs, au cas de dissolution de l'u-
nion.

(Aubry et Rau, t. III, § 264 *ter*, texte et note 59).

**62.** Telles sont les idées générales sur les droits de la
femme dans la faillite de son mari. Reste à les montrer
en œuvre, en considérant successivement la femme
agissant soit en reprise de biens dont elle se dit propriétaire, soit seulement en récompense, comme créancière
de son mari.

## PREMIÈRE DIVISION

### DE LA FEMME DU FAILLI AGISSANT A TITRE DE PROPRIÉTAIRE

#### SOMMAIRE

**63.** Le point principal où le Code de commerce amoindrit les reprises en nature de la femme d'un failli, c'est en ceci qu'il soustrait à son action les biens, meubles ou immeubles, dont l'acquisition a causé, *depuis le mariage*, un appauvrissement au mari. Ainsi la femme réclame-t-elle un bien que lui aurait donné son mari, postérieurement à leur mariage? Ou bien a-t-elle prétention sur un immeuble qu'elle a acheté d'un tiers, mais dont son mari lui avait donné le prix, directement ou par versement fait au vendeur? Ces reprises diverses sont interdites (arg. art. 559, 564 C. comm.); elles renferment des avantages que la loi se refuse à consacrer.

La raison, c'est que les avantages dont il s'agit sont suspects d'avoir eu lieu en fraude des créanciers. La chose étant possible, vu l'intime union des époux et la dépendance de la femme, cela suffit au législateur pour en présumer l'existence. D'ailleurs, ces avantages accusent, au moins, un mauvais emploi que le marchand a fait de sa fortune et que la loi rectifie.

En effet, s'agit-il d'un bien que le mari a donné à sa femme ? Le commerçant n'eût pas dû consentir cette donation et, l'ayant faite, c'est un tort à lui, sitôt déclaré en faillite, de ne l'avoir pas révoquée. « Un mari scrupuleux, ou seulement honnête, devait user de son droit de révocation... afin de satisfaire ses créanciers. Il est juste que le législateur opère d'office cette révocation [1] ».

S'agit-il de biens acquis d'un tiers, mais payés avec les fonds que lui a donnés le mari ? Mêmes torts chez celui-ci. « Un commerçant doit employer ses capitaux à augmenter sa fortune et non à faire des acquisitions pour sa femme. Le mari aurait dû faire l'opération pour lui. La réparation consiste à transporter au mari l'opération telle qu'elle a été faite [2] ». Les créanciers se pourront récompenser de leurs avances sur le bien acquis par la femme, tout comme s'il appartenait au mari. Et le résultat semble d'autant plus juste que, le plus souvent, le mari avait usé de fonds que ses créanciers seuls lui avaient procurés.

**64.** Pour mieux assurer l'effet de ces prohibitions et voulant éviter qu'elles fussent éludées par fraude, la loi leur a joint des restrictions aux règles de preuves touchant la reprise des biens que la femme aurait acquis normalement.

L'article 559 C. comm. oblige la femme, quand elle se prévaut d'acquisitions faites à titre onéreux depuis le mariage, à prouver qu'elle ne les a pas réalisées avec les deniers de son mari : ce qui s'entend de deniers fournis *gratuitement*. Seules, les autres acquisitions, c'est-à-dire

---

1. Note de M. Labbé sur Req., 2 mars 1881. Sir. 145.
2. Note de M. Labbé sur Paris, 1er août 1879. Sir. 80-2-249.

les onéreuses, antérieures au mariage, et les gratuites, antérieures ou postérieures, relèvent du droit commun pour les preuves à administrer. Cela résulte du silence de l'article 557 C. comm. à cet égard.

D'où, si l'on combine ensemble les articles 557 et 559 C. comm., l'on en peut dégager une double présomption fondée sur la date et sur la nature du titre d'acquisition et qui trouve, dans l'article 563 à voir plus bas, son analogue et peut-être son complément.

Contre la femme, la loi présume que les acquisitions onéreuses faites par celle-ci depuis le mariage ont donné lieu à déboursé gratuit du mari. Elle interdit à la femme, sauf preuve contraire, de s'en réclamer.

Contre les créanciers, la loi présume que le mari n'a rien déboursé gratuitement depuis le mariage, pour les acquisitions antérieures de la femme ou pour celles que, depuis le mariage, elle a faites à titre de libéralité. D'où, la femme peut, en règle, les invoquer, sans observer de conditions spéciales.

65. Les prohibitions et restrictions précédentes sont, de toutes celles que la loi consacre aux reprises en nature, les plus importantes à signaler. On trouve, il est vrai, à côté des articles qui les marquent, expressément ou non, d'autres articles limitant aussi les droits de la femme propriétaire. Ce sont : 1° l'article 564, qui, en des cas à préciser plus tard, exclut la reprise des biens venus du mari à la femme par avantage matrimonial ; 2° l'article 560, qui requiert une preuve spéciale et rigoureuse pour la reprise de certains effets mobiliers ; 3° l'article 561, spécial aux immeubles, qui n'en permet reprise qu'à charge des dettes et des hypothèques dont ils sont grevés. Mais il s'en faut que ces disposi-

tions aient la même importance que les prohibitions et restrictions indiquées en premier lieu. D'abord, elles n'ont pas une portée aussi générale : les unes ne s'appliquent qu'à une certaine catégorie de biens (art. 560 et 561), les autres n'ont pas lieu dans tous les cas (art. 564). De plus, les limites qu'apportent ces divers articles aux droits de la femme ne sont pas, au moins dans la plupart des cas, dérogatoires au droit commun [1] : d'où vient une notable différence avec la théorie des articles 558 et 559 C. comm., lesquels sont tout à fait exceptionnels.

**66.** Telle est, en raccourci et prise dans son ensemble, la théorie de la loi commerciale sur l'objet de notre première division. Il convient maintenant de la reprendre dans le détail et de montrer :

1° Au sujet de chacune des reprises que peut invoquer la femme, la mise en œuvre et, au besoin, la justification de ces règles [2] ;

2° Les différences de ces règles avec le droit commun.

## I

MISE EN ŒUVRE DÉTAILLÉE DE LA THÉORIE DU CODE DE COMMERCE

### SOMMAIRE

Subdivision en trois numéros

---

1. *Vide infra* n°s 91, 107, 109.
2. Crainte des redites, on ne parlera pas, dans cette *revue de détail,*

5

N° 1. — Reprise de biens acquis, par la femme, antérieurement au mariage.

67. Si les dispositions du Code de commerce amènent à soustraire aux reprises de la femme les biens dont l'acquisition aurait appauvri le mari depuis le mariage, c'est à quoi se borne, en principe, le vœu de la loi. Ses

---

de l'article 564 C. comm., qui s'applique, sans difficulté, à toutes les reprises d'immeubles.

rigueurs notamment ne touchent en rien aux appauvrissements que le mari aurait subis avant le mariage.
La femme en peut tirer profit : leur date les met à l'abri
du soupçon de fraude ou de mauvais emploi de la fortune maritale.

Ceci nous rend compte pourquoi l'article 557 C. comm.
laisse la femme sous le droit commun en ce qui est des
biens qu'elle possédait avant de se marier. La
loi présume que les acquisitions qui ont procuré ces
biens n'ont pas diminué l'actif du mari depuis le mariage. Dès lors, au rebours de ce qui a lieu pour les acquisitions postérieures, ne trouve-t-on, du moins en
principe, ni prohibition, ni restriction défavorable à la
femme.

68. D'abord, pas de prohibition. La conséquence c'est
que la femme peut prétendre aux biens acquis à titre
onéreux avant le mariage, que le prix en ait été tiré ou
non de la bourse du mari et aux biens acquis à titre gratuit, qu'ils lui soient venus du mari ou d'un tiers. Peu
importerait même, à cet égard, dans quelles circonstances auraient été faits les avantages ou libéralités du
mari à la femme. Par exemple, il ne serait pas de conséquence qu'ils eussent eu lieu aux environs du mariage
ou que, lors de ces donations, les époux se fussent trou-
vés en commerce irrégulier.

Voici, du reste, sur ces points, les très justes remarques d'un maître [1] : « Les dispositions des articles 558 et
suivants et surtout 564, étant exceptionnelles et rigoureuses, ne doivent pas être étendues d'un cas à un autre,
même parfaitement analogue. Si les actes critiqués sont

---

1. Note de M. Labbé. Sir. 80-1 338 *in fine*.

intervenus entre personnes étrangères l'une à l'autre en fait comme en droit, il n'y a certes pas même raison d'appliquer les sévérités de la loi commerciale. Le mariage qui survient ne doit pas rétroagir sur un passé licite et exempt de fraude. Si les actes sont intervenus entre personnes vivant comme mariées, l'analogie existe. Mais alors le fait d'un mariage ultérieur est indifférent : et la question est purement de savoir si une règle tracée pour le mariage est susceptible d'extension au concubinage. Il serait bien hardi d'appliquer une disposition édictée en vue du mariage à une situation où le mariage n'existe pas. Certes on n'étendrait pas la règle *pater is est*, etc... Dès lors, les règles de droit commun répressives de la fraude sont la seule garantie des créanciers. »

Il faut ajouter, avec le même jurisconsulte, que la Cour de cassation, encore que n'ayant pas eu à trancher la question *in terminis*, penche aussi à l'application du droit commun. Un arrêt des Requêtes [1] a statué sur l'hypothèse d'une donation faite par le mari à sa femme, antérieurement au mariage, et dont l'objet avait été exclu de la communauté dans le contrat anténuptial. « De la part d'un homme qui entrevoit, dans l'avenir, la possibilité d'un mariage avec une femme, faire à cette femme une donation mobilière et avoir la volonté que, à tout événement, l'objet de cette donation n'entre pas en communauté, c'est augmenter l'importance de la donation. Si l'article 564 C. comm. était applicable, l'objet de la donation devrait, à la demande du syndic, être réintégré dans l'actif de la communauté à l'égard et

---

1. Rej., 10 novembre 1879. Sir. 80. 1. 338.

au profit de la masse. Or, l'action avait été rejetée et le pourvoi n'a pas été admis. »

69. Il convient pourtant de signaler ici l'article 564 C. comm. où, par dérogation, le législateur marque une défense et met obstacle à certaines reprises de la femme, fondées sur un appauvrissement du mari, antérieur au mariage. Ledit article, pour faire tête aux collusions entre futurs époux, prohibe l'action réelle de la femme sur les biens qu'elle a reçus du mari par contrat de mariage. Peu importent à cet égard, la nature du bien donné, qu'il soit corporel ou non, la nature du droit conféré, qu'il soit propriété ou un démembrement, ou enfin la modalité de la donation, que cet avantage soit conditionnel ou pur et simple.

Mais il est essentiel de faire, touchant cette exception, les remarques que voici :

70. D'abord, la femme ne perd pas, dans tous les cas, ses avantages matrimoniaux, mais seulement quand le trafic existait lors du mariage ou quand, n'ayant pas alors de profession déterminée, le mari est devenu marchand dans l'année. Cette limitation, ignorée du Code de 1807, vient d'une pensée d'adoucissement favorable à la femme et conçue lors de la réforme de 1838. Elle revient à dire que, pour subir la perte des avantages matrimoniaux qui lui viennent du mari, la femme doit avoir pu prévoir, lors de son mariage, l'événement d'une faillite.

71. En second lieu, dans les cas où la femme subit l'article 564, ce même article résout, en récompense et à son profit, les avantages matrimoniaux qu'elle avait pu consentir à son mari. De sorte que, pour rendre la situation d'une femme ayant épousé un commerçant ou

un homme qui, alors sans profession, a ouvert boutique dans l'année, il ne serait pas inexact de la déclarer titulaire de deux actions en reprise procédant de son contrat de mariage. Seulement de ces actions elle n'en exercera jamais qu'une seule, l'une ou l'autre suivant les événements. Pour les biens que le mari a, par contrat, donnés à sa femme, celle-ci a une action réelle en reprise, mais qu'elle perdra si le mari tombe en faillite. Pour les biens que la femme aurait donnés à son mari, la femme a également une action en reprise : mais, au contraire de ce qui a lieu pour la première, elle ne l'exercera que si son mari est en faillite. D'où, l'événement de la faillite est ici, à la fois, condition résolutoire et suspensive : résolutoire, pour l'action en reprise des biens reçus du mari, suspensive pour l'action en reprise des biens donnés au mari.

**72.** Et ceci prête à une réflexion. C'est que, si, le plus souvent, en pratique, les créanciers du failli ont intérêt, contre la femme, à faire résoudre les avantages matrimoniaux de celle-ci et, par suite, à soutenir que son mari était, lors du mariage ou l'année d'après, dans le cas de l'article 564 C. comm., il pourrait quelquefois arriver que la femme y eût intérêt contre les créanciers. Il est vrai que, pour cela, plusieurs circonstances devraient concourir. D'abord il faudrait une femme qui eût, par contrat, fait à son conjoint des libéralités plus larges que celles qu'elle aurait reçues de lui. Il faudrait, ensuite, que le mari n'eût pas acquis d'immeubles à titre onéreux depuis le mariage ou ne l'eût fait que pour immeubles de peu de valeur. En effet, l'art. 563, C. comm., dans les mêmes circonstances où a lieu l'article 564, amoindrit l'assiette de l'hypothèque légale de la femme : résul-

tat parfois très dur pour la femme, qui, naturellement,
n'aura plus alors intérêt à prouver que le mari avait été
commerçant lors du mariage ou dans l'année.

**73.** Quoi qu'il en soit, femme et créanciers pourront
être souvent en conflit sur l'existence des conditions
qui rendent applicable l'article 564 C. comm. Mais, dans
les procès de cet ordre, les tribunaux sont souverains
appréciateurs. En effet, les points soulevés alors sont de
pur fait : le mari était-il commerçant lors du mariage ?
L'était-il dans l'année qui a suivi ? et, si oui, avait-il,
en se mariant, une profession déterminée ? Là-dessus,
la Cour suprême n'aurait rien à voir. Elle n'aurait qu'à
chercher si, des circonstances relevées par les juges,
ceux-ci auraient bien déduit le droit. C'est ainsi qu'un
arrêt de la Cour de Paris a souverainement déclaré que
l'état de clerc de notaire ne forme pas une profession
déterminée au sens des articles 563 et 564 C. comm. [1].

De même, les juges seraient libres de puiser leur conviction dans tel genre de preuve qu'il leur conviendrait
de choisir : ils ne seraient pas, notamment, liés par les
énonciations du contrat de mariage. Ainsi, la qualité de
commerçant qu'aurait prise le mari dans ce contrat ne
serait pas un motif nécessaire d'appliquer l'article 564,
si l'exactitude de la mention, à la date du contrat, était
contredite par les faits de la cause [2]. La femme ou les
créanciers, suivant que l'une ou les autres seraient
intéressés à ce qu'on n'appliquât pas l'article 564, pour-

---

1. Paris, 9 février 1867. Sir. 310.
2. Besançon, 13 février 1856. Sir. 367. — Req., 24 janvier 1872.
Sir 231. — Pont, *Priv. et Hyp.* t. I, n° 443. — Aubry et Rau, t. III,
§ 264 *ter*, p. 236. — Lyon-Caen et Renault, t. II, n° 3056.

raient contester cette exactitude. Mais il faut préciser qu'ils seraient tenus d'administrer une preuve. La mention du contrat fournirait contre eux une présomption. La Chambre des Requêtes (24 janvier 1872) a décidé ainsi dans une espèce où les créanciers du failli réclamaient contre sa femme l'application de l'art. 563 C. comm. Mais, la théorie de l'article 563 C. comm., concordant au point de vue des conditions à remplir avec l'art. 564, il faut croire que la Cour de cassation adopterait ce même avis, le cas échéant, 1° contre une femme qui résisterait à la demande des créanciers d'appliquer l'article 564; 2° contre des créanciers qui, dans le cas marqué plus haut (n° 72), auraient intérêt, pour ne pas voir la femme reprendre les avantages faits à son mari, à écarter ce même article.

**74.** Pas de restriction défavorable à la femme : c'est le second point, ai-je dit plus haut, en quoi se distingue la reprise des biens acquis avant le mariage. D'où, en principe, il suffit à la femme, pour ressaisir ces biens, de prouver, comme sous le droit commun, qu'elle a un droit privatif. Cela comprend, d'abord, l'exhibition d'un titre d'acquisition et, en second lieu, la preuve que les règles de son régime matrimonial ne lui ont pas fait perdre son droit sur ces biens, soit par une entrée en communauté, soit parce que le mari en aurait acquis la propriété, comme il advient parfois sous le régime dotal ou exclusif de communauté (art. 557, 560 et arg. de ces articles). Nul besoin, dès lors, pour la femme qui se réclame, par exemple, d'une acquisition onéreuse, de prouver que le mari ne s'est pas appauvri, au sujet de cette acquisition, depuis le mariage.

**75.** Il faut pourtant noter ici l'article 560 C. comm.

qui pose une exigence de plus que celles que je viens
de signaler. Il n'institue pas, à mon avis [1], d'exception,
au moins dans la pluralité des régimes. Mais, cet article figurant au milieu des dérogations spéciales à la
femme et étant de grande importance, un mot à son
sujet est nécessaire.

L'article 560 C. comm. est spécial, je l'ai déjà dit
(n° 65), aux acquisitions « d'effets mobiliers » et voici de
quelle pensée il procède. La nature fuyante et instable
des meubles, le caractère occulte de leur déplacement
prêteraient aux collusions, si la loi n'y mettait ordre.
Ainsi, supposez que le contrat de mariage mentionne
l'apport d'objets mobiliers, sans précisions et sans description de ces objets. Rien de plus facile pour le marchand, que divertir, de concert avec sa femme, une
partie du gage de ses créanciers. La femme peut alors
prétendre sur des meubles qu'elle dit être ceux de son
apport mais qui sont, en fait, autres et de plus grande valeur. Ce sont objets précieux qui appartiennent au mari
ou qu'il a, au besoin, acquis avec les fonds des créanciers. Or, étant donné le vague du contrat de mariage,
c'est difficilement que les créanciers pourraient échapper à la fraude. Supposez même qu'une description des
apports eut été jointe au contrat, mais qu'elle figurât sur
un acte sous-seing privé. La même fraude serait à
craindre, aggravée d'une suppression de l'acte descrip-
tif, que les époux remplaceraient, au besoin, par un
autre mentionnant, à la date du premier et comme
objets apportés, les meubles qu'ils voudraient soustraire.

---

1. *Vide infra*, n° 145.

Pour obvier à ces collusions, et bien assurer que les meubles réclamés par la femme seront d'*identité* parfaite avec ceux de l'apport, la loi n'accorde confiance qu'aux reprises mobilières dont la femme justifiera par inventaire notarié ou par tout autre acte authentique. La signature du notaire et des témoins est seule jugée une garantie de sincérité, au double point de vue de la date et de la description des apports. Et par suite, il est très juste de dire, avec un récent arrêt de la Cour de Cassation [1], que l'article 560 C. com. pose « une présomption *juris et de jure* » contre la femme dépourvue d'*instrument* notarié. Cette femme est censée vouloir faire fraude par ses prétentions et les biens réclamés appartenir à son mari, quand même, en fait, le contraire fût vrai. Ces biens deviennent le gage des créanciers « sauf, ajoute l'art. 560, dans une pensée d'humanité facile à saisir, *au syndic à lui (la femme) remettre, avec l'autorisation du juge-commissaire, les habits et les linges nécessaires à son usage* ».

**76.** Ces idées générales marquées à propos de l'art. 560 C. com., voici les conséquences qui en résultent.

**77.** (*a*). Il est nécessaire, mais suffisant, pour observer l'esprit et le texte de cet article, que la femme ait un acte authentique contemporain de l'apport des meubles qu'elle réclame ou, du moins, antérieur à cet apport.

D'après cela, l'article 560 C. com. serait obéi si, par exemple, les meubles apportés avaient été énumérés

---

1. Civ. cass. et rej. 22 novembre 1886 (Dall. 87. 1. 113). Cet arrêt très capital par les solutions qu'il pose et par celles qu'il fait pressentir, reviendra souvent dans la suite de mon étude. Il est dû à la plume de M. le conseiller Manau, dont le lumineux et savant rapport a paru dans la *Gazette du Palais* (nos des 15 et 16 avril 1887).

et décrits dans le contrat de mariage. — Il en serait de même si, ces apports provenant d'une donation, la femme produisait l'état estimatif y annexé en conformité de l'art. 948 C. civ. — De même, au cas où les effets mobiliers apportés procéderaient d'une succession antérieurement recueillie par la femme, il suffirait qu'elle exhibât un inventaire fait après le décès du *de cujus*. La Cour de Cassation, dans l'arrêt signalé ci-dessus (civ. rej. 22 nov. 1886), est allée plus loin encore. Elle a déclaré que l'inventaire ne devait pas nécessairement avoir été fait après le décès du *de cujus*. Il suffirait qu'à l'aide d'autres actes authentiques, antérieurs à ce décès, on pût établir l'importance de la succession, si toutefois le juge du fait déclarait que les meubles recueillis par la femme n'étaient pas autres que ceux qui figuraient dans ces actes.

**78.** (*b*). Il n'y a pas à faire état, dans l'application de l'article 560 C. com., de l'époque où le commerce du mari aurait été entrepris. Outre, en effet, que le texte est absolu, les motifs de l'article sont dans ce sens. Les fraudes qu'on a voulu prévenir, telles que substitution de certains meubles à d'autres et altération de la date d'un écrit, ont lieu surtout après le mariage et il les faut craindre alors, quel que soit le temps où le mari aura ouvert boutique.

(*Sic*. Rouen, 16 avril 1857. Sir. 58,2,52).

**79.** (*c*). Il n'y a pas à distinguer, non plus, entre les modes d'acquisition; et ce, pour les mêmes motifs. Si les époux peuvent colluder, ils le feront, que la femme ait acquis les meubles à titre gratuit ou à titre onéreux.

**80.** (*d*). Il semblerait, au contraire, d'une première vue, qu'il ne faut pas appliquer l'article 560 C. com. à toutes sortes d'objets mobiliers. Les seuls meubles corporels, à

l'exclusion notamment des créances nominatives, seraient, d'après cela, soumis à la preuve authentique.
En effet, pour les meubles incorporels, la fraude qu'a
eue principalement en vue le législateur, c'est-à-dire
la substitution d'un objet à un autre, ne paraît pas
être à craindre. Et l'on pourrait aussi s'appuyer du
texte de l'art. 560, § 2, lequel dit que, à défaut de
l'acte authentique, les « effets mobiliers, *tant à l'usage
du mari qu'à celui de la femme,* » seront acquis à la
masse ; or, une créance ne peut être dite « à l'usage »
de son titulaire.

Malgré ces raisons, l'arrêt de la Chambre civile du
22 novembre 1886 paraît marquer une tendance contraire. Cet arrêt tranche, il est vrai, une question tout
à fait différente de celle-ci, mais il pose en motif que
« l'art. 560 du Code de commerce comprend, dans les
mots... *effets mobiliers,* tout ce qui est censé meuble
d'après les règles de la loi... (art. 535, C. civ.) », ce qui
suffit à préjuger la solution future de la Cour suprême
sur la question présente. Au fond, cette solution doit
être approuvée.

On peut faire valoir en ce sens, avec ledit arrêt, l'article 560, § 1, qui parle d'une façon générale « d'effets
mobiliers » : mais il faut surtout faire état de l'art. 558
C. comm. qui procède de la même pensée que 560.
En effet, ce dernier article soumet à l'acte authentique, non seulement les effets mobiliers que la femme
s'est constitués par contrat de mariage, mais aussi
ceux qui lui sont advenus par succession ou donation. Or, l'art. 558, prévoyant le cas où la femme aurait
acquis un immeuble avec deniers provenant de succession ou de donation, c'est-à-dire non seulement

recueillis dans la succession ou la donation, mais procédant d'une créance qui y a été perçue, l'article 558 exige l'acte authentique pour prouver l'origine de ces deniers. S'il en est ainsi, dans un cas où l'on suppose que la femme reprend, *par voie indirecte*, le produit d'une créance, à plus forte raison cette solution s'imposerait-elle si la femme voulait faire *directement* reprise du titre même.

**81.** (*e*). L'article 560 C. comm. ne serait pas écarté par une clause du contrat de mariage, qui dispenserait la femme de toute preuve ou seulement de preuve authentique. Autrement, en effet, rien ne serait plus facile que de détruire l'art. 560 : il serait à la portée des époux d'enlever, par avance, aux tiers une garantie que leur a donnée la loi contre les collusions.

(*Sic*, Metz, 26 mai 1868, Dall., 70, 2, 80 ; Paris, 9 février 1867, Sir. 309.)

**82.** (*f*). Une preuve, rapportée par la femme, de la sincérité des actes non authentiques produits ne serait pas relevante, non plus qu'un défaut de contestation, par les créanciers, de la sincérité de ces actes. C'est ce qu'a décidé, à fort bon droit, l'arrêt du 22 novembre 1886.

**83.** (*g*). Mais, au contraire de ce même arrêt, il faut admettre que la reconnaissance, par les créanciers, de la sincérité des actes non authentiques produits par la femme, ferait échapper celle-ci aux dispositions de l'article 560 C. comm. « Ces dispositions, en effet, on l'a très bien dit [1], n'édictent pas une règle de forme... Le

---

1. Mémoire en défense présenté à la Cour de cassation par M. Choppard, lors du procès tranché par l'arrêt de 1886. (Paris. Typographie et lithographie Vᵉ Renou et Maulde.)

législateur n'a pas entendu imposer des formes *solen-nelles* ou *sacramentelles*... pour donner naissance à la créance de la femme : celle-ci existe indépendamment de tout inventaire ou état authentique : la loi a seulement déterminé le mode d'après lequel elle devait en fournir la *preuve* à l'égard des créanciers de son mari. Quel est le but de la loi ?... Protéger les créanciers... contre le danger des collusions..., mais lorsque la légitimité des réclamations est reconnue par les créanciers ? Ceux-ci n'ont plus alors besoin de protection. Pour quelle raison pourraient-ils exiger l'accomplissement de formalités désormais sans intérêt à leur égard ? N'arrive-t-on pas ainsi à dénaturer la pensée du législateur... en subordonnant l'existence même du droit de la femme à des conditions qui sont relatives seulement à sa justification ? »

Ces raisons n'ont pas fléchi la Chambre civile, qui s'est appuyée, pour y répondre, du caractère absolu de la présomption qui résulte de l'art. 560 contre la femme dépourvue d'acte authentique. « Il s'agit ici, dit-elle, d'une présomption *juris et de jure*. » Sans doute : mais l'art. 1352 *in fine* C. civ. permet, contre les présomptions légales, la preuve résultant de l'aveu. Or, la reconnaissance que feraient les créanciers de la sincérité des actes non authentiques formerait un aveu contraire à la présomption qui les protège. Ne s'agissant pas ici, d'autre part, de matières d'ordre public, nul motif n'est à donner pour exclure les règles générales en matière d'obligation.

84. L'absence de prohibitions et de restrictions défavorables à la femme, en ce qui est des biens apportés, ne laisse pas cependant les créanciers du mari sans dé-

fense. Il est des cas où ceux-ci peuvent, soit mettre
obstacle à la reprise de la femme, soit obtenir d'elle
une indemnité.

**85.** D'abord, l'article 1167 C. civ. ne perd pas ici son
empire. Que l'on suppose, par exemple, une donation
faite par le mari à la femme antérieurement au mariage,
mais dans le dessein de frauder les créanciers, ou encore, le mari ayant remis, dans le même dessein, à sa
future femme la somme que devait celle-ci à un tiers
pour prix d'une vente. Dans le premier cas, le bien
donné reviendrait à la masse ; dans le second cas, la
femme devrait à celle-ci restitution de la somme : tout
cela par la vertu de l'action Paulienne.

**86.** En second lieu, il ne faut pas oublier que l'absence de prohibitions et de restrictions au regard des
biens apportés en mariage repose simplement sur une
présomption. A raison de la date, le législateur présume que l'acquisition de ces biens n'a pas causé d'appauvrissement au mari *depuis* le mariage. Or, de là
vient une double conséquence.

(*a*). Les créanciers ont le droit de s'attaquer à la base
même de cette présomption. En d'autres termes, ils
peuvent prouver que la date de l'acquisition n'est pas
sincère et qu'au lieu d'être antérieure au mariage l'acquisition est, en réalité, postérieure.

Le résultat de cette preuve tournera le plus souvent
au profit des créanciers. En effet, s'agit-il d'un bien
donné par le mari, d'un bien acheté avec les fonds du
mari ? Par le changement de la date, la libéralité du mari,
de valable qu'elle était, deviendra inefficace : le bien
sera acquis aux créanciers. S'agit-il d'un bien acheté
avec les fonds de la femme ou d'un tiers ? Le change-

ment de la date placera la femme sous les art. 558 et 559. Celle-ci sera présumée s'être enrichie aux dépens de la masse et sera tenue à la preuve contraire, si elle veut faire reprise de ce bien.

**87.** (*b*). Les créanciers de la faillite ont encore le droit d'administrer la preuve contraire à la présomption qui couvre la femme, c'est-à-dire de démontrer que le mari a, *depuis le mariage*, fait un déboursé gratuit à propos de l'acquisition litigieuse. Par exemple, l'immeuble à reprendre a été acquis à titre onéreux avant le mariage, mais payé depuis par libéralité du mari.

En effet, l'art. 559 C. comm. qui, pour les acquisitions postérieures au mariage, institue une présomption hostile à la femme, accorde à celle-ci la preuve contraire. Or, ici, où la présomption nuit aux créanciers, pourquoi leur dénier cette preuve? Un tel refus irait à des iniquités et à un enrichissement de la femme en désaccord avec l'esprit de la loi.

Logiquement, et selon les idées émises plus haut[1], cette preuve, faite par les créanciers, devrait empêcher la reprise du bien litigieux par la femme. J'ai dit, en effet, que l'esprit de la loi commerciale était d'empêcher la reprise de biens dont l'acquisition aurait appauvri le mari depuis le mariage. Néanmoins, le texte de l'art. 557 C. com. ne disant rien là dessus, il faut décider que la femme devra seulement récompense à la faillite pour la valeur du débours. C'est la solution des principes généraux qui, absent un texte contraire, doivent seuls prévaloir.

---

1. Nº 63.

No 2. — Reprise de biens acquis par la femme postérieurement à son mariage

SOMMAIRE

88. Pour traiter de la reprise des biens acquis postérieurement au mariage, il convient de distinguer suivant
qu'il s'agit de biens acquis du mari ou de biens acquis
d'un tiers.

### (A). *Biens acquis du mari.*

89. Parlant, d'abord, des biens que la femme aurait
acquis gratuitement, il faut poser en principe que, de ce
chef, l'action en reprise est irrecevable. Peu importe qu'il
s'agisse d'une donation faite actuellement, depuis le mariage, ou que la femme se prévaille, dans la faillite de son
mari décédé, d'une institution contractuelle ou d'un legs.

90. En ce qui est des biens reçus par donation actuelle, le Code de commerce n'en interdit pas, il est vrai,
expressément la reprise. C'est ce qui a fait soutenir par
un auteur que la femme pourrait la réaliser sans difficulté : conclusion, de prime abord, assez spécieuse, étant
donnée la nécessité d'un texte pour consacrer des exceptions au droit commun.

Néanmoins, cet avis n'a été suivi ni par les arrêts,

ni par la doctrine, et c'est à bon droit. L'ensemble
des articles du Code de commerce, spéciaux à la femme,
exprime assez l'intention qu'a eue le législateur d'empêcher la femme de faire un gain au détriment des créanciers du mari. Ainsi, d'une part, l'article 559 C. com.
prohibe la reprise des biens dont le mari a gratuitement payé le prix d'achat ; l'article 564 C. comm.
d'autre part, annule, dans certains cas, les avantages
matrimoniaux, c'est-à-dire des donations irrévocables.
A plus forte raison, doivent tomber des libéralités qui
ont été faites directement et qui sont essentiellement
exposées à révocation [1]. Et, à cet égard, pas de distinction à faire. C'est ainsi qu'il ne faudrait pas, comme
le semblent soutenir certains auteurs [2], restreindre la
solution qui précède au cas où le mari aurait été commerçant lors de la donation ou le serait devenu dans
l'année. Cette solution résulte, en effet, non pas du seul
art. 564 C. comm., mais de l'ensemble des dispositions
sur la femme du failli ; or, cela ne distingue pas. Au
surplus, aucun motif de distinguer : il serait également
scandaleux, dans tous les cas, que la femme s'enrichît
quand les créanciers souffrent.

**91.** Quant aux libéralités faites par institution
contractuelle ou par legs, la femme ne peut, de droit
commun, s'en prévaloir. C'est le sort de tels actes de
disposition qu'ils n'ont jamais effet au préjudice des

---

1. Paris, 1ᵉʳ août 1879. Sir. 80. 2. 249. Req. 2 mars 1881. Sir. 145.
Rapport de M. le conseiller Demangeat et note 2 de M. Labbé. Demangeat sur Bravard : *Dr. comm.*, t. V, p. 571 en note. Bédarride : *Faill.
et Banquer.*, III, nº 1044. Lyon-Caen et Renault, II, nº 3057. — *Contrà*,
Massé : *Dr. comm.*, t. II, nº 1313.

2. Lyon-Caen et Renault, *loc. cit.*, note 1.

créanciers. Sur ce point donc, la faillite du mari n'est pas plus dure à la femme que le serait la déconfiture si le mari ne tenait pas boutique. On peut même dire que la loi commerciale est moins rigoureuse que la loi civile.

Qu'on n'oublie pas, en effet, l'article 564 C. com., lequel s'applique aux donations de biens à venir tout autant qu'à celles de biens présents, puisqu'il exclut « toute action » fondée sur avantages matrimoniaux. Or, d'une part, ledit article ne frappe ces avantages que dans certaines circonstances. D'autre part, et c'est le point capital à noter comme différent du droit commun, il résout au profit de la femme les avantages matrimoniaux qu'elle aurait faits à son mari.

D'où se renouvelle une réflexion, déjà faite touchant les biens présents donnés par contrat de mariage, mais qui trouve ici encore plus d'à-propos. C'est que la femme d'un failli, qui aurait reçu, par contrat de mariage, une donation de biens à venir, aura très souvent intérêt à perdre la reprise de ces biens en vertu de l'article 564 C. comm. Elle sera facilement tentée (si l'intérêt de son hypothèque légale n'y met pas obstacle)[1] de faire remonter au jour du mariage, ou à l'année qui l'a suivi, l'ouverture du commerce. De toutes façons, en effet, elle perdrait ses biens : mieux lui vaut, en les perdant, reprendre ceux qu'elle avait donnés. On comprend, d'ailleurs, que dans ces tentatives elle se heurtera toujours à une opposition des créanciers. Les tribunaux de fait seront juges souverains du différend.

**92.** Au contraire de ce qui a lieu pour les acquisitions gratuites, la femme peut réclamer les biens acquis à titre

---

1. *Vide suprà*, n° 72.

onéreux de son mari, pourvu que l'acquisition n'ait été ni illicite[1] (arg. art. 1595 C. civ.), ni incompatible avec le régime des époux.

Mais les conditions de reprise seront plus rigoureuses qu'en droit commun. La femme devra prouver la sincérité de son titre d'acquisition, c'est-à-dire qu'elle a fourni sur ses propres, ou au moyen d'un emprunt, l'équivalent du bien acquis, ou qu'elle est, en réalité, tenue de le fournir, quitte, en ce dernier cas, à payer à la faillite le prix dû de l'acquisition. Cette solution paraît imposée par l'art. 559 C. comm. « La présomption légale est que les biens acquis par la femme du failli appartiennent à son mari » dit cet article. Il ajoute, il est vrai, « ont été payés de ses deniers » : ce qui paraîtrait, à première vue, limiter la disposition aux cas où il s'agirait de biens acquis d'un tiers. Mais ce n'est pas fait pour contrarier mon avis : car, si l'article 559 institue cette présomption touchant les acquisitions faites d'un tiers, il doit, à plus forte raison, atteindre les biens acquis du mari, au sujet desquels la fraude est plus à suspecter.

### (B). *Biens acquis d'un tiers.*

**93.** La reprise serait impossible, dans le cas où le mari aurait *gratuitement* fourni à la femme l'équivalent qu'elle a dû prester à son cocontractant, par exemple le prix d'achat, ou le bien donné en échange (arg. art. 559 C. comm.). Peu importerait que l'avantage, procuré par le mari, eût été fait de bonne foi.

---

1. Voir, sur la jurisprudence relative aux contrats à titre onéreux entre époux, l'ouvrage précité de M. Hauriou.

94. La reprise serait toujours possible dans tous les autres cas.

A cet égard, aucune acception à faire ni du titre de l'acquisition, gratuit ou onéreux, ni de la nature du bien acquis, meuble ou immeuble, ni de la personne avec qui avait contracté la femme, cette personne serait-elle même un proche parent du failli. Le projet de loi de 1807 établissait, il est vrai, une présomption d'interposition contraire à la femme dans le cas de donation faite par un proche parent du failli ; mais cela ne fut pas maintenu et n'a pas été rétabli. C'est aux créanciers qu'il incombe de faire la preuve s'ils allèguent que le proche parent est une personne interposée (arg. art. 557 à 560 C. comm.).

De même, il importerait peu que la femme eût figuré en personne à l'acte d'acquisition ou bien par un mandataire ou un *negotiorum gestor*. Il suffit, en effet, que cet acte ait eu lieu en son nom (arg. art. 558 C. com.). Le représentant de la femme à l'acquisition aurait-il été le mari, que ce ne serait pas un obstacle à la reprise. Mais il faut signaler ici que, si le mari, sous le régime de communauté, a acheté un immeuble en déclarant qu'il y employait des deniers propres de sa femme, l'acceptation de celle-ci serait nécessaire. Or cette acceptation relèverait des art. 446 et 447 C. com., au cas où elle serait intervenue dans la période marquée par lesdits articles.

Enfin, il semble que la femme pourrait reprendre son bien, encore qu'elle l'eût acquis avec fonds prêtés par son mari. A cela le texte de l'article 559 n'est contraire qu'en apparence. En l'édictant, en effet, on n'a voulu obvier qu'aux appauvrissements du mari, aux avantages qui pourraient nuire à la masse. Or, tel n'est pas le caractère d'un prêt, lequel ne diminue en rien le patrimoine de celui qui le consent, mais substitue, dans ce patrimoine, une créance à la place des fonds versés. — Il est bien entendu, seulement, que la masse aurait action en remboursement contre la femme et pourrait, en tant que le régime matrimonial le supporterait, exercer sur le bien acquis un droit de rétention.

**95.** Mais si la femme n'encourt, pour le droit à la reprise, aucune prohibition, il s'en faut que, du côté des conditions de cette reprise, elle demeure, dans tous les cas, sous le droit commun. — Pour le bien entendre, il sied de voir à part les acquisitions gratuites et les onéreuses.

**96.** En ce qui est des acquisitions à titre gratuit, il suffit, en principe, que la femme prouve, selon le droit commun, son droit privatif sur le bien à reprendre. Le titre seul dénote que le mari n'a rien déboursé, depuis le mariage, au profit de sa femme, ou du moins il le fait présumer (art. 557-560 C. com.). Les créanciers ont, il est vrai, le droit de s'attaquer à la base de cette présomption [1] : ils peuvent, à cet effet, prouver que le titre, en apparence gratuit, est en réalité onéreux. Cette preuve administrée placerait la femme sous les exigences exceptionnelles de l'article 559 C. com. Mais, jusque-là, provision est due au titre, lequel laisse la femme sous le droit commun du côté des preuves à faire et de la forme dont elle doit user.

En ce dernier point, pourtant, l'article 560 C. com. apporte une dérogation [2]. Il impose relativement aux successions et donations mobilières, la preuve de l'identité des effets par inventaire ou par acte authentique

1. *Vide suprà*, n° 86.
2. On a vu plus haut (n° 75), et l'on verra, par la suite (n° 145 dans quelles limites doit être entendue cette proposition.

Cette condition a pour but d'assurer la sincérité des reprises : elle se rejoint avec la disposition, déjà vue, du même article touchant les effets mobiliers apportés en mariage. Elle aboutit, ici comme là, à une présomption, *juris et de jure*, de fraude contre la femme qui n'use pas du moyen de preuve imposé. Et toutes les conséquences tirées plus haut [1] de l'esprit de notre article, en ce qui est des meubles apportés, reviennent ici à propos des meubles acquis gratuitement depuis le mariage. — Le seul point qu'il faut signaler, c'est que l'article 560 ne paraît pas applicable au cas où la femme allègue un don manuel. Ce don excluant tout acte écrit, on ne peut reprocher à la femme de ne pas exhiber de titre notarié. La preuve testimoniale, qui démontre le don, prouvera aussi l'identité [2].

**97.** Pour les acquisitions à titre onéreux, la femme est tenue d'apporter une double preuve.

**98.** La première, c'est celle du droit privatif qui lui permet d'enlever à la masse le bien prétendu. La femme doit exhiber, d'abord, le titre d'acquisition (vente, échange, acquisition sur licitation), qui l'a rendue propriétaire. Elle doit, de plus, prouver que le régime que lui fait soit la loi, soit son contrat de mariage, ne lui a pas enlevé cette propriété pour l'attribuer, suivant les cas, à la communauté ou au mari.

La justification de la propriété se fera par les modes du droit commun, sans que la femme soit astreinte à une forme solennelle. D'où, l'on peut tenir pour certains les points que voici :

---

1. Nos 77 et suiv.
2. Cf. Reg. 28 novembre 1886. Sir. 67. 1. 110. Douai 11 avril 1884. Sir. 156.

1° L'article 560 C. com. n'a pas d'empire sur les acqui-sitions mobilières à titre onéreux[1].

Cette solution, à vrai dire, peut mériter critique. Rien, en effet, comme je l'ai noté déjà[2], ne sépare un meuble acquis à titre onéreux d'un meuble acquis à titre gratuit, du côté des fraudes à craindre entre époux. A vouloir créer un système préventif, harmonique et sé-rieux, il fallait que la loi imposât, comme pour les acquisitions antérieures, l'acte authentique à toutes les acquisitions de meubles, à titre gratuit ou onéreux, pos-térieures au mariage. Pourtant elle ne l'a pas fait (arg. art. 559, 560 C. com.). Peut-être par inattention, le législateur ne s'étant placé que dans l'hypothèse d'une communauté d'acquêts, où seuls les meubles apportés ou acquis gratuitement sont propres à la femme. Peut-être à dessein, le législateur craignant qu'imposer l'au-thenticité ne fût plus dur à la femme, pour les acqui-sitions onéreuses faites après le mariage, que pour les autres. En effet, s'agit-il de meubles acquis antérieure-ment, à titre gratuit ou onéreux ? Les époux ayant for-cément recours au notaire pour le contrat anténuptial, rien de plus facile que de lui faire constater ces apports. S'agit-il de meubles acquis gratuitement ? La preuve authentique viendra souvent d'elle-même à la femme : actes de liquidation ou inventaires de successions se font d'habitude devant notaire et, quant aux donations, leur validité est soumise aux formes solennelles et à la rédac-tion d'un état estimatif (art. 948 C. civ.). Rien de tel, au contraire, pour les acquisitions à titre onéreux, qui se

1. Sic Lyon-Caen et Renault, t. II, n° 3047.
2. *Vide suprà*, n° 79.

peuvent faire et se font souvent par acte sous seing
privé.

2° A plus forte raison, faut-il rejeter l'avis de certains
auteurs qui, se réclamant de l'article 558 C. com., soutiennent les uns pour le cas d'échange[1], les autres pour
le cas d'achat[2], que le titre d'acquisition, invoqué par la
femme du failli en preuve de sa propriété, mobilière ou
immobilière, devrait être authentique.

Cet avis, qui a été également adopté par un arrêt de
Nancy du 17 janvier 1846[3], est condamné par le silence
de l'art. 559 et aussi par les termes de l'art. 558. On
verra, plus bas, en effet, que, si cet article exige un
acte authentique, c'est uniquement pour prouver, dans
un cas exceptionnel, l'origine des deniers. Or, il ne s'a-
git pas ici de cet ordre de preuves, mais uniquement de
prouver le fait de l'acquisition.

**99.** Le second point que doit établir la femme, c'est
que l'acquisition dont elle se prévaut n'a pas été, pour
elle, l'occasion d'un avantage que lui aurait fait son mari.
(arg. art. 559).

Cette règle revient à dire que, motif pris de la date de
l'acquisition et du titre onéreux qui l'a procurée, la
femme est présumée avoir reçu libéralité de l'équivalent
fourni par elle à son cocontractant. Et, comme ces sortes
d'appauvrissements sont proscrits, la femme est, par
suite, présumée avoir fait fraude à la loi. En réparation,
la masse se voit attribuer le bien acquis. Et ce résultat
se produit sans distinction sur le moment où le mari

---

1. Demangeat sur Bravard, t. V, p. 529, note 2.
2. Boistel, nᵒ 1014.
3. Sirey, 47. 2. 130.

aurait entrepris le commerce. Ainsi, s'agirait-il d'une acquisition réalisée par la femme, bien longtemps avant que le mari fût devenu commerçant : la femme ne serait pas mieux traitée, et la présomption de fraude ne serait pas plus faible que pour une acquisition postérieure à l'ouverture de la boutique. C'est irrationnel, a-t-on dit [1]. Dans tous les cas, ce n'est pas fortuit. Le législateur a voulu qu'un fait, aussi pénible pour les créanciers que l'est une reprise en nature, n'eut lieu qu'avec les plus strictes garanties de sincérité.

Au surplus, la femme n'est pas sans défense contre cette présomption.

Elle en peut, d'abord, contester la base, en s'attaquant à la sincérité soit de la date, soit du titre de l'acquisition. Ainsi, elle échapperait à l'article 559, pour se placer sous le bénéfice de l'article 557, en démontrant que l'acquisition à titre onéreux dont elle s'appuie n'est, en effet, qu'une libéralité déguisée.

Elle peut, en second lieu (et ceci nous ramène à la condition posée ci-dessus), s'attaquer à la présomption même et démontrer, à l'encontre, que le mari ne s'est appauvri en rien au sujet de l'acquisition invoquée. Pour marquer la portée de cette preuve contraire et la forme dans laquelle elle peut être faite, il faut voir successivement plusieurs hypothèses dans lesquelles les créanciers et la femme se pourront trouver en conflit. L'hypothèse la plus fréquente, et qu'a eue surtout en vue l'art. 559 C. civ., est celle où la femme se réclame d'un achat. C'est d'elle qu'il va être traité en premier lieu et le plus en détail. Puis il conviendra de préciser, d'un mot, si et

---

1. Lyon-Caen et Renault, t. II, n° 3055.

dans quelle mesure, les règles posées sur cette hypothèse conviennent aux cas où la lutte des créanciers et de la femme porte sur un échange, sur l'acquisition d'un fonds dont la femme n'avait d'abord en propre qu'une part indivise, enfin des constructions élevées par la femme sur ses propres.

**100.** (A). Dans le cas où la femme se prévaut d'un achat, elle doit prouver que le mari ne lui a pas, soit par don manuel, soit par versement aux mains du vendeur, fait libéralité du prix.

Elle réussirait dans cette preuve, en démontrant que le prix d'achat n'a pas encore été payé. Cette hypothèse n'exige pas d'explications.

Dans le cas, au contraire, où le prix aurait été payé, la preuve de la femme est plus complexe. Elle devra tendre à ce double fait : 1° que la femme a eu à sa disposition des fonds ne provenant pas d'un avantage du mari ; ce qui aura lieu si elle a reçu un prêt [1] ou si elle a pris les fonds dans son patrimoine [2] (*Origine des deniers*) ; 2° qu'elle a effectivement appliqué les fonds à l'acquisition invoquée (*Emploi des deniers*). Or, un mot est à dire sur chacun de ces points.

---

1. Tout cela en supposant, cela va de soi, que le régime adopté par les époux est compatible avec un emprunt contracté par la femme.

2. De même, il faut supposer que le régime nuptial : 1° laisse propres à la femme ses deniers : ce qui exclut la communauté légale, sauf le cas de l'art. 1401, 1°, *in fine* ; 2° autorise la femme à faire de ces deniers une acquisition en propre. Ainsi en est-il, sous la séparation de biens ou sous le régime dotal, pour les sommes paraphernales. *Quid* sous les autres régimes, à défaut de clause d'emploi dans le contrat ? Là-dessus controverse, que les articles 558 et 559 C. comm. ne tranchent pas et qui, relevant des principes généraux, reste hors de mon cadre (Cf. Lyon-Caen et Renault, t. II, n° 3043).

101. (1°). Qu'on suppose, d'abord, l'origine des deniers établie et qu'il s'agisse uniquement d'en prouver l'*emploi*.

Il faut observer que l'emploi de fonds est un pur fait matériel. La conséquence est que la preuve en peut résulter de tous moyens. La femme ne sera pas astreinte, à cet égard, aux exigences de l'article 1341 C. civ.; preuve écrite et, notamment, déclaration dans l'acte d'acquisition ne sont pas requises [1]. Et les juges ont, du côté de la vraisemblance des moyens apportés, plein pouvoir d'appréciation. En vertu de ces principes, des arrêts ont décidé qu'il pourrait être fait état des énonciations mises sur la quittance du prix d'achat (Grenoble, 28 juin 1858, Sir. 59, 2, 249) ou, simplement, des présomptions tirées des circonstances de la cause (Lyon, 26 mars 1878, et req. 1er décembre 1879, Sir. 80, 1, 308).

102. L'article 558 C. comm. déroge à ces règles sur un point. Dans le cas d'immeubles acquis avec deniers provenant de successions ou de donations, c'est-à-dire, comme on l'a fort exactement précisé, quand la femme « a reçu ou recueilli, par succession, legs ou donation, soit une somme d'argent qui doit lui rester propre, soit une créance propre dont le montant a été payé [2] », il exige, en preuve de l'emploi, une déclaration insérée dans l'acte.

Du caractère exceptionnel de l'article 558 C. civ., viennent quelques conséquences :

D'abord, aucune raison d'analogie ne saurait le faire

---

1. Tout cela, bien entendu, sans préjudice des règles spéciales aux divers régimes matrimoniaux. Ainsi, sous la communauté, les articles 1434 et 1435 C. civ. gardent leur empire.

2. Lyon-Caen et Renault, t. II, n° 3043.

étendre, comme le voudraient certains auteurs [1], à d'autres hypothèses que celles qu'a visées le texte. Ainsi, pour les achats de meubles, quelle qu'ait été l'origine des fonds, le retour au droit commun ne trouve pas obstacle, non plus que pour les achats d'immeubles au moyen de fonds ne procédant pas de successions ou de donations [2].

En second lieu, même en admettant que la déclaration dans l'acte fût requise dans tous les cas, c'est la seule exigence qu'on puisse poser pour la preuve de l'emploi.

Ainsi, nul besoin que la déclaration mentionne, d'une façon spéciale et distincte, l'origine des deniers, bien qu'en pratique, cette mention se fasse le plus souvent.

(Cf. Aubry et Rau, t. V, § 507, texte et note 70).

Ainsi, dans le cas où le prix est payé postérieurement à l'achat et où la déclaration d'emploi a été seulement anticipée, la quittance donnée par le vendeur ne doit pas, à peine de déchéance de la femme, porter que le paiement est fait avec les deniers propres que celle-ci, ou son mari en son nom, se proposait d'employer.

(Req. 8 novembre 1886, Sir. 87, 1, 61 [3]).

103. (2°). La femme, ayant à prouver l'*origine des deniers*, satisfera pleinement à ce devoir si elle démontre qu'ayant eu droit, à titre, soit précaire par voie d'em-

---

1. Voir plus bas, n° 114, à la note. — *Adde*, Nancy, 17 janvier 1846 (Sir. 47. 2. 130).

2. Sic Req., 1er décembre 1879. Sir. 80, 1. 308.

3. Voir aussi dans ce recueil, et joints à cet arrêt, le rapport de M. le conseiller Babinet et la note anonyme.

prunt, soit de propriété, à certaines sommes, elle les a,
ou son mari, réellement touchées. Ainsi en sera-t-il si
elle exhibe un contrat de prêt constatant numération des
espèces. De même si elle prouve avoir reçu un don manuel, ou réalisé des bénéfices dans une industrie séparée,
ou enfin avoir recueilli, dans une succession, soit une
somme d'argent, soit une créance dont l'acquittement
est démontré par la quittance de son débiteur.

Il faut même croire que la loi n'est pas aussi exigeante
et qu'il suffirait à la femme de prouver le droit aux
sommes sans être tenue d'établir le fait de la réception,
lequel résulterait indirectement des preuves de l'emploi. C'est à quoi paraît tendre la jurisprudence. Un
arrêt de la Chambre civile (Civ. rej. 8 janvier 1844,
Sir. 164) a prononcé que, si la femme allègue comme
origine des deniers une constitution de dot, elle n'a
qu'à exhiber le contrat de mariage. Nul besoin de produire, en outre, une reconnaissance de la dot par le
mari. Or, pour être logique, la Cour suprême devra, le
cas échéant, admettre les points que voici :

(a). Si la femme invoque un emprunt, la numération
des espèces n'a pas besoin d'être démontrée.

(b). Si elle prouve qu'elle, ou son mari, a vendu l'un
de ses propres, elle n'est pas obligée de produire la quittance du prix remis à son acquéreur.

(c). Si elle prouve que des créances lui sont échues
dans une succession, elle n'est pas tenue d'établir
qu'elle a été payée par ses débiteurs.

**104.** A première vue, tout cela semble contraire à l'esprit de la loi en cette matière, qui est d'obvier à la fraude.
On n'est sûr de l'origine propre des deniers que quand la
femme a prouvé non seulement qu'elle y a eu droit mais

aussi qu'elle les a eus en mains. Or, paraît-il, cette réception ne résulte pas suffisamment de la preuve de l'emploi. En effet, l'emploi même n'est établi que par voie indirecte. La déclaration dans l'acte, à ne citer que le mode de preuve le plus rigoureux et le plus proche de l'exactitude, peut être frauduleuse et n'est pas, dans tous les cas, également décisive. Ainsi, on l'a vu (n° 102), l'article 558 C. comm. n'exige pas qu'elle porte mention de l'origine des deniers, ni qu'elle s'appuie d'une quittance justificative, au cas où le prix d'acquisition serait payé séparément. C'est donc, en dernière analyse, un mode incomplet et dont l'insuffisance, peut-on dire, ne se comprendrait pas, si la loi n'eut, de par ailleurs, exigé la preuve de la réception des deniers.

Néanmoins le texte et l'esprit de la loi s'opposent à pareille exigence. L'article 558 C. comm. requiert, pour preuve de l'origine des deniers provenant de successions ou donations, *un inventaire* ou tout autre acte authentique ; or, un inventaire, notamment pour les créances échues dans une succession, ne prouvera pas réception des deniers mais seulement le droit, acquis par la femme, d'en avoir versement. Au surplus, en imposant à la femme de sérieuses justifications, la loi n'a pas, pour cela, voulu la réduire à l'impossible ; or, la femme n'a pas, le plus souvent, en mains de quoi prouver la réception des fonds. Ainsi, pour les fonds constitués en dot, la quittance émane du mari et se trouve en possession du débiteur ; de même pour la vente des propres, la quittance du prix, qu'aura délivrée le plus souvent le mari, est aux mains de l'acquéreur. D'où, la femme ne saurait être forcée à rapporter ces actes et il serait trop dur de rien exiger d'elle que la preuve du droit aux sommes[1].

**105.** L'objet de la preuve à fournir par la femme étant bien fixé ; il convient de préciser comment et en quelle forme cette preuve doit être fournie. Il faut, à cet égard, voir séparément le cas où la femme a reçu, à titre de prêt, le prix de l'acquisition et le cas où elle l'a puisé dans son patrimoine.

**106.** Quand la femme se prévaut d'un prêt, elle en doit faire la preuve par écrit, si la somme prêtée excède cent cinquante francs. Mais, en retour, aucune exigence du côté de la forme : l'acte d'emprunt peut être authentique ou sous seing privé. Sur ce point, en effet, les articles 558 et 559 C. civ. ne dérogeant pas au droit commun, il ne saurait être suppléé à leur texte.

**107.** L'hypothèse de fonds pris dans le patrimoine de la femme se peut vérifier en trois rencontres diverses. Ou bien, les fonds ont été acquis directement par cette femme ; ainsi elle a recueilli du numéraire par voie de succession ou de donation. Ou bien, ils sont le produit direct d'un propre de la femme ; par exemple, elle a été payée du capital ou des intérêts d'une sienne créance. Ou enfin, elle a réalisé la vente de l'un de ses propres, mobiliers ou non, corporels ou incorporels, et le prix en a été remployé à l'achat dont elle se réclame.

Dans ces divers cas, un fait doit être prouvé par la femme, c'est la propriété qu'elle a ou qu'elle a eue du bien qui, directement ou non, lui a procuré les deniers. A cette preuve, elle doit, dans le troisième cas, joindre celle de la vente dudit bien.

---

[1]. Voir, sous Civ. rej. 8 janvier 1844 Sir. 164, le résumé des mémoires produits, à cette date, devant la Cour de cassation.

**108.** Le preuve de la vente ne prête pas à difficultés. L'article 1341 C. civ. paraît devoir être appliqué à son égard. Mais la preuve de la propriété exige des distinctions.

**109.** Si la femme n'a pu, pour cette preuve, se procurer d'acte écrit, parce que l'origine des deniers ne comportait pas un tel mode de constatation, la preuve testimoniale et les présomptions seront admises dans tous les cas. Ainsi en est-il quand la femme allègue un don manuel, des bénéfices faits dans un commerce séparé, un gain à la loterie. Ici encore, la loi n'a pas voulu soumettre la femme à des conditions impossibles.

(Paris, 9 février 1867, Sir. 309. — Rapport précité de M. Babinet sur req. 8 novembre 1886, Sir. 87, 1, 61. Lyon-Caen et Renault, n° 3144 et suiv.).

**110.** Si la femme a pu se procurer une preuve littérale, il suffit, mais il est nécessaire qu'elle exhibe les actes constatant son acquisition. Au surplus, ces actes peuvent être sous seing privé ou authentiques ; mais, dans le premier cas, l'écrit devrait avoir date certaine, obtenue par les moyens de l'article 1328 C. civ.

En un point, toutefois, l'article 558 C. comm. vient renchérir sur ces exigences. Il veut que l'origine des deniers soit prouvée par inventaire ou par acte authentique quand ils proviennent de successions ou de donations postérieures au mariage et qu'il s'agit de l'achat d'un immeuble. Cette disposition se rejoint, par la pensée d'où elle est issue, à celle de l'article 560 C. comm. : elle a pour but, bien que la précédant dans l'ordre des articles, de la compléter et d'en garantir l'observation. D'où, en combinant les articles 558 et 560 C. comm., l'on peut dire que le législateur a voulu assurer la sincérité des reprises mobilières, qu'elles soient effectuées directement par une reprise en nature (article 560 C. comm.) ou indirectement à titre d'emploi ou de remploi. Et, de même que, dans le cas de l'art. 560 C. comm., la femme dépourvue de preuve notariée serait présumée, d'une présomption absolue, avoir fait fraude aux créanciers, de même en serait-il pour le cas de l'article 558.

**111.** Mais il est essentiel de ne pas oublier que l'article 558 C. comm., participant en cela de la nature des articles qui l'entourent, est une dérogation au droit commun. La conclusion à tirer, c'est qu'il doit être interprété avec rigueur : et en voici trois importantes conséquences.

**112.** 1° L'article 558 C. comm., ne doit pas être étendu au delà de son texte, même dans les cas où la pensée de la loi l'imposerait et où ce serait nécessaire pour assurer l'observation de l'article 560 C. comm. et en éviter la violation indirecte.

Ainsi, d'une part, l'article 558 ne prévoit que l'hypothèse d'une acquisition d'immeubles. C'est exclure les acquisitions de meubles, au sujet desquelles pourtant la fraude est à craindre au même degré que pour toutes autres.

Ainsi, d'autre part, ledit article vise, comme origine des deniers, les successions ou donations.

Il en résulte, d'abord, que les deniers procédant d'apports matrimoniaux, lesquels auraient dû cependant être visés, pour mettre en harmonie les art. 558 et 560, pourront faire l'objet d'une preuve conforme au droit commun.

En second lieu, les mots de l'article « deniers prove-

nant de successions ou donations » ont, je l'ai déjà noté
(n° 102), un sens précis. Ils désignent uniquement les
deniers recueillis directement à titre gratuit et ceux
qui seraient provenus de créances recueillies au même
titre. Ils laissent donc en dehors le cas où les deniers re-
présenteraient le prix de vente de meubles acquis par
succession ou donation. L'esprit de l'article est, il est
vrai, quelque peu contraire au texte : mais ici le texte
seul doit être pris en considération.

**113.** 2°. Encore moins faudrait-il, élargissant la pensée
qui a fait naître l'article 558 C. comm., soutenir que cet
article serait l'indice et l'expression d'une théorie plus
générale. En d'autres termes, il serait faux de prétendre
que toute femme, qui veut prouver son droit de propriété sur un bien, est astreinte, en ce point, aux règles
exceptionnelles du Code de commerce, non seulement
pour la reprise de ce bien en nature, mais aussi quand,
des deniers en étant provenus de façon ou d'autre, ils
ont été employés ou remployés à l'achat d'autres biens.
Ainsi, à mon opinion, la femme, voulant reprendre un
immeuble, qu'elle aurait payé de fonds procurés par la
vente d'un propre acquis à titre onéreux depuis le mariage, ne serait pas tenue de prouver que l'acquisition
de ce propre s'était faite sans préjudice pour les créanciers. Elle prouverait suffisamment son droit par l'exhibition de son titre en conformité du droit commun.

A vrai dire, cette solution peut étonner au premier
abord. Reprise directe en nature ou reprise indirecte,
sous la forme d'un bien acquis en remploi, ne semblent
pas être choses bien différentes. Au surplus, rien d'aussi
facile, avec cela, que de tourner les articles 558 et 559.
Le bien qu'elle ne pouvait reprendre, comme acquis

dans des conditions que la loi commerciale tient suspectes, la femme en fera vente, et, le prix étant employé à l'achat d'un autre bien, elle opérera reprise de ce dernier et prouvera avec succès, par son acte de vente, qu'elle n'a pas pu détourner les fonds des créanciers. Tout cela est fort exact : mais la loi commerciale n'a rien fait pour fermer issue à de telles fraudes. Nul système général de garanties n'existe, mettant sur un même pied la preuve en cas de reprise en nature et la preuve en cas d'emploi ou de remploi. Le seul coin où se fasse jour cette idée, est l'article 558 C. comm., et son texte, bien insuffisant à réaliser de tout point la pensée du législateur, ne souffre aucune extension.

**114**. 3°. Mais ce qu'il faudrait surtout répudier, c'est l'exigence, que posent certains auteurs [1], d'un inventaire ou d'un acte authentique, dans tous les cas où la femme veut prouver l'origine des deniers ; par exemple, même quand elle se prévaut de la vente d'un immeuble propre. De telles vues, en effet, ne heurtent pas seulement le texte de l'article 558 C. comm., lequel ne parle que de deniers provenant de successions ou donations, alors que l'article 559 C. comm. laisse les choses sous le droit commun. Elles faussent surtout l'esprit de l'article 558 C. comm. Cet article, en effet, n'est destiné, comme l'article 560, qu'à prévenir les fraudes possibles en matière mobilière. Dès lors, il serait fort mal à propos d'étendre les règles qu'il pose à des cas, comme la vente d'un immeuble, où de tels dangers ne sont pas

---

1. Bédarride, *Faillites*, t. III, n° 1006. — Bravard et Demangeat, t. V, p. 529. — *Contrà* : Massé, t. II, n° 1335. — Petiet : *De la preuve en matière de reprises matrimoniales*, n° 19. — Lyon-Caen et Renault, t. II, n° 3044.

à craindre. Et cela d'autant mieux que, dans les cas prévus par l'article 558, l'exigence de l'acte authentique n'est pas très dure, s'agissant alors de successions ou de donations (*vide supra* n° 98), tandis qu'en d'autres cas ce serait trop astreindre la femme.

**115.** Sur les trois conséquences qui viennent d'être tirées du caractère exceptionnel de l'article 558 C. com., il convient de marquer ce que juge la jurisprudence ou du moins à quoi elle incline.

**116.** En ce qui est de la dernière conséquence (n° 114), il n'est pas téméraire de penser que la jurisprudence s'y rallierait. A cet égard, l'on peut faire état d'un arrêt des Requêtes, déjà mentionné, du 1 décembre 1879 (Sir. 80, 1, 308). Cet arrêt, statuant sur la preuve de l'emploi des deniers, a décidé que l'article 558 C. comm. prescrivait un mode exceptionnel qui devrait être restreint à l'hypothèse prévue, sans s'étendre notamment aux acquisitions de meubles. Or, nulle raison de décider autrement pour la preuve de l'origine des deniers ; et c'est à bon droit que, dans un procès récemment jugé aux Requêtes, le Conseiller rapporteur a pu dire : « Votre jurisprudence ne semble pas disposée à exagérer les précautions et à renchérir sur les textes de la loi invoqués (art. 558, 559)... » [1].

On ne saurait, dès lors, s'appuyer, contre mes inductions relatives à la tendance de la Cour suprême, sur certains termes, d'abord équivoques, de l'arrêt qui est alors intervenu (Req. 8 novembre 1886). A la vérité, cet arrêt, rendu touchant l'hypothèse de deniers provenus d'une vente de propre, dit que le remploi a été opéré

---

1. Rapport précité de M. Babinet (Sir. 87, 1, 62, col. 3, *in medio*).

« conformément aux prescriptions de l'article 558 C.
comm. » et que notamment « les ventes ont été réalisées
par des actes authentiques qui rendent certaine la quotité des sommes acquises à la femme ». Mais la pensée
du rédacteur de l'arrêt s'éclaire par le rapport dont il l'a
fait précéder. On y voit exprimé que l'art. 558 est spécial
aux deniers provenant de successions et de donations et
que l'article 559, qui « embrasse d'autres hypothèses encore », reconnaît « le droit pour la femme de faire la preuve
contraire par tous les moyens possibles. » Joignez que
l'arrêt n'avait pas à trancher le point dont il s'agit ici. En
fait, la femme se trouvait avoir observé l'article 558 C.
comm. et la Cour le constatait. Mais la Cour n'a pas dit
que, faute de cette observation, la femme eût été exclue.

La jurisprudence des Cours d'appel n'est pas contraire
aux vues de la Cour suprême. — On trouve deux arrêts
qui touchent un peu à notre question. Le plus récent
(Paris, 9 février 1867; Sir. 309) prévoit, il faut le reconnaître, une hypothèse où la femme n'avait pu se
procurer de preuve littérale et il admet alors tous les
moyens de preuve, à quoi nul, même les partisans de
l'extension de l'article 558 [1], ne contredirait. Mais les
motifs de cet arrêt, élargissant le débat, précisent que
l'article 558 doit être pris strictement et que, hors du cas
visé par lui, « aucune preuve spéciale n'est imposée à la
femme ». Le second arrêt (Nancy, 17 janvier 1846; Sir.
47, 2, 129), ayant trait à la preuve de l'emploi de deniers apportés par la femme, c'est-à-dire non visés par
l'article 558, prononce, il est vrai, que cette preuve relève néanmoins des prescriptions dudit article, et doit

---

1. Voir, à cet égard, Demangeat sur Bravard, t. V, p. 530, note.

être faite par déclaration dans l'acte d'achat. Il expose, en termes assez étendus, que les mots « preuve contraire » de l'article 559 doivent être expliqués par l'article 558. Toutes choses qui heurtent nos conclusions. Toutefois cet arrêt, sur le point spécial, dont il s'agit ici, de la preuve de l'origine des deniers, n'y est pas contraire. Il ne touche, d'abord, à ce point qu'en passant, et puis, s'il le fait, c'est pour dire que la preuve doit être faite « par titre légal ». Or, nous dit en note l'arrêtiste qui publie cette décision, « nous sommes informés que la Cour s'est servie ici à dessein de ces mots, parce que ceux de *titre authentique* lui auraient paru avoir quelque chose de trop absolu ».

**117.** En ce qui est des deux premières conséquences, tirées du caractère de l'article 558 C. comm., (n°s 112 et 113) les propensions de la Cour suprême ne paraissent pas, à premier aspect, faciles à définir. A prendre, en effet, les arrêts qui peuvent mettre sur la trace de ces tendances, deux courants s'y font sentir, dont chacun va, logiquement, à une solution opposée touchant les points dont il s'agit.

**118.** Que l'on consulte d'abord les arrêts précités de la Chambre des Requêtes du 1er décembre 1879 et du 8 novembre 1886. On y puisera l'impression que la Cour suprême n'exigerait pas, le cas échéant, de la femme du failli, voulant prouver son droit de propriété sur un bien qui, transformé en argent, lui aurait servi à en acquérir un autre, les preuves exceptionnelles des articles 558 à 560 C. comm.

L'arrêt de 1886 affirme le caractère dérogatoire de l'article 558 ; ce qui va à dire que ses dispositions, et, encore moins, la pensée qui les a inspirées, ne visent pas d'autres hypothèses que celles qu'a prévues son texte.

Quant à l'arrêt du 1ᵉʳ décembre 1879, décidant que l'article 558 ne saurait s'appliquer aux acquisitions de meubles, puisque le texte n'en parle pas, sa portée est encore plus formelle. La conclusion logique à en tirer, c'est 1° que le même article serait jugé inapplicable même aux immeubles, s'ils avaient été acquis avec des fonds procédant, directement ou non, d'un apport de la femme ou produits par la vente de meubles acquis gratuitement depuis le mariage ; 2° que l'article 559 C. civ., ne régissant la preuve de la propriété de biens acquis à titre onéreux que si les biens sont à reprendre en nature, laisserait en dehors de sa sphère le cas où le prix de ces biens aurait été employé.

**119.** Mais ces impressions s'effacent si l'on regarde sur d'autres points ce que décide la jurisprudence et notamment deux arrêts, l'un de la Chambre des Requêtes (Req. 16 janvier 1877 ; Sir. 169), l'autre de la Chambre civile (Civ. cass., 22 novembre 1886 ; Dall. 87, 1, 113), cassant un arrêt de Dijon du 4 février 1884 [1] et déjà cité plusieurs fois. — Le premier de ces arrêts, prévoit le cas d'un des propres mobiliers que vise l'article 560 C. comm., et qui avait été vendu avant l'exercice des reprises. Le prix n'en ayant pas été remployé, ce qui formait différence avec l'espèce dont je traite, la femme se présentait comme créancière. La Chambre des Requêtes l'a jugée soumise à l'article 560 C. comm., et obligée comme si elle voulait reprendre son propre en nature, d'user en preuve d'un inventaire ou d'un autre acte authentique. — Dans la seconde espèce, il s'agissait de meubles dits

---

1. Sir. 85, 2, 25.

propres imparfaits, tels que sommes d'argent ou titres au porteur, lesquels ne peuvent être repris que sous deux formes, par la voie d'action personnelle ou hypothécaire ou par l'action en revendication d'un bien acquis à suite d'emploi. L'emploi ayant fait défaut dans l'espèce, la femme se présentait seulement comme créancière. La Chambre civile, tirant une conclusion fort logique, d'après moi [1], de la jurisprudence inaugurée par l'arrêt des Requêtes, a prononcé que, même dans ce cas, l'article 560 C. comm. serait applicable.

Ces solutions amènent aussi à dire, on le verra, que la femme, créancière du prix d'un immeuble, acheté depuis le mariage et revendu, n'agirait efficacement que munie des preuves des articles 558 et 559 C. civ. Mais il me paraît qu'elles vont, plus logiquement encore, à décider, le cas échéant, contre l'avis qui me paraît indiqué par le texte de la loi, dans la question présente de la preuve de la propriété des deniers employés ou remployés. Si l'on pose, en effet, comme nécessaires les preuves des articles 558 à 560 quand, le prix ou la valeur d'un propre n'ayant pas été employés, la femme fait valoir, de ce chef, un droit de créance, à plus forte raison les faut-il exiger si ce prix ou cette valeur ont été appliqués à l'achat d'un bien. Dans ce dernier cas, en effet, c'est une reprise en nature que fait la femme et à titre de propriétaire. Or, plus de garanties doivent être assurées aux créanciers pour ces sortes de reprises que pour celles qui s'appuient d'un droit de créance : c'est un point indiscutable et sur les conséquences duquel il sera revenu plus bas.

---

1. *Vide infrà*, nos 193-194.

Et les conclusions à tirer de tout ceci, c'est que la Chambre civile aboutit, par son récent arrêt, à des conséquences contraires au texte des articles 558 et 559, et que la Chambre des Requêtes, dans ses arrêts de 1879 et de 1886, n'a pas appliqué les conséquences qui, en bonne logique, naissaient du principe de son arrêt de 1877. Et pourtant ce principe, elle ne l'a pas répudié puisque l'arrêt de Dijon du 4 février 1884, qui lui était contraire, a pu être cassé par la Chambre civile.

**120.** Les développements qui précèdent (n⁰ˢ 99 à 119) sur les exigences posées par les articles 558 et 559, en matière d'achat réalisé par la femme, supposent une controverse élevée par les créanciers touchant la sincérité des dires de celle-ci. Mais il faut croire que la femme n'y serait plus astreinte dans le cas inverse.

D'où : 1° Plus d'obligation de prouver que son mari n'a rien déboursé gratuitement au sujet de l'acquisition prétendue, si le fait est tenu pour certain par les créanciers.

2° Pas de déchéance à craindre si, la femme revendiquant un immeuble acquis avec des deniers provenant de successions ou donations et prouvant l'origine de ces deniers ou l'emploi selon le seul droit commun, les créanciers déclarent probants et sincères les moyens dont elle fait usage.

Le motif de ces propositions se fait clairement voir. C'est pour assurer la sincérité des reprises et pour garantir les créanciers que les articles 558 et 559 C. comm. ont été créés : ce résultat atteint, et de l'aveu des créanciers, ceux-ci n'ont plus besoin de protections qui les enrichiraient injustement. Au surplus, les articles 558 et 559 C. comm. édictent des présomptions contre lesquelles l'aveu fait preuve. Pour l'article 559, en effet, il réserve la preuve contraire sans limiter le mode, et l'article 558, posant une présomption *juris et de jure*, relève de l'article 1352 C. civ. qui admet, contre ces sortes de présomptions, l'aveu et le serment.

**121.** Sur ces points, voici à quoi incline la jurisprudence.

Ses décisions amènent à conclure qu'en principe, et dans les cas prévus par l'article 559 C. com., elle dispenserait la femme des exigences de cet article devant l'aveu, fait par les créanciers, de la sincérité des reprises. On trouve un arrêt des Requêtes, déjà cité, du 8 janvier 1844 (Sir. 164) qui, touchant la preuve d'un emploi de deniers dotaux à l'acquisition d'un immeuble, a fait état, pour traiter la femme sans rigueur, de ce que l'emploi avait été reconnu par les syndics de la faillite du mari, lors de la vérification des créances. Au surplus, l'arrêt du 22 novembre 1886 se fonde (n° 83), pour ne tenir aucun compte de l'aveu des créanciers, dans le cas de l'art. 560 C. com., sur le caractère absolu de la présomption résultant de cet article. Or, au cas de l'article 559, la présomption n'est plus absolue puisque une preuve contraire est réservée à la femme. Dès lors, très logiquement, la Chambre civile devrait admettre, pour cette preuve contraire, l'aveu comme tout autre mode.

Mais, dans l'hypothèse particulière de l'article 558 C. com., cette même théorie de l'arrêt de 1886 inviterait à ne pas se contenter, comme je le soutiens, des moyens de preuve de droit commun, malgré la reconnaissance de la sincérité de ces moyens. Alors, en effet, la présomption de la loi est, comme celle de l'article 560, absolue; ce qui, au dire de cet arrêt, exclut toute sorte de preuve contraire. On a critiqué plus haut (n° 83) cette doctrine et les objections qu'elle a fait naître se représentent ici avec la même force.

**122** (B.) Jusqu'ici, j'ai supposé que la femme se prévaut d'un achat. C'est le seul cas qui se rencontre dans les recueils de jurisprudence. — Si l'on suppose le fait d'un échange, les principes sont les mêmes, mais moins difficiles à mettre en œuvre.

La femme est tenue de prouver que le mari ne s'est pas appauvri au sujet de cette acquisition.

Si l'échange a eu lieu sans soulte, l'exhibition de l'acte fera, par elle seule, preuve complète que l'équivalent, fourni par la femme au copermutant, provient de son patrimoine propre. Il ne serait pas nécessaire que la femme prouvât, selon les exigences des articles 558 à 560 C. com., la propriété qu'elle avait du bien donné en contre-échange. A la vérité, la solution contraire éviterait les fraudes commises pour éluder ces articles et peut-être aussi que les principes de l'arrêt du 22 novembre 1886 dicteraient ici, comme pour le prix des biens remployés, l'application desdits articles. Mais, le texte de la loi ne disant rien là dessus, il serait téméraire d'y ajouter. — Pour la même raison, l'on ne saurait exiger un acte authentique qui prouverait soit l'acquisition du bien donné en contre-échange, soit surtout le contrat d'échange.

Si l'échange a eu lieu avec soulte, la femme est tenue de prouver l'origine des deniers comme pour le cas d'achat (art. 558 et 559 C. com.). Mais le défaut de preuves ne paraît pas devoir entraîner les mêmes conséquences dans toute rencontre. Il est juste de distinguer suivant que la soulte est, ou non, supérieure en valeur à l'objet donné par la femme en contre-échange.

Dans la première hypothèse, l'échange est, au fond, un achat et, dès lors, l'immeuble acquis doit appartenir à la masse. Dans la seconde, il suffira que la femme rembourse aux créanciers le montant de la soulte. Alors, en effet, l'attribution à la masse serait contraire au vœu de la loi et au bon sens, puisque le bien acquis représente, en majeure partie, un bien propre de la femme.

**123.** (C.) Il faut supposer maintenant que la femme du failli, ayant en propre une part indivise sur un immeuble, a, postérieurement au mariage, acquis, moyennant soulte ou prix de licitation, la totalité des fonds ou une part supérieure à la quotité où elle avait droit. La position de cette femme, du côté des preuves à fournir pour sa reprise, sera différente suivant la date et l'origine de son indivision. Telle est, du moins, la propension de la jurisprudence.

**124.** Dans le cas où la femme aurait acquis sa part indivise sur l'immeuble soit avant le mariage, soit postérieurement à titre gratuit, il est certain que la Cour de Cassation la jugerait soustraite aux articles 558 et 559 C. com. Nulle obligation, pour la femme, d'établir l'origine des deniers, même en la forme ordinaire des preuves. — A l'appui de cet avis, on peut citer, en effet, un arrêt de la chambre civile (civ. rej. 10 nov. 1869; Sir. 70, 1, 8). L'espèce à juger était le cas d'un immeuble dont un failli était propriétaire par indivis à suite de succession et qu'il avait acquis en totalité par licitation ou partage. Il s'agissait de savoir si la femme du failli pourrait exercer, sur la totalité de cet immeuble, son hypothèque légale. On verra que l'art. 563 pose, par rapport aux immeubles du mari et sur la portée de l'hypothèque légale, une distinction semblable à celle des articles 557 à 559, en ce qu'elle exclut l'action de la femme sur les immeubles acquis à titre onéreux par le mari depuis le mariage. D'où, en réalité, le procès à juger posait la question dont il s'agit ici : la licitation ou le partage devait-il être jugé acquisition onéreuse postérieure au mariage ou participer de l'acquisition qui avait été la cause de l'indivision ? Or voici que la Chambre civile a tenu pour le dernier de ces avis et par des motifs qui le feraient adopter aussi dans notre hypothèse. L'arrêt se réclame de l'article 883 C. civ. et de ses « effets absolus [1] » et il qualifie l'attribution faite à la femme, à suite de licitation ou de partage, de « simple mode de lotissement, *le titre de propriété continuant de résider dans les causes mêmes de l'indivision* ». La femme, dès lors, par l'effet rétroactif du partage, est censée, suivant les cas, avoir acquis, soit avant le mariage, soit postérieurement à titre gratuit, non seulement la part qu'elle avait à titre indivis, mais la totalité de l'immeuble. De ce chef, elle jouit du bénéfice de l'article 557 et de la présomption, y contenue, que le mari n'a pas été appauvri depuis le mariage, par le partage ou par la licitation.

Il est bien entendu que, la présomption de l'art. 557 admettant la preuve contraire (*vide suprà* n° 87), les créanciers peuvent démontrer contre la femme que l'acquisition, faite par elle, de la totalité de l'immeuble, procède des fonds du mari. Mais cela n'amènerait jamais attribution de cet immeuble à la masse. On sait, en effet, ce

---

1. Nul besoin de discuter ici cette opinion, acquise en jurisprudence, sur l'effet absolu de l'art. 883 C. civ. Il suffit de constater que, pour ceux qui ne l'admettent pas, la solution posée au texte est inadmissible. Le caractère onéreux de la licitation et du partage n'étant pas voilé par des fictions, l'art. 559 C. comm. s'impose.

qui a été dit là dessus touchant la présomption de l'article 557 (n° 87). La femme serait uniquement tenue à récompense, par application des principes généraux (*vide suprà eod. loc.* cf. art. 1408 § 1, C. civ.)

**125.** Dans les cas où la femme aurait acquis sa part indivise par une cession de droits successifs, postérieure au mariage, le principe, posé par l'arrêt du 10 nov. 1869, que « le titre de propriété continue de résider *dans les causes mêmes de l'indivision* », aboutit à placer la femme sous les articles 558 et 559 comme ayant acquis à titre onéreux depuis son mariage. Elle est tenue d'établir, non seulement en ce qui est de la part indivise, mais aussi pour les parts acquises dans la suite, que le mari n'a rien déboursé *gratuitement.* Au défaut de cette preuve, l'immeuble ou les parts d'immeuble, suivant la rencontre, resteraient acquis aux créanciers. Une telle solution a, il est vrai, le tort, dans le cas où la preuve de la femme ne fait défaut que pour une part d'immeuble, de mêler aux opérations, assez compliquées déjà, de la faillite, celles, non moins pénibles et coûteuses, d'un partage entre la femme et les créanciers. Et peut-être des esprits, soucieux avant tout de l'équité et des facilités pratiques, inclineraient-ils à laisser, dans ce cas, à la femme l'immeuble entier, se bornant à exiger d'elle une indemnité représentant la part ou les parts au sujet desquelles elle ne pourrait faire les preuves requises. Mais, l'article 559 attribuant impérieusement à la masse les biens dont l'acquisition sincère n'est pas démontrée, force est, quoi qu'on en ait, de l'appliquer ici à la lettre.

**126 (D).** L'hypothèse peut se présenter de constructions ou plantations faites par la femme du failli sur ses propres depuis le mariage. Mais les principes généraux du droit civil, combinés avec les dispositions des articles 557 à 559, suffisent à la régler. En effet, l'article 553 C. civ. présume, sauf preuve contraire, que les constructions ou plantations, faites sur un terrain, appartiennent au propriétaire et ont eu lieu « à ses frais ». Dès lors, voici la distinction à poser :

Pour les immeubles acquis antérieurement au mariage, ou même postérieurement mais à titre gratuit, la femme qui exhibera son titre de propriété sera censée avoir payé les constructions ou plantations faites par elle depuis le mariage. Aux créanciers de prouver le contraire et, s'ils le faisaient, la femme devrait indemnité à la faillite.

Pour les immeubles acquis à titre onéreux depuis le mariage, les constructions ou plantations faites dessus figureront dans l'actif de la faillite tant que la femme n'aura pas, relativement aux acquisitions, apporté les preuves des articles 558 et 559. Jusque-là, en effet, c'est le mari qui est propriétaire. Mais il suffirait que ces preuves eussent été apportées pour que la femme jouît, à son tour, du bénéfice de l'article 553 C. civ., sans être tenue à aucune preuve touchant les constructions. Tout au contraire c'est elle qui attendrait, de la part des créanciers, les preuves hostiles à la présomption qui la couvrirait.

#### Nᵒ 3. — Reprise du capital d'une assurance sur la vie

SOMMAIRE

8

127. La femme d'un commerçant, voulant parer à la gêne où la mettrait la mort prématurée de son mari, a stipulé d'une Compagnie d'assurances une somme payable lors de cet événement: ou bien, c'est le mari qui, par affectueuse prévoyance, a fait cette stipulation : ou encore, c'est un tiers, par exemple, le père ou le frère de cette femme. Vienne la faillite du commerçant : il s'agit de savoir si les articles 559 et 564 C. comm. donneront alors mainmise aux créanciers du failli sur le capital de l'assurance ou si la femme aura seule droit à ce capital.

La question ne peut se présenter si l'on suppose le failli vivant, mais seulement dans le cas de faillite après décès, ou de mort du failli survenant au cours des opérations de la faillite [1]. Non pas, comme on le dit à tort,

---

1. Montpellier, 20 mars 1885, *Journal des faillites*, 1885, p. 372. — 15 mars 1886, *Gaz. Pal.* 86, 1, 397.

que le capital d'une assurance sur la vie ne commence d'exister que par le fait de la mort. L'obligation de la Compagnie est créée et acquise aux assurés du jour du contrat. Mais elle n'est exigible qu'au décès, ou, si l'on veut, elle est soumise à la condition de survie de la femme [1]. Force est donc de ne pas devancer l'époque de la mort du commerçant, qui seule rendra exigible le capital d'assurance. Jusque-là, nulle possibilité pour le syndic de réaliser la créance par voie d'achat ou de transaction. On n'est pas sûr, en effet, qu'au moment de sa mort, le mari sera encore en faillite et que ses créanciers ne seront pas entièrement désintéressés.

Cela posé, il faut examiner successivement trois hypothèses, en distinguant suivant que la stipulation, faite en faveur de la femme, émane soit de la femme même, soit de son mari, soit d'un tiers.

**128.** 1er cas : *La femme s'est assurée directement, après ou même avant son mariage, sur la vie de son mari ou futur mari.*

Dans ce cas, nul motif d'empêcher la femme de réaliser le capital de l'assurance à l'exclusion des créanciers de son mari.

Certains arrêts ont pourtant voulu assimiler la stipulation de la femme à une acquisition à titre onéreux et appliquer l'article 559 C. comm. D'où, la femme devrait, pour toucher le capital de l'assurance, établir que les primes ont été tirées d'une autre caisse que celle du mari (Caen, 6 décembre 1881, Sir. 83, 2, 33 ; Alger, 9 juin 1885 ; *Gaz. Pal*, 85, 2, p. 601). Mais ce point de vue est inexact.

---

1. Cfr. notes Labbé, Sir. 77, 1, 398, col. *in initio*, 85, 1, 7, col. 1.

**129.** Le texte de l'article 559 C. comm. est inapplicable. En parlant d'acquisitions à titre onéreux, cet article vise les contrats ordinaires d'acquisition, tels que vente ou échange ; mais il n'a pas eu en vue les stipulations d'indemnité, comme un contrat d'assurance sur la vie ou contre l'incendie [1]. L'esprit de l'article 559 est aussi décisif. Cet article veut éviter que le mari détourne par fraude ou emploie mal ses capitaux (*vide suprà* n° 63). Or, ici, pas possibilité de détournements frauduleux, lesquels se font d'habitude en un seul coup et pour grosses sommes. Les primes, au contraire, représentent un prélèvement fait sur le revenu. Il n'y a pas davantage mauvais emploi des deniers du mari. A supposer, en effet, que le marchand eût diverti, pour faciliter à sa femme l'assurance sur la vie, une part de revenus qu'il aurait pu dissiper impunément en dépenses folles, il se serait prêté à un acte prévoyant, dont la moralité ne peut être mise en doute.

**130.** Au surplus, étendrait-on l'article 559 C. comm. à l'assurance sur la vie, que les créanciers n'auraient pas, pour cela, droit au capital. De ce côté, la nature propre et le but du contrat auraient influence. La nature du contrat ; car, si l'assurance est une stipulation d'indemnité, il serait singulier d'en faire profiter les créanciers qui n'ont éprouvé aucun dommage. Le but du contrat ; car s'il est vrai qu'en assurant sa femme, le commerçant ait

---

1. Trib. Clermont, 24 mai 1886, *Gaz. Pal.* 22 octobre. — Besançon, 8 mars 1887, *Gaz. Pal.* 23 mars. — Trib. Reims, 7 avril 1887, *Gaz. Pal.* 23 mai. — Mornard, *Cont. d'ass. sur la vie*, p. 329. — Lefort, *Etudes sur les contrats d'ass. sur la vie*, p. 13. — Conclus. de M. Chevrier devant la Cour de Paris, le 1er août 1879 : Bonneville-Marsangy, première partie, p. 261, note.

bien agi, on ne saurait, comme le fait l'article 559 C. comm. pour les actes de spéculation, pour les achats, transporter l'opération sur sa tête et le traiter comme s'il eût mal fait (cf. n° 63). La vraie façon d'appliquer ici l'article 559 C. comm. ne saurait être que de faire restituer les primes, c'est-à-dire les seules valeurs qui sont sorties du patrimoine du failli. Encore même, si l'assurance était antérieure au mariage, ne faudrait-il rendre que les primes payées depuis.

(Bordeaux, 21 mai 1885, *Gaz. Pal.* 85, 2, 601 ; Montpellier, 15 mars 1886 ; Aix, 24 mars 1886 ; Trib. Clermont, 24 mai 1886 ; Besançon, 28 mars 1887 ; Labbé note sous Paris, 1er août 1879, Sir. 80, 2, 249 ; Ruben de Couder, note sous Caen, 6 déc. 1881, Sir. 83. 2. 33).

**131.** Sous la communauté, la question qui précède suppose qu'on reconnaît propre à la femme qui s'est assurée la créance du capital. Si l'on admettait, en effet, que cette créance fût un acquêt, les créanciers du mari y auraient action en vertu des principes généraux.

(Caen, 6 décembre 1881, Sir. 83, 2, 33).

**132.** 2e cas. *L'assurance a été contractée au profit de la femme par son mari ou par un tiers.*

Il faudrait adopter ici les mêmes solutions que sur l'hypothèse qui précède, si le tiers ou le mari avait été le mandataire de la femme. S'il avait tenu un autre rôle, il faudrait faire des distinctions.

**133.** 1° *Stipulation faite par le mari.* On ne peut mettre en question l'application des articles 559 et 564 C. comm., que dans l'opinion de ceux qui admettent :

(a) qu'en droit commun l'assurance souscrite au profit d'un tiers est propre à ce tiers, à l'exclusion des créanciers du souscripteur ;

(b) que, dans le cas où le souscripteur et le bénéficiaire
sont époux communs en biens, la créance reste en dehors
de la communauté. Or, de ces deux points, nous tien-
drons le second pour acquis : mais il est essentiel d'être
fixé sur le premier.

**134.** La jurisprudence paraît admettre, à l'égard de
ce point, une distinction :

Quand le souscripteur d'assurance au profit d'un tiers
a stipulé directement pour ce dernier, sans rien stipu-
ler pour soi, le capital de l'assurance échappe aux
créanciers du souscripteur. Le stipulant n'a jamais eu ce
bien dans son patrimoine, ses ayants cause ne sauraient
être plus en droit que lui d'y prétendre.

Pour rendre raison de ce résultat, bien des arrêts ont
décomposé le contrat en une stipulation faite par le
souscripteur à son profit, suivie d'une offre au tiers de le
subroger dans la créance. L'acceptation de l'offre, même
après décès du souscripteur, rétroagissant au jour du
contrat, le tiers serait, en vertu de l'article 1121 C. civ.,
censé titulaire *ab initio*[1]. Mais cette analyse est inexacte
et la Chambre civile (2 juillet 1884 Sir. 85, 1, 5) paraît
l'avoir répudiée (*Sic* Bordeaux, 21 mai 1885 ; Montpellier, 15 mars 1886 ; Aix, 24 mars 1886 ; Trib. Clermont, 24 mai 1886 ; Besançon, 8 mars 1887). En effet,
l'hypothèse est que le souscripteur n'a pas stipulé pour
soi et a voulu conférer la créance directement et uniquement au créancier qui en devait bénéficier. Dès lors, toute
doctrine serait fausse, qui ajouterait à la simplicité de ce
fait un élément nouveau. Le souscripteur n'a rien ac-

---

1. Voir là-dessus : Lefort, *op. laud.*, p. 1 et suiv., 27 et suiv. — Rapport de M. Crépon, Sir. 85, 1, 8. — Notes Labbé, Sir. 77, 1, 393 et
85, 1, 6.

quis ni voulu acquérir pour lui : il n'a donc pu faire offre de donation. Le mieux est de voir, dans son fait, une stipulation *au nom d'autrui* ou gestion d'affaires en faveur du tiers, et, dans l'acceptation de ce tiers, une ratification qui rétroagit au jour de la stipulation.

On ne saurait objecter que l'analyse présentement critiquée est le seul moyen de valider l'acte, pieux et prévoyant, du souscripteur et d'éviter ce fait choquant des créanciers du souscripteur qui viendraient s'approprier le capital de l'assurance au mépris du bénéficiaire.

Et, à l'appui, il n'y a pas lieu d'invoquer les termes de l'art. 1121 C. civ., qui semblent n'autoriser la stipulation au profit d'un tiers que « lorsque telle est la condition d'une stipulation que l'on fait pour soi-même ou d'une donation que l'on fait à un autre [1]. » En effet, la stipulation dont s'agit ici vaut toute seule et sans le besoin de l'art. 1121. Cet article est une dérogation à l'article 1119, lequel ne proscrit, en principe, que les stipulations faites pour autrui *en son propre nom*. Or, ici, la stipulation du souscripteur a bien eu lieu pour autrui, mais au nom d'autrui : chose que nul texte ne proscrit.

D'ailleurs, l'art. 1121 devrait-il intervenir pour valider cette stipulation, que l'analyse que j'en fais, et qui paraît être dans les vues de la Cour de cassation, suffirait pour attirer à ladite opération le bénéfice de cet article. En effet, s'il était vrai que toute stipulation pour autrui, même au nom d'autrui, ne pût valoir que supportée et étayée par un autre acte, cet acte ne devrait pas être nécessairement une stipulation faite pour soi par le souscripteur.

---

1. Mornard, *op. laud.*, p. 202. — Labbé, notes Sirey, 77, 1, 393 ; 80, 2, 249 ; 81, 1, 145 ; 85, 1, 5.

Comme on l'a très bien dit, « l'article 1121 est énonciatif. La stipulation au profit d'un tiers est également valable toutes les fois qu'elle est la condition... d'une obligation que l'on contracte[1] ». Or, ici, l'obligation, que le souscripteur s'impose, de payer les primes serait le support suffisant de la stipulation faite au profit du tiers.

**135.** Qu'on suppose maintenant que le souscripteur a stipulé pour soi et pour le tiers et a manifesté qu'il se préférait à celui-ci ; v. g. par une clause à ordre ou par une assurance mixte. Dans ce fait, il n'est pas inexact de voir une acquisition de la créance par le souscripteur suivie d'une offre de libéralité faite au tiers. Et l'acceptation de l'offre par ce tiers ne soustrait pas aux créanciers du souscripteur la créance du capital : car elle intervient sur les bases mêmes où l'offre avait eu lieu. Or, en faisant figurer sa personne dans le contrat, le souscripteur n'a donné au tiers que la seconde place. Il a manifesté une préférence pour soi, dont ses ayants-cause doivent profiter.

(Civ. 7 février 1877 ; Sir. 393 ; Civ. Cass., 10 février 1880 ; Sir. 152 ; Paris, 1er août 1879 ; Alger, 29 janvier 1885, *Journ. des Faill.* 1885, p. 336 ; Trib. Lyon, 18 mars 1885 ; *Droit*, 28 avril ; Notes de M. Labbé, *loc. cit.* ; Lefort, *op. laud.*, p. 6).

**136.** Ces idées posées, rien de plus facile que de trancher la question relative aux art. 559 et 564 C. comm.

**137.** Dans le cas de stipulation directe au profit de la femme, l'article 564 C. comm. n'est sûrement pas applicable.

Avec les anciennes vues de la jurisprudence, c'est le

---

1. Lefort, *op. laud.*, p. 45.

contraire qu'il faudrait dire ; car, s'il était vrai que le
mari, en stipulant pour la femme, lui fît attribution
gratuite d'un bien compris dans son patrimoine, cet appauvrissement devrait être réparé au profit de la masse
et tomber sous l'article 564 C. comm. Ainsi décidaient
logiquement les Cours et tribunaux lorsqu'ils s'inspi-
raient de cette théorie.

(Paris, 1er août 1879, Req. 2 mars 1881 ; Caen, 6 dé-
cembre 1881 ; Trib. Troyes, 27 décembre 1882, J<sup>al</sup> la
Loi, 10 janvier 1883 ; Trib. Mâcon, 24 janvier 1884,
J<sup>al</sup> la Loi, 31 mai).

Mais, depuis l'arrêt du 2 juillet 1884, les choses ont
changé. La femme, au profit de qui stipulation a été
faite, acquiert directement la créance de la Compagnie
sans aucun intermédiaire. D'où, l'article 564 C. comm.,
restituant au patrimoine du marchand le bien qui en est
sorti, n'a pas lieu d'être appliqué. Il faut assimiler cette
assurance faite par un *negotiorum gestor* à celle qu'aurait
contractée directement la femme et faire, tout au plus,
restituer les primes à la masse.

(Bordeaux, 21 mai 1885 ; Montpellier, 15 mars 1886 ;
Aix, 24 mars 1886 ; Trib. Clermont, 24 mai 1886 ;
Besançon, 8 mars, 1887, *loc. suprà cit.* ; Trib. Reims,
7 avril 1887. *Gaz. du Palais*, 25 mai. Cf. Paris, 24 mars
1870 et 24 janvier 1874, Bonneville-Marsangy, II, p. 386
et 477 ; Labbé, notes précitées ; Lefort, *op. laud.*, p. 10
et suiv. ; Mornard, *op. laud.*, p. 327 et suiv. ; *Contrà*,
Alger, 9 juin 1885).

La solution serait la même au cas d'assurance sur
la vie contractée conjointement par les époux au profit du survivant. Alors, en effet, « chacun des époux a
un droit éventuel à la somme assurée, soumis en même

temps à la condition suspensive de sa propre survie et à la condition résolutoire du prédécès de son conjoint.» D'où, quand le mari est mort, « le droit éventuel de ce dernier a été résolu et celui de la femme survivante a été rendu définitif », comme s'il n'y avait eu qu'une assurance directe de la femme par son mari.

(Civ. rej., 28 mars 1877, Sir. 402 et note Labbé, p. 398).

**138.** Dans le cas où le mari, en assurant sa femme, a fait, en même temps et avant tout, une spéculation personnelle (n° 135), la femme ne pourra soustraire aux créanciers le capital de l'assurance. Elle ne le peut, d'après le droit commun et sans qu'il soit besoin, pour l'exclure, des articles 559 et 564 C. comm. (Alger, 29 janvier 1885, *Journ. des Faill.*, 85, p. 336). Mais n'admettrait-on pas cette doctrine, que l'article 564 ferait obstacle à la reprise. En stipulant pour soi, le marchand a acquis une créance. L'offre à la femme, acceptée ou non, a fait sortir le bien du patrimoine du mari et forme un appauvrissement qui doit être réparé.

(Trib. de Lyon, 8 mars 1885, *Droit*, 8 avril).

**139.** Les solutions qui précèdent doivent être maintenues quand l'assurance a été contractée au profit de la femme avant le mariage. En effet, les motifs donnés à l'appui dérivent, pour la plupart, du droit commun et ne supportent pas de distinction prise de l'époque où aurait été fait le contrat [1].

**140.** 2° *Stipulation par un tiers au profit de la femme.* Cette hypothèse n'offre pas de difficulté. D'abord, la per-

---

1. Toujours en supposant, au cas où les époux sont mariés sous le régime de communauté, que la créance est restée propre (Cf. sur ce point : Paris, 4 juin 1878. Req. rej. 10 novembre 1879. Sir. 80, 1, 339 et note, très détaillée, de M. Levillain, Dall. 79, 2, 25).

ception du capital n'est, dans aucun cas, interdite à la femme et les créanciers du mari n'ont pas droit sur cette somme. Au surplus, si ces créanciers élevaient des difficultés, il suffirait à la femme de prouver soit que le tiers s'est porté pour elle gérant d'affaires, soit qu'il lui a fait donation d'une assurance stipulée pour lui. Les créanciers, alléguant que le tiers est un interposé cachant le mari, seraient tenus d'en faire preuve.

## II

COMPARAISON DE LA THÉORIE DU CODE DE COMMERCE AVEC LE DROIT COMMUN

### SOMMAIRE

**141.** L'objet principal de cette division étant traité, c'est-à-dire la portée théorique et pratique des prohibitions et restrictions limitant les reprises en nature de la femme, il reste à voir, mais le plus rapidement possible, à quel degré ces mesures s'écartent du droit commun. On verra séparément, à cet égard, les prohibitions et les restrictions.

**142.** I. Les *prohibitions* qui atteignent la femme du failli au sujet de ses reprises en nature et qui aboutissent, en certains cas, à la résolution des avantages matrimoniaux et à l'impossibilité, dans tous les cas, de reprendre les biens dont l'acquisition a, directement ou non, causé appauvrissement à son mari, ces prohibitions dérogent au droit commun sous un double point de vue.

Elles le contrarient, d'abord, en elles-mêmes. De droit ordinaire, en effet, les donations entre époux, faites pendant le mariage ou par contrat anténuptial, sont valables. Les premières sont, il est vrai, sujettes à révocation, mais c'est au pur gré de l'époux qui les a consenties. Et jamais, la déconfiture du mari intervenant, les avantages que celui-ci aurait faits à sa femme ne seraient annulés de plein droit. Il est vrai aussi, comme je l'ai précisé plus haut (n° 91) que, dans le cas d'institution contractuelle, les créanciers du mari doivent, d'après le droit commun, être satisfaits avant la femme. Mais cela ne touche en rien à la validité. Les créanciers ne sauraient obtenir la révocation des donations faites par le mari à sa femme que s'ils étaient munis de preuves qui établiraient une fraude tramée contre eux par les époux (arg. 1167 Cod. civ.).

Et encore même, parviendraient-ils à obtenir cette révocation et à prouver la fraude, que le résultat n'en serait pas, dans toutes les hypothèses, semblable à celui des prohibitions posées par les articles 559 et 564 C. comm. Il est vrai que la nullité, posée par ces articles, des donations faites directement pendant le mariage ou par contrat, aboutit comme le ferait une révocation procédant de l'article 1167 C. civ., c'est-à-dire à la restitution à la masse du bien donné par le mari. Mais si l'on suppose le cas de l'article 559, une donation faite à la femme des deniers qu'elle doit payer à son vendeur, le résultat de la nullité n'est pas celui qu'amènerait le droit commun.

Dans l'hypothèse de l'article 1167, une donation de deniers, jugée frauduleuse, obligerait seulement à restituer
une somme égale aux deniers reçus. Ici c'est sur le bien
acquis par le moyen de ces deniers que la masse aura action. J'en ai donné plus haut un motif (n° 63) d'après
M. Labbé. Le mari étant blâmable de n'avoir pas réalisé
l'opération pour son compte, la loi fait ce qu'il aurait dû
faire et lui transporte l'acquisition. Cela étant, « si le
bien acheté a fortuitement augmenté de valeur, pourquoi la femme conserverait-elle le bénéfice net d'une
opération qu'elle n'avait pas dû faire ? Si le bien a fortuitement diminué de valeur, c'est alors surtout que la
nécessité pour la femme de rendre le bien lui-même, et
non le prix, est, pour celle-ci, douce, commode, équita-
ble. Elle rend ce qu'elle a et rien de plus. » Et à ce motif, le même jurisconsulte en ajoute un autre dont peut-
être aussi le législateur s'est inspiré : c'est que « la femme
mariée, en général, n'a en propre que des immeubles.
Elle aurait de la peine à rendre une somme d'argent [1] ».

**143.** II. Les *restrictions* apportées par la loi aux reprises qu'elle permet à la femme du failli d'exercer en
nature, sont, on l'a vu, au nombre de trois. Elles figurent aux articles 558 et 559, 560 et 561 C. comm.

**144.** (A). Nul doute sur ce dernier article ; ses dispositions ne dérogent en rien au droit commun. A première vue, l'on pourrait, j'en tombe d'accord, croire le
contraire. Il semble déroger à l'article 1494 C. civ., et,
par ses termes absolus, supprimer à la femme commune renonçante son recours contre le mari ou la
communauté, pour le payement qu'elle aurait fait de

---

1. Note Labbé sur Paris, 1er août 1879 (Sir. 80. 2. 249).

dettes contractées conjointement avec son mari ou tombées de son chef dans la communauté. Mais, en réalité, l'article 561 n'a pas cette portée. Les travaux préparatoires de la loi de 1838, sur les faillites, sont formels à reconnaître le maintien de ce recours. Et les articles 562 et 563, § 3. C. comm. le comprennent dans leurs termes généraux.

**145.** (B). Il faut dire, de même, que l'article 560 ne crée pas d'exception, pour la pluralité des régimes matrimoniaux. Il est acquis, d'une part, en jurisprudence et en doctrine, que la femme commune, qui veut distraire un meuble propre, doit prouver sa propriété, et, dès lors, l'identité de l'objet, par inventaire ou par acte authentique. C'est l'exigence formelle de l'article 1499 ou au moins, de l'article 1510 C. civ. D'autre part, il est généralement admis que l'article 1510 doit être étendu au régime exclusif de communauté et au régime dotal. Seul, le régime de séparation de biens semble excepté et c'est donc sous ce régime que l'article 560 C. comm. formerait une dérogation [1].

Un savant professeur a, il est vrai, soutenu que jamais, d'après le droit commun, la femme ne serait obligée à fournir un inventaire de ses propres mobiliers. L'article 1510 C. civil réglerait « uniquement les droits des créanciers antérieurs au mariage auxquels on oppose une séparation de dettes. Les biens, dont l'inventaire est prescrit, seraient ceux du conjoint qui est leur débiteur, nullement ceux qu'on prétend soustraire à leur saisie [2]. »

---

1. Aubry et Rau, t. V, § 522, texte et notes 28 et 29 ; § 531, texte et notes 6 et 7 ; § 532, texte et note 8 ; § 540, texte et note 18.
2. Bufnoir, note Sir. 85, 2, 27, col. 1.

D'où, l'article 560 C. comm. serait une dérogation dans tous les cas et quel que fût le régime. Mais ce raisonnement est inadmissible. Outre qu'il aboutit à des conséquences contraires à la loi, il échoue devant l'article 1510, § 3, qui, à propos des successions mobilières advenues pendant le mariage, admet un inventaire désignant, non pas les meubles qui servent de gage aux créanciers, mais les meubles qu'on leur veut enlever [1].

**146.** (C). Reste à voir la portée des articles 558 et 559 C. comm. et de l'obligation où ils placent la femme, qui s'appuie d'une acquisition à titre onéreux, de prouver que le mari ne s'est pas appauvri au sujet de cette acquisition.

A consulter les principes généraux du droit, cette obligation de la femme revendiquant est une dérogation capitale. En effet, dans le cas où une action en revendication ou en distraction est dirigée envers des biens, par exemple, des immeubles compris mal à propos dans une saisie, le demandeur n'a pas à faire preuve de l'origine des deniers avec lesquels il a payé cet immeuble. Il justifie suffisamment sa demande en exhibant aux créanciers saisissants son titre d'acquisition (art. 608 et 725 et suiv. Proc. civ.).

Mais l'état de mariage, ou du moins certains régimes matrimoniaux changent plus ou moins ces principes. La femme d'un non-commerçant en déconfiture, qui veut reprendre l'un de ses immeubles propres, saisis par un créancier de son conjoint, n'a pas toujours la position aussi facile que l'aurait un tiers, revendiquant selon

---

1. Colmet de Santerre, t. VI, art. 1510, n° 176 *bis*, 111. — Petiet, *op. laud.*, n°s 114 à 116.

le droit commun. Elle a parfois des preuves à fournir, en outre de ce qui suffirait en règle générale. Or, il est intéressant de suivre les types principaux de régimes sous lesquels la femme d'un commerçant peut être mariée, et de voir si l'écart qui existe entre la théorie de l'art. 559 et le droit commun n'est pas diminué, pour certains de ces régimes, par les règles spéciales qui les régissent.

**147.** 1° Sous le régime de la séparation de biens, la femme qui veut distraire un bien saisi n'a pas d'autre preuve à faire que celles du droit commun. Il lui suffit, pour réussir, de produire ses titres de propriété. Dès lors, la femme du failli diffère, au point de vue de l'action en revendication ou en distraction, autant de la femme du non-commerçant en déconfiture que de toute autre personne exerçant cette action.

**148.** 2°. Sous le régime dotal et sous le régime exclusif de communauté, l'écart est le même; car il ne paraît pas que la femme, se réclamant d'une acquisition, soit alors tenue à plus de justifications qu'elle ne le serait sous la séparation de biens [1].

Pourtant ce dernier avis n'est pas agréé par tout le monde. Selon certains auteurs [2], quand une femme, dotale ou mariée sans communauté, invoque une acquisition faite à titre onéreux durant le mariage, la présomption *Q. Mucius* (F. 51. *De don. int. vir. et ux*, XXIV, 1) s'élèverait contre elle. Cela l'obligerait, dans ce cas spécial, à prouver, outre son acquisition, l'origine propre des deniers. Avec ce système, la femme du failli et celle

---

1. En ce sens, et sauf distinction, Aubry et Rau, t. V, § 531, texte et note 3 ; § 541, texte et note 1, et les arrêts en note. — Peltet : *De la preuve en matière de reprises matrimoniales*, nos 24-27.

2. Troplong, *Contrat de mariage*, III, 2246 et 2247.

du non-commerçant en déconfiture, mariées sous le régime dotal et sous le régime exclusif de communauté, seraient, en apparence du moins, dans une situation identique. C'est pourquoi il est assez en usage de dire que l'article 559 serait le dernier vestige laissé par la présomption *Q. Mucius* dans le droit moderne. — Suffisant pour donner de cet article une idée superficielle, ce propos ne rend pas exactement le fond des choses. Et, si l'on compare la présomption *Q. Mucius* avec la présomption de l'article 559 C. comm., l'on voit de profondes différences entre elles, dont je note ici les principales.

**149.** Différences, d'abord, quant à la portée de ces présomptions.

La présomption *Q. Mucius* part de l'idée que, sous le régime dotal ou exclusif de communauté, le mari a seul en mains les fonds du ménage. D'où, quand la femme achète un bien, on doit présumer qu'elle le fait avec les fonds de son mari : sans quoi, il faudrait attribuer aux deniers qu'a reçus le vendeur une origine offensante pour l'honneur de la femme et du mari. Les fonds ne sont pas censés avoir été donnés : car, disons-le en passant, présumer un don, comme en droit romain, n'aurait plus d'intérêt, les donations entre époux n'étant plus nulles, et n'expliquerait pas que la femme fût tenue à la moindre restitution[1] ; mais ils sont censés avoir été prêtés par le

---

1. Voir au *Recueil de l'Académie de législ.* (t. IV, p. 165), une dissertation de M. Holtius, *de praesumtione muciana*, qui fait très bien voir que cette présomption reposait sur une idée de donation. Mais, de nos jours, si l'on admet la même présomption, il faut, pour lui donner une portée, la motiver par une idée de prêt : sans cela comment obliger la femme à une restitution quelconque ? Nul auteur n'a suffisamment précisé ce point, qui tranche à lui seul la question, assez contro-

mari. Et, si la femme ne prouve pas contre la présomption, elle n'est pas empêchée de réaliser la reprise : elle est seulement tenue de faire compte au mari, ou à ses créanciers, de la somme censée prêtée.

Tout au rebours dans les dispositions dont nous traitons. La présomption des articles 558 et 559 C. comm. part de cette idée que le marchand et sa femme ont colludé lors de l'acquisition du bien réclamé. La femme est donataire, en vertu d'un acte frauduleux ou du moins indélicat à l'égard des créanciers. Et, si la femme ne prouve pas contre cette apparence, jamais elle ne pourra reprendre l'immeuble, même en remboursant le prix d'achat.

**150.** Ces différences sur la portée des deux présomptions en entraînent d'autres, en ce qui est de la preuve contraire que la femme leur peut opposer.

Pour prouver contre la présomption *Q. Mucius*, il suffirait que la femme établît qu'elle n'a pas reçu de prêt de son mari. D'où, elle réussirait si elle prouvait soit qu'elle n'a pas encore payé le prix, soit qu'elle a payé avec ses fonds personnels : et, dans ce dernier cas, les modes de preuve de droit commun seraient admis. Il importerait même peu que ces fonds fussent provenus de dons manuels du mari : en effet, les dons entre époux ne sont plus interdits.

Pour prouver efficacement contre la présomption de l'article 559 C. comm., il faut et il suffit que la femme établisse que son mari ne lui a pas fait don des deniers. Ainsi, comme on l'a vu, elle prouvera n'avoir pas encore payé le prix d'achat ou bien l'avoir payé, soit de deniers

versée (Voir Rodière et Pont, *Contrat de mariage*, t. III, n° 1976), de savoir si la femme doit, en conséquence de la présomption *Q. Mucius*, abandonner l'immeuble acheté ou restituer le prix.

qu'un tiers ou son mari lui ont prêtés, soit de ses deniers personnels. Et, dans les cas prévus par l'article 558
C. comm., elle devra, pour faire preuve, observer certaines formes exceptionnelles, et qui ne sont pas requises
lorsqu'il s'agit de détruire la présomption *Q. Mucius.*

**151.** 3°. Le régime de communauté est celui sous
lequel les exigences des articles 558 et 559 C. comm.
diffèrent le moins, quant aux résultats, des règles de
droit commun.

Sous ce régime, en effet, il est généralement admis
que « toute spéculation, tout déploiement d'activité des
époux durant la communauté doit être pour le compte
de la communauté » (note Labbé, Sir. 73, 1, 5 sous
Cass., 20 août 1872). Il faut, pour que l'un des époux
perçoive un émolument, qu'il se rattache à un intérêt
propre préexistant ou indépendant de leur volonté.

Or, cette règle met la femme, qui, au cas de déconfiture de son mari, revendique un immeuble saisi par les
créanciers de ce dernier, en une plus dure situation que
ne l'est celle qui résulte des articles 557 à 559 C. comm.

D'abord, si cette règle permet à la femme, comme le
font les art. 557 à 559, de reprendre soit les immeubles
possédés antérieurement au mariage ou qui lui sont advenus gratuitement pendant le mariage, soit les immeubles
qui ont été subrogés à des propres par voie d'échange et
de remploi, elle lui défend, en général, de reprendre les
immeubles acquis à titre onéreux depuis le mariage.
C'est ce que ne fait pas l'art. 559 C. comm., lequel permet
la reprise au cas où l'achat n'a pas été payé ou l'a été
avec deniers d'emprunt. Et cette différence pratique répond à des différences théoriques. L'art. 559 C. comm.
ne prohibe que les reprises qui cachent un déboursé

fait gratuitement par le mari. Or, l'achat non payé, ou payé avec fonds d'emprunt ou personnels à la femme, n'est assurément pas dans ce cas. Les articles 1433 et suiv. C. civ. prohibent, au contraire, les reprises qui se fondent sur une spéculation purement personnelle faite pendant le mariage par l'époux demandeur. Or il importe peu, à ce point de vue, que le prix d'un achat ait été, ou non, payé, ou qu'il l'ait été avec fonds d'emprunt. Cela n'enlève pas à l'acte dont la femme se prévaut son caractère de spéculation,

Il faut, au surplus, signaler que, dans le cas où la femme d'un non-commerçant en déconfiture se réclamerait d'un immeuble acquis avec des fonds qui lui seraient propres ou tout au moins provenus de la vente d'un propre, cette femme ne prouverait l'emploi des deniers que par une déclaration formelle faite dans l'acte d'acquisition (art. 1434, 1435 C. civ.). Or, nous avons vu que la femme du failli n'était pas, en principe, assujettie, pour la même preuve, à une forme déterminée. Elle peut user de tous moyens.

Le seul point où l'on puisse signaler que la théorie des articles 557 à 559 C. comm. empire la situation de la femme commune en biens, c'est en ce qu'elle impose, dans certains cas, un inventaire ou un autre acte authentique pour la preuve de l'origine des deniers (art. 558 C. comm.). Mais, comme on le voit, c'est un simple point de détail.

## DEUXIÈME DIVISION

### DE LA FEMME DU FAILLI AGISSANT A TITRE DE CRÉANCIÈRE

#### SOMMAIRE

**151** *bis.*  Subdivision.

    I. Femme créancière DANS la masse.

    II Femme créancière DE la masse.

**151** *bis.* La femme du commerçant peut se porter créancière dans la faillite de son mari à un double titre. Elle le peut, soit en vertu de créances qu'elle a acquises contre lui antérieurement à la faillite, soit en vertu de créances acquises contre la masse depuis l'ouverture des opérations. Suivant une terminologie moderne [1], elle sera, au premier cas, créancière *dans* la masse et, au second, créancière *de* la masse. Il convient d'examiner la position de la femme sous l'un et l'autre de ces aspects.

### I

#### DE LA FEMME DU FAILLI CRÉANCIÈRE *dans* LA MASSE.

#### SOMMAIRE

**152.** Idées générales.

    Différence entre la situation de la femme reprenant en nature et celle de la femme reprenant en valeur.

**153.** Subdivision.

    1re hypothèse : La femme ne se prévaut pas de son hypothèque légale.

    2e hypothèse : La femme se prévaut de son hypothèque légale.

**152.** Il était naturel que la loi, posant des prohibitions et restrictions aux droits de la femme du marchand, en

---

1. Voir, là-dessus, un très intéressant article de M. le professeur Thaller, dans la *Revue critique de législation et de jurisp.* 1881 p. 630 et suiv.

cas de faillite, ne se bornât pas à prévoir l'hypothèse où la femme se dirait propriétaire mais touchât aussi celle où elle se réclamerait d'un droit de créance. Alors, en effet, deux fraudes sont à redouter. La première c'est, comme en cas de reprise en nature, la création de titres fictifs à la reprise. La seconde tendrait à créer des faveurs à la femme pour le gage de sa créance. Ainsi, la femme, en vertu de son hypothèque légale, a droit de préférence sur les immeubles du mari. Rien ne serait plus facile au mari, usant des fonds avancés par les créanciers, que d'accroître hors de mesure son capital immobilier, et, par là, d'assurer à sa femme, en cas de désastre, la reprise du montant total de ses créances.

Ces combinaisons devaient être prévenues. Mais, d'un autre côté, la loi devait, en toute justice, se montrer moins rigoureuse et moins protectrice des créanciers que dans les hypothèses vues jusqu'ici. Il s'en faut, en effet, que l'action de la femme créancière offre aux tiers un danger égal à celui de l'action en revendication.

D'abord « la constitution d'un propre au profit de la femme peut se dissimuler plus facilement à leurs yeux et échappe plus aisément à leur contrôle que l'augmentation frauduleuse du montant des reprises en valeur [1]. »

De plus, le préjudice causé à la masse par une reprise en nature sera toujours supérieur à celui qu'aurait amené une reprise à titre de créancière.

Par la reprise en nature, la femme distrait, définitive-

---

1. Mémoire en défense présenté par M. Léon Choppart, avocat à la Cour de cassation, lors de l'arrêt du 22 novembre 1886. — Cf. aussi, là-dessus, le rapport précité de M. le conseiller Manau dans la même affaire (*Gaz. Pal* 15 et 16 avril 1887), et la savante note de M. Bufnoir au bas de l'arrêt de Dijon, cassé par la Chambre civile (Sir. 85. 2. 25).

ment et par préférence, un bien de l'actif et diminue, de façon directe et irréparable, le gage des créanciers.

Il n'en est pas de même pour la reprise en valeur

Le droit de saisie des créanciers n'est pas contesté. L'actif demeure intact : il a été vendu par les soins du syndic, et c'est sur le prix seulement que s'exerce le droit de la femme.

Encore même, cet exercice a-t-il lieu sauf le concours des autres créanciers du mari et sans privilège. La femme use-t-elle de son hypothèque légale? Il se pourra faire que d'autres droits de même nature que le sien lui soient préférables et viennent en amoindrir ou même en éteindre l'utilité. N'en use-t-elle pas, comme il y a lieu quand elle en a perdu le bénéfice par renonciation ou déchéance ou quand elle agit sur l'actif mobilier? Toujours elle subira le concours des créanciers et, comme eux, elle ne sera remboursée qu'au marc le franc.

**153.** C'est par un accord de ces deux idées, de protection pour les tiers mais aussi de dangers moindres à courir pour eux, que devait être et qu'a été effectivement réglée, au Code de commerce, la situation de la femme créancière dans la masse. Afin de bien saisir cette situation et le développement des idées qui la dominent, il sied de voir successivement la femme dans les deux hypothèses que je viens d'indiquer, c'est-à-dire d'abord lorsqu'elle ne se prévaut pas de son hypothèque légale et, ensuite, lorsqu'elle use de ce droit.

*Première hypothèse : La femme ne se prévaut pas de son*
*hypothèque légale.*

**154.** Au cas où la femme du failli agit dans la faillite,
sans se prévaloir d'un droit de préférence, elle subit, en
vertu soit des dispositions qui lui sont spéciales, soit des
dispositions communes à tous les créanciers d'un failli,
des prohibitions et des restrictions. Par les prohibitions,
elle voit se diminuer les causes qui lui pourraient donner action en reprise. Par les restrictions, elle est placée,
en ce qui est des reprises qui lui sont concédées, dans une
situation pire que celle où la mettrait le droit commun :
les conditions ou le mode d'exercice de ces reprises lui
sont en effet plus ou moins rigoureux. D'où, nécessité de
voir ici quelle est la situation de la femme du failli, pour
les causes de ses reprises en valeur, pour les conditions
de leur exercice et enfin pour le mode de cet exercice.

*1° Causes des reprises.*

**155.** En principe, la femme du failli peut agir, par
voie d'action personnelle, en vertu des mêmes causes
que la femme d'un non-commerçant en déconfiture. Elle

a droit, notamment, pour ne citer que les causes signalées par le Code de commerce (art. 562 à 564) et qui sont aussi les principales, de faire état :

1° Des créances résultant d'avantages matrimoniaux que lui aurait consentis son mari;

2° Des créances pour indemnités résultant soit d'actes de son mari qui lui auraient fait tort, soit, à l'inverse, d'actes qu'elle aurait posés pour le profit de son mari, tels qu'obligations contractées accessoirement aux siennes ou solidairement avec lui.

3° Enfin des créances relatives à des propres dont elle réclamerait la valeur ou le prix.

Néanmoins, sur le point des avantages matrimoniaux, l'article 564 C. comm. apporte une dérogation. Dans les mêmes circonstances où ledit article prohibe les reprises en nature, sont interdites les reprises en valeur procédant de ces avantages. En effet, l'article s'exprime en termes absolus : il proscrit « toute action » venant d'avantages matrimoniaux, ce qui exclut l'action personnelle comme l'action réelle. Il suffit de signaler ici cette prohibition. Les détails donnés plus haut touchant le motif de l'art. 564, ses conditions d'application, sa portée pratique, et enfin la résolution qu'il prononce, en récompense, contre les avantages faits par la femme à son mari, tout cela se doit étendre au cas de la femme créancière.

### 2° *Conditions d'exercice des reprises.*

#### SOMMAIRE

**156** (A). Dans les cas où la femme se peut prévaloir d'avantages matrimoniaux à elle faits par son mari, nulle restriction ne lui est imposée quant aux conditions à remplir. La preuve, notamment, est suffisante, si la femme produit son contrat de mariage.

**157** (B). Pour les indemnités résultant d'actes du mari faits au détriment de la femme ou bien d'actes de la femme faits au profit du mari, le droit commun n'est pas, en principe, modifié. Il suffit à la femme de prouver que la cause de l'indemnité existe en fait : et, à cet égard, elle est soumise, quant au fond et quant à la forme, aux règles ordinaires en matière de preuve. Il importe d'ajouter que, dans le cas où la femme allègue un écrit, par exemple, s'il s'agit d'une obligation accessoire à celle de son mari, la date certaine n'est pas requise. Ici, en effet, la femme se mettant au rang des autres créanciers, il serait inique de lui imposer des exigences auxquelles ces derniers sont soustraits.

Mais ces diverses règles veulent un éclaircissement sur un point, et souffrent exception sur un autre.

**158.** Le point à éclaircir est à propos du cas où la femme se prévaut d'une accession faite à l'engagement de son mari.

En principe, il est certain que la femme du failli ne

peut réclamer d'indemnité de ce chef, si elle ne prouve avoir payé à la décharge de son mari (Grenoble, 3 août 1853 ; Sir. 54, 2, 449). Mais cette règle trouve une limite dans l'art. 2032, C. civ., lequel s'applique aussi bien à la déconfiture qu'à la faillite. En effet, dans ces deux cas, ledit article déclare que toute caution peut, même avant d'avoir payé, agir contre le débiteur, pour être indemnisée de son cautionnement. Or, quand la femme a cautionné son mari ou qu'étant commune en biens elle s'est obligée solidairement avec lui (art. 1431 C. civ.), elle rentre dans les prévisions de l'article 2032 C. civ. Loin qu'il y ait une raison d'excepter ces cas, les motifs de l'article s'appliquent avec plus de force encore à la femme qu'à toute autre caution. Quand une femme accède aux obligations de son mari, c'est, en général, sans calcul et sans s'être mise en garde. Il ne faudrait donc pas, au cas où le mari sombrerait, qu'elle pût perdre le gage qui devait lui servir de dédommagement. Au surplus, c'est un point qui est acquis aujourd'hui en jurisprudence.

(Civ. rej. 16 juillet 1832, Sir. 837 ; Req. 25 mars 1834, Sir. 273 ; Req. 2 janvier 1838, Sir. 561 ; Orléans, 24 mai 1848, Sir. 50,2,146 ; Paris, 8 janvier 1859, Sir. 68.)

Mais il est bien certain que la femme serait exclue si elle agissait en concours avec le créancier qui l'aurait pour obligée. C'est une idée sous-entendue dans l'article 2032, qui, sans cela, consacrerait un double emploi au préjudice de la masse et autoriserait un payement effectué deux fois pour la même cause.

(Paris, 2 juin 53, Sir. 564).

**159.** L'exception à signaler aux principes posés ci-dessus figure dans l'art. 562, qui prévoit le cas où la femme s'appuie de paiements qu'elle aurait faits pour son mari, soit spontanément et sans y être tenue, soit après s'être engagée avec lui. Dans cette rencontre, le droit commun n'imposerait à la femme que d'exhiber la quittance où serait constaté le paiement, sans avoir à faire preuve que c'est réellement de ses propres fonds qu'elle a payé. Or, c'est sur ce dernier point que l'article 562 vient modifier les règles générales : et la chose est naturelle.

Une idée capitale domine, en effet, toutes les dispositions qui ont trait à la femme du failli : c'est d'éviter que cette femme ou son mari arrivent à retirer de l'actif un avantage au détriment des créanciers. Or, dans le cas de l'article 562, la fraude que voici était à craindre. C'est que la femme qui se réclamerait de paiements faits à la décharge de son mari, au lieu d'avoir pris les fonds dans sa caisse, eût payé, en réalité, avec des espèces de son mari, en sorte que le paiement fait par elle n'eût été, au fond des choses, qu'un paiement fait par son mari. Dans cette hypothèse, la femme, produisant à la faillite pour ses prétendus débours, eût fait, au détriment des créanciers et au profit de son conjoint, divertissement d'une part de l'actif. — En vue de ce péril, l'article 562 C. comm. procède d'une façon analogue à celle de l'article 559. Il présume, en faveur des créanciers, l'existence d'une fraude qui était seulement possible. La femme est censée avoir payé des deniers du mari « et elle ne pourra, en conséquence, ajoute le texte de l'article, exercer aucune action dans la faillite, sauf la preuve contraire, comme il est dit à l'article 559 ».

Ces idées générales émises, touchant le caractère exceptionnel de l'article 562 et le motif qui l'a inspiré, il convient d'en montrer, par le détail, toute la portée.

**160.** Il faut, d'abord, préciser que l'article 562 C. comm. s'entend des seuls paiements faits par la femme *depuis* le mariage. Le texte ne prévoit que le cas où la femme a payé « pour son mari » : ce qui suppose que, lors du paiement, ils étaient mariés. L'esprit de l'article et des dispositions qui l'environnent va dans le même sens. Le législateur ne se méfie des fraudes contraires aux créanciers qu'à raison de l'état de mariage : il ne réprouve que les libéralités ou avantages faits par le marchand à sa femme depuis le mariage. Pour les actes faits avant cette époque, nul motif de suspecter les époux. Il est vrai qu'alors ils peuvent avoir été en commerce irrégulier, mais la moindre raison d'analogie ne saurait, comme on l'a vu plus haut (n° 68), faire étendre au concubinage les dispositions spéciales au mariage.

D'où l'on peut induire que la théorie de l'article 562, tout comme celle des articles 557 à 559, s'analyse en deux présomptions, l'une favorable à la femme, l'autre favorable aux créanciers.

En faveur de la femme, et motif pris de la date, la loi présume que les quittances exhibées avec date *antérieure* au mariage ne cachent pas une fraude convenue par avance pour divertir une part de l'actif du commerçant. Ces quittances doivent dès lors suffire à prouver le bien fondé du recours de la femme.

Tout à l'inverse pour les quittances *postérieures* au mariage. La date qu'elles portent en infirme la valeur et fait présumer que le paiement opéré par la femme n'était qu'une manœuvre organisée entre elle et son mari pour reprendre sur le gage des créanciers une somme payée, en fait, par celui-ci.

**161.** Mais contre ces présomptions, femme et créanciers ne sont pas sans défense et, à cet égard, leur situation est semblable à celle que leur font les art. 557 à 559.

Les créanciers ont le droit de s'attaquer à la base même de la présomption qui leur est contraire, c'est-à-dire à la date de la quittance. S'ils arrivent à prouver que ce titre libératoire, encore que daté d'un quantième antérieur au mariage, cache un paiement postérieur, ils substitueront à une présomption qui favorise la femme une autre présomption, celle-ci défavorable. En second lieu, les créanciers peuvent, tout en reconnaissant le paiement comme antérieur au mariage, prouver, selon le droit commun, que ce paiement n'est, au fond, que le résultat d'une entente coupable et que les époux, alors non encore mariés, ont précisément machiné la fraude qu'a voulu réprimer l'art. 562. Dans ce cas, nul besoin de dire que les productions faites par la femme, à raison de ce paiement, seraient écartées.

La femme, de son côté, a aussi deux moyens d'attaque contre la présomption qui lui nuit. Elle peut contester la date du paiement. Par la preuve que, dans un intérêt quelconque, la quittance avait été postdatée, elle se replacerait dans la situation du droit commun. Elle peut, aussi, et l'article 562 lui reconnaît expressément ce droit, faire la preuve contraire à la présomption elle-même. Tout en reconnaissant que la date postérieure au mariage, portée sur la quittance, est parfaitement sincère, elle peut justifier des débours qu'elle prétend avoir personnellement opérés.

**162.** En parlant de cette preuve contraire, l'article 562 se réfère à l'article 559 dont il a déjà été parlé. C'est une indication précieuse et dont voici toute la portée.

Il en résulte que, comme dans le cas où la femme veut reprendre en nature un immeuble acheté par elle depuis le mariage, la femme doit prouver: 1° l'origine propre des deniers; 2° l'emploi réel de ces deniers au paiement de la créance.

Mais il ne faudrait pas croire, malgré l'indication faite par l'article 562, que, sur le premier de ces deux points, la théorie de l'art. 557 et celle dudit article concordent de façon absolue et que toutes les provenances de deniers qui suffisent pour affranchir la femme dans le cas de l'art. 559 y suffiraient dans le cas de l'article 562. C'est une observation qui a sa subtilité, mais aussi son exactitude.

En effet, pour fléchir la présomption qui résulte de l'article 559 C. comm. la femme est seulement tenue de prouver que son mari ne lui a pas fait don des deniers versés au vendeur. Si, par rencontre, le mari lui avait prêté les fonds, cela suffirait, du moins à mon gré (n° 94), pour la dégager. Ici tout au contraire. Il faut, pour renverser la présomption de l'art. 562, que la source d'où proviennent les deniers payés au créancier par la femme soit absolument étrangère au mari. Le paiement doit avoir été fait avec des fonds propres à la femme ou que lui a prêtés un tiers.

Cette différence s'explique par plusieurs raisons. — L'une, d'abord, tient à la diversité existant entre le but de l'art. 559 et celui de l'art. 562. L'article 559 veut seulement éviter les *appauvrissements* subis par le marchand depuis son mariage et que la femme vienne, au détriment des créanciers, retirer de l'actif un avantage purement gratuit. Où une libéralité n'est pas, doit cesser la présomption. L'article 562 veut, au contraire, éviter *tout déboursé* du mari et que, sous forme de reprise de sa femme, ce dernier se récupère sur l'actif des fonds qu'il aurait remis à l'un de ses créanciers. Prêt ou don sont également réprouvés. — Il faut, d'ailleurs, observer ceci : dans l'hypothèse de l'article 559 C. comm., où il s'agit de la reprise d'un immeuble, il peut y avoir intérêt pour la femme à préciser si elle a reçu un don ou un prêt de son mari. Au premier cas, elle perdrait son immeuble : au second cas, elle le reprendrait et ne serait tenue que d'une indemnité pécuniaire. Dans l'hypothèse de l'article 562 C. comm., où il ne s'agit jamais que de la reprise d'une somme d'argent, le résultat serait le même pour la femme, que son mari lui eût fait don ou prêt des deniers; dans les deux cas, même restitution serait due à la masse.

**163.** Le renvoi de l'article 562 à l'art. 559 permet de tirer une seconde déduction. C'est que, pour la preuve, soit de l'origine des deniers, soit de l'emploi, la femme n'est jamais soumise qu'au droit commun, sans distinguer, avec l'article 558, si les deniers sont provenus de successions ou donations postérieures au mariage ou s'ils sont pris à d'autres sources. L'origine se prouvera conformément à l'article 1341, sans que la femme soit tenue d'exhiber une preuve authentique. L'emploi se prouvera par tous moyens, sans qu'une déclaration d'emploi doive figurer sur la quittance.

A dire vrai, cette solution pourrait ne pas être adoptée de tous. L'article 558, peut-on dire, procède de la même pensée que l'art. 560. Il prescrit pour la reprise des meubles remployés ou employés, les mêmes formes que si les meubles étaient à reprendre en nature : absentes ces formes, la reprise est présumée frauduleuse. Or, ici, qu'on suppose la femme alléguant avoir payé le créancier de son mari avec fonds provenus de successions ou de donations. Force est, pour être logique et donner à la loi un aspect homogène, d'exiger alors les preuves exceptionnelles de l'art. 558 : sans quoi, l'article 560 serait insuffisamment garanti par l'article 558 et courrait risque d'être éludé dans le cas de payement par la femme des dettes de son mari. Voilà le raisonnement possible et c'est à quoi, notamment, mèneraient les principes posés par l'arrêt du 22 novembre 1886, dont on a déjà vu les conséquences à propos de la reprise en nature (n° 117 et suiv.) En effet si, d'après cet arrêt, la loi exige les mêmes formes pour prouver la propriété d'un bien, non seulement quand ce bien est à reprendre en nature, mais quand il est à reprendre en valeur, on doit, à plus forte raison, exiger ces formes, quand la valeur en a été employée ou remployée soit à l'achat d'autres biens (n°s 117 et suiv.), soit au paiement d'une dette du mari.

Mais, pour spécieux soit-il, ce raisonnement se heurte au texte de la loi qui est inflexible et ne vise que l'article 559. Cela doit suffire en matière exceptionnelle comme la nôtre, surtout lorsqu'il s'agit de présomptions de fraude qu'il ne convient pas de suppléer à la légère. D'ailleurs, serait-il déraisonnable de croire que c'est à dessein que l'article 558 a été omis par l'article 562? La reprise en nature et la reprise en valeur sont loin, je l'ai noté déjà (n° 152), d'avoir la même portée. Que, pour l'une, des précautions aient été prises plus strictes que pour l'autre, il n'y aurait rien d'étonnant à cela. Il faut donc s'en tenir au droit commun.

**164.** Inutile d'ajouter que la reconnaissance, faite par les créanciers, de la sincérité des dires de la femme touchant l'origine ou l'emploi des fonds, suffirait à justifier celle-ci. Ici, en effet, comme dans le cas des articles 558 à 560, le but de la loi est de protéger les créanciers; or, les créanciers n'ont plus besoin de protection dès là qu'ils ont la preuve et la conviction de n'être pas en péril. La Cour de cassation ratifierait cet avis, au moins pour la pluralité des cas. Mais, dans l'hypothèse de deniers provenus de successions ou de donations postérieures au mariage, il semble que l'arrêt du 22 novembre 1886 lui imposerait logiquement de ne tenir aucun compte à la femme de l'aveu de sincérité fait par les créanciers, si, par rencontre, elle n'apportait pas lesmoyens de preuve visés dans l'article 558 C. comm. (n° 121).

**165**. Un dernier mot sur l'article 562. Cet article étant exceptionnel et ayant pour but de parer à une certaine fraude, nettement déterminée par les circonstances où elle a lieu et les personnes qui y prennent part, on ne saurait l'appliquer que dans ces circonstances et à l'égard de ces personnes.

Voici des exemples :

Que l'on suppose le fait du créancier d'un marchand qui, après la suspension des payements de celui-ci et en connaissance de cette suspension, aurait été payé par la femme de son débiteur. Cette femme ne produit pas à la faillite. Le syndic ne saurait, s'autorisant de la seule présomption de l'article 562 contre ce créancier et le considérant comme ayant été payé par le débiteur même, l'obliger à reverser à la masse.

Que l'on suppose la même hypothèse d'un paiement fait par la femme en période suspecte, mais avec cette nuance que la femme produirait dans la faillite. Faute des preuves requises, celle-ci se voit repoussée sur la présomption qu'elle a payé des deniers de son mari.

Après avoir écarté la production de la femme, le syndic n'a pas droit de se retourner contre le créancier qui a reçu paiementet, faisant état soit de la présomption qui vient de nuire à la femme, soit du fait que le créancier a été payé après cessation des paiements et la connaissant, d'obliger le créancier à rendre les fonds à la masse.

166. Ces solutions sont, il est vrai, contredites par un jugement récent du tribunal de commerce de Marseille [1] ; mais c'est au mépris du texte et de la pensée de l'article 562 C. comm.

Du texte ; car l'article, placé dans la Section relative aux *droits de la femme*, suppose seulement une lutte des créanciers avec la femme et non pas une lutte des créanciers ordinaires entre eux.

De la pensée de l'article 562 qui, à cet égard, n'est pas douteuse. En effet, cet article n'a en vue que la fraude suivante : le fait d'un mari qui soustrait de la masse, à son profit et pour lui seul, une somme d'argent et qui le réalise avec la complicité de sa femme. Dès lors, la présomption qu'il édicte ne sort pas de ces termes et n'atteint pas le créancier payé. Le mari est présumé avoir voulu faire un profit personnel au détriment de la masse : mais cela ne veut pas dire qu'il ait voulu, par ce payement antérieur, causer un autre tort à la masse, en avantageant le créancier. Le mari est présumé avoir frauduleusement combiné les choses avec sa femme : mais il n'est pas à dire que le créancier ait connu la combinaison et su que les fonds qu'il touchait n'appartenaient pas à la femme, mais au mari. La connaissance qu'il avait de la cessation des paiements ne fait, de ce chef, rien présu-

---

1. 1 décembre 1886 (*Journ. de jurisp. comm.* 1887, p. 68 et suiv.).

mer contre lui. Au syndic de prouver la fraude du créancier. En d'autres termes, les collusions prévues par les
art. 557 et suivants, qui ne visent à léser la masse que
pour le profit du mari, et les fraudes des art. 446 et suivants, qui violent seulement l'égalité des créanciers au
profit de l'un d'eux, sont l'objet de théories distinctes.
Chacune de ces théories a sa place au Code de commerce;
de l'une à l'autre les transpositions ne sont pas légitimes.

167. (C). Reste à parler des créances ayant pour objet le prix ou la valeur de biens propres à la femme.

168. Là dessus, je crois, d'abord, essentiel de dire
qu'il ne peut s'agir d'action personnelle de la femme à
raison de ses propres que quand la femme n'a pas pu les
atteindre à titre de propriétaire. Que l'on suppose, en
effet, un bien que la femme dit lui être propre. Ce bien
existe en nature, et a gardé, parmi les biens du mari, son
individualité; d'autre part, la femme a en mains les
preuves requises soit par les articles 557 à 559, soit par
l'article 560. Cette femme ne peut agir que comme propriétaire et ne saurait prétendre seulement à une reprise
en valeur. Le bon sens suffit à indiquer que le titulaire
d'un droit de certaine espèce ne peut, à volonté et lorsqu'il est à même de l'exercer, en altérer la nature, se gérer en créancier lorsqu'il est propriétaire, ou à l'inverse.

Il ne faut donc prévoir ici, pour poser les questions
avec quelque utilité, que les trois hypothèses suivantes:

1° L'hypothèse où la femme n'a pu, faute des preuves
requises par les articles 558 et suivants, établir utilement son droit à une reprise en nature;

2° Celle où cette reprise est impossible, parce que le
bien ne figure plus en nature parmi les biens du failli.
Par exemple, si le bien a été vendu par le mari pendant

le mariage et si le prix n'a pas encore été touché ou, l'ayant été, n'a pas fait l'objet d'un remploi. Ou encore s'il s'agit d'une créance dont le mari a touché le montant mais sans l'avoir employé.

3° L'hypothèse enfin où la reprise en nature est devenue impossible, parce que le bien prétendu, quoique figurant encore parmi les biens du failli, s'y serait confondu et aurait perdu son individualité. Par exemple, il s'agit de meubles propres imparfaits, tels que deniers ou titres au porteur acquis directement à la femme.

Sur le point de savoir si, dans ces divers cas, la femme du failli peut agir et à quelles conditions elle serait soumise pour le faire, arrêts et auteurs sont partagés d'avis.

**169.** Le système de la Cour de cassation, tel qu'on le peut construire, d'après la tendance de certains arrêts et, notamment, sur les indications de ceux, déjà signalés, qui sont intervenus aux dates des 16 janvier 1877 (Ch. des Req.) et 22 novembre 1886 (Ch. civ.), paraît s'analyser dans l'idée générale que voici :

La femme, créancière dans la masse à raison de l'un de ses propres, a deux choses à prouver : 1° la *consistance* du propre litigieux, à l'égal du cas de reprise en nature ; c'est-à-dire qu'elle a eu en propriété tel bien qui était de telle valeur ; 2° la *réception* de ce propre : c'est-à-dire que le mari doit avoir en mains ce bien, ou la valeur qui en tient lieu. En effet, ici, le bien ne se voit pas ni ne se touche, comme au cas de reprise en nature et la preuve de la réception doit remplacer la preuve, ici impossible, de l'identité.

Ces preuves, une fois faites, sont suffisantes, mais la Cour suprême exige que la femme les fasse avec la même rigueur que s'il s'agissait de revendiquer les propres. En d'autres termes, elle ne veut pas que la femme puisse arriver à reprendre la valeur de biens qu'elle n'aurait pu reprendre en nature pour insuffisance de preuves. Suivant cette vue, l'action personnelle de la femme serait irrecevable :

1° Quant aux biens existant en nature et que la femme n'a pu, faute des justifications requises, reprendre par voie d'action réelle ;

2° Quant aux biens qui ne sont plus aux mains du failli ou qui ont perdu leur individualité, et au sujet desquels la femme n'apporterait pas les preuves qu'aurait exigées la reprise en nature, si la vente de ces biens ou la confusion qu'ils ont éprouvée avec les biens du mari, ne l'eût rendue impossible.

170. Voici comment la Cour de cassation met en œuvre ou, à l'occasion, mettrait en œuvre ces divers principes.

171. 1° En ce qui est, d'abord, des immeubles, l'action de la femme créancière serait, dans tous les cas, repoussée, s'ils se retrouvaient en nature parmi les biens du failli. En effet, de deux choses l'une (*ut suprà* n° 168); ou la femme se présenterait, prouvant son droit de propriété conformément aux articles 558 et 559 : alors, de l'avis de tous, elle ne pourrait agir qu'en qualité de propriétaire. Ou bien, la femme n'aurait pas en mains les moyens qu'exigeaient les articles 558 et 559 pour la reprise en nature : et, dans ce cas, l'action personnelle pourrait servir de détour pour violer la loi et pour enlever aux créanciers toutes leurs garanties. La loi, ayant jugé nécessaires pour la sincérité des reprises les règles et formes exorbitantes des art. 558 et 559, n'a pas dû distinguer la reprise en valeur et la reprise en nature ; sans quoi ses prescriptions n'auraient pas eu pleine efficacité.

**172.** Dans le cas, au contraire, où les immeubles ne se retrouveraient plus en nature, ce qui ne peut avoir lieu que dans le cas, prévu par l'art. 563 § 2 n° 2, où, ces biens ayant été vendus pendant le mariage, le prix n'aurait pas encore été payé par l'acquéreur ou n'aurait pas été remployé par le mari, l'action de la femme est recevable. Mais c'est aux conditions suivantes.

**173.** Elle doit, d'abord, prouver la consistance du bien dont elle se réclame et aussi son droit de propriété. Mais cette preuve doit être faite conformément aux articles 557 à 559. S'il s'agit de biens apportés en mariage ou acquis depuis à titre gratuit, le droit commun suffit. S'il s'agit de biens acquis, depuis le mariage, à titre onéreux, il faut prouver, à plus ou moins dures conditions, selon les cas, que ce n'est pas un appauvrissement du mari qui avait facilité cette acquisition. Sans cela il serait trop aisé aux époux d'éluder les articles 558 et 559. Après avoir acheté un immeuble dans des conditions que la loi suspecte et qui empêcheraient la femme de le reprendre en nature, celle-ci, assistée de son mari, le revendrait et, le prix n'étant pas remployé, elle reprendrait l'immeuble en valeur.

**174.** En outre de la propriété qu'elle avait de l'immeuble vendu, la femme doit prouver le fait d'une vente postérieure au mariage. A cet égard, la femme n'est pas tenue de produire un acte de vente authentique ou même ayant date certaine antérieure à la faillite. En effet, nous supposons ici que la femme vient au marc le franc, c'est-à-dire au même titre que les autres créanciers. Ceux-ci sont ayants cause du failli et ne sauraient quereller une date que leur débiteur serait forcé d'accepter.

Sitôt la preuve faite de la vente postérieure au ma-

riage, le mari est constitué débiteur du prix de vente
s'il en a touché le montant ou de la créance contre l'a-
cheteur, s'il n'en a pas été payé. En d'autres termes, la
preuve de la *réception*, par le mari, du prix ou de la valeur de l'immeuble résulte de celle de la vente. A cet
égard, nul besoin pour la femme de produire une quittance : encore moins, si, d'aventure, elle en produisait
une, faudrait-il exiger que cet acte fût authentique ou
de date certaine. Ces arrêts, comme on l'a excellemment noté[1], s'appuient, dans cette solution, d'arguments
tirés soit du bon sens soit de la loi.

Du bon sens : car le mari, ayant la haute main dans
la gestion des intérêts de sa femme, a le droit de toucher
seul les prix de vente, et à moins de vendre au comptant, la femme n'a pas de moyen pratique de se procurer une quittance.

De la loi civile et commerciale. D'une part, en effet,
l'art. 1450 C. civ., spécial au cas de séparation de biens,
où la femme pourtant administre seule son patrimoine,
déclare le mari garant du défaut de remploi, si la vente a
été faite en présence et du consentement de celui-ci. Or,
à plus forte raison, en doit-il être ainsi, soit sous la communauté où la femme est privée de toute administration
(arg. art. 1433 C. civ.), soit, sous le régime dotal, pour
la vente des paraphernaux faite en présence et du consentement du mari. D'autre part, l'article 563 § 2 n° 2,
C. com., où il est traité de l'hypothèque légale de la
femme pour défaut de remploi, n'exige pas, comme le fait
le § 2 n° 1 pour les deniers provenant de dot ou de successions ou donations, une preuve directe de la réception.

---

1. Bufnoir, note Sirey, 8¹, 2, 25.

(Civ. rej. 27 décembre 1852, Sir. 53, 1, 61 ; Dijon, 4 février 1884, Sir. 85, 2, 25 et note de M. Bufnoir; Civ. rej. 22 novembre 1886, Dall. 87, 1, 113 et rapport de M. le conseiller Manau ; *Gaz. Pal.* 15 et 16 avril 1887 ; Lyon-Caen et Renault, t. II, n° 3054 *in fine*).

Au surplus, ces décisions de la jurisprudence se fortifient de celles, déjà vues, qui dispensent la femme, revendiquant un immeuble acquis à titre onéreux, de prouver la réception des deniers propres auxquels elle prouve avoir eu droit antérieurement à l'acquisition (n° 104). Les unes et les autres se justifient par les mêmes motifs, tirés de la dépendance où est la femme, au regard de son mari, dans l'administration de ses biens.

**175.** 2° En ce qui est des meubles, il faut d'abord poser la même distinction que ci-dessus, suivant qu'ils se retrouvent, ou non, en nature et reconnaissables dans l'actif du mari.

**176.** Dans le premier cas, l'action personnelle n'est pas possible, suivant les arrêts, et pour les motifs relevés déjà touchant les immeubles. Ou la femme a en mains les preuves exigées pour la reprise en nature et, alors, elle ne peut qu'opérer ainsi. Ou elle n'est pas en mesure d'apporter ces preuves, et alors une reprise en valeur serait un mécompte pour les créanciers, dont elle amoindrirait les garanties (Cf. Angers, 23 déc. 1875, Dall. 76, 2, 197).

**177.** Dans le cas, au contraire, où les meubles de la femme ne se retrouvent pas en nature et reconnaissables, la reprise en valeur est possible : mais c'est aux conditions suivantes.

**178.** Qu'on suppose, d'abord, que les meubles motivant la reprise aient été apportés en mariage, ou reçus

en dot ou qu'ils soient advenus à titre gratuit à la femme
depuis le mariage.

La propriété et la consistance des meubles réclamés,
qui sont les premiers points à établir, ne sauraient résulter, aux dires de la Cour de cassation, que d'un inventaire
ou d'un autre acte authentique. Sur le sens de ces mots,
il faudrait s'en référer entièrement à ce qui a été déjà dit
touchant l'art. 560. A vrai dire, on admettrait peut-être
exception pour le cas où il s'agirait de meubles donnés
manuellement (Cf. Angers, 26 mai 1869, Sir. 70, 2, 85),
alors surtout que ce cas paraît devoir échapper à l'article 560, même pour la reprise en nature (*vide supra* n° 96).
Mais, hors de là, nulle restriction à faire. Qu'il s'agisse
du prix de propres parfaits, qui auraient été vendus soit
par le mari, soit par le syndic (Reg. 16 janvier 1877,
Sir. 169), ou de la valeur de propres imparfaits confondus *ab initio* avec les biens du mari (Civ. cass. 22 novembre 1886, Dall. 87, 1, 113), la preuve ne serait pas
suffisante qui procéderait d'actes sous signature privée.

Et cet avis peut invoquer les motifs suivants :

**179.** D'abord, la loi pose, explicitement ou non, l'exigence d'un acte authentique.

En effet, d'une part « l'article 560 C. comm. (et les articles 1499 et 1510 C. civ.) comprennent, comme on l'a
déjà dit, dans les mots : *mobilier* ou *effets mobiliers*, tout
ce qui est censé *meuble* d'après les règles de la loi; et,
par conséquent les sommes d'argent et les titres au porteur (art. 535, C. civ.) [1] ». D'autre part, l'article 563
§ 2, n° 1, C. com., spécial à l'hypothèque légale de la
femme, encore que visant uniquement le fait de la *ré-*

---

1. Civ. cass., 22 novembre 1886.

*ception*, non celui de la *consistance* des propres, dont il s'agit ici, suppose que, pour ce dernier point, un acte authentique a dû être dressé. Il vise le cas d'une dot promise, celui d'une donation faite depuis le mariage ; or, les promesses de dot figurent dans un contrat de mariage, les donations sont, en général, notariées [1].

**180.** L'esprit de la loi est dans le même sens. Ce qu'elle a voulu, en effet, par l'article 560 C. com. c'est d'éviter que la femme du failli, se présentant dans la faillite à raison de ses propres mobiliers, dissimulât, sous ses reprises, une fraude aux créanciers, que la nature spéciale des meubles rendrait facile. Or, ici, c'est bien l'hypothèse prévue.

Il s'agit de reprise fondée sur les propres mobiliers et procédant, au fond, d'un droit de propriété qu'aurait eu la femme. Que les propres aient été vendus, ou que, vu leur nature fongible, ils se soient confondus *ab initio* avec les biens du mari ou de la communauté, cela n'enlève rien au fait originaire. Le droit de propriété, qui, soit pendant quelque durée, soit même un instant de raison, a reposé sur la tête de la femme, loin qu'elle en puisse faire abstraction [2], est la vraie cause de l'indemnité qu'elle a réclamée.

Au surplus, les fraudes qu'a prévues le législateur sont à craindre pour les créanciers, dans la reprise en valeur comme dans la reprise en nature. Dans l'une comme dans l'autre, il s'agit de meubles : la création fictive de propres est également facile. Et l'on ne peut s'empêcher d'ajouter qu'une loi serait bien incomplète

---

1. Note L. Guénée, Dall. 87, 1, 113.
2. id. *eod. loc.*, note anonyme sous Req., 16 janvier 1887. Dall. 78, 1, 265.

et bien courte, qui n'aurait pas prescrit les mêmes garanties de sincérité dans toute rencontre. Il serait, sans
cela, trop facile à la femme de venir prendre, d'une
main, ce qu'on lui aurait interdit de prendre de l'autre.

Ainsi, voilà une femme déchue du droit de reprendre
un meuble, parce que, n'ayant pas d'inventaire en
mains, elle est présumée n'en être pas propriétaire et
l'avoir détourné de la masse. Il ne doit pas lui suffire de
vendre ce meuble, pour que les titres, dont elle s'ap-
puyait tout à l'heure, cessent d'être suspects et lui donnent droit de produire à la faillite. Il y a même plus ; et,
si l'on n'adoptait la solution de la jurisprudence, il ne
serait pas besoin que le meuble eût été vendu pour
que la femme pût s'en réclamer à titre de créancière.
Le bien existerait-il en nature et la femme, ne se trouvant pas dans les conditions de l'article 560, serait-elle
déchue de le revendiquer, qu'il n'y aurait aucun obstacle,
si elle apportait les preuves du droit commun, à ce
qu'elle vînt retirer de l'actif, à la place de ce bien,
une valeur peut-être égale [1]. A ces conditions, l'article
560 serait, il en faut convenir, d'un bien illusoire secours et formerait mince garantie pour les créanciers [2].

Mais, fort heureusement, pourrait-on dire dans le
sens de la Cour de cassation, l'esprit de la loi est contraire. A prendre certains des articles spéciaux à la

1. Cela, dans le cas où la femme se prévaudrait de l'hypothèque légale ; car, en ce qui est de la justification de la *consistance* des propres, la question est la même que la femme se pose, ou non, en
créancière chirographaire.
2. Angers, 23 décembre 187', D. 76, 2, 197 ; — Req., 16 janvier 1877
(motifs *in fine*) et note Dall. 78, 1, 265. — Mémoire en pourvoi lors de
l'arrêt du 22 novembre 1886 (Rapport de M. Manau, *loc. cit.*).

femme du failli, on voit que la loi, désireuse d'assurer la sincérité des reprises, a pris soin de garantir non seulement les reprises faites directement et en nature mais aussi les reprises indirectes. Ainsi, dans l'article 558, il faut voir une disposition complémentaire (n° 110) de l'art. 560 pour le cas d'emploi ou de remploi des deniers qui proviendraient des meubles visés dans ce dernier article. Ainsi encore, l'art. 563, en restreignant l'assiette de l'hypothèque légale, complète, à certains égards, l'article 559 : la femme ne peut, par voie d'action hypothécaire, atteindre les biens soustraits à son action en revendication. De même, l'article 564 proscrit, dans les cas qu'il prévoit, l'action pour avantages matrimoniaux, qu'elle soit réelle ou qu'elle soit personnelle. Ces indications de la pensée du législateur sont précieuses, et il est ici fort à propos d'en faire usage.

**181.** La propriété et la consistance établies, reste pour la femme à prouver la réception par le mari du prix ou de la valeur.

A cet égard, deux cas à distinguer.

Si la reprise en valeur s'appuie sur la vente de meubles, non suivie de remploi, la preuve de la vente suffit. Il en résultera cette double démonstration : 1° que le meuble avait été reçu par le mari, lors de l'acquisition qu'en avait faite la femme ; 2° que, la vente faite, le mari en avait touché le prix. Les raisons qui, à propos des immeubles, font adopter ces solutions par la Cour suprême, ont la même puissance en ce qui est des meubles.

Qu'on suppose, au contraire, que la reprise s'appuie sur la réception, par le mari, de meubles propres imparfaits. Ainsi, les sommes promises en dot ont été payées par le constituant, ou bien des créances ont été apportées en mariage par la femme ou lui sont échues dans une succession et le mari s'en est fait payer le montant par les débiteurs.

L'arrêt du 22 novembre 1886, confirmant en cela une jurisprudence antérieure, a décidé qu'il n'y a pas violation de la loi à dire « qu'il résulte de l'article 563 C. com., combiné avec les articles 1502 et 1504 C. civ., que la femme, qui veut exercer ses reprises comme créancière, n'est pas obligée de produire soit un acte authentique, soit même un acte sous-seing privé ayant date certaine, pour prouver la délivrance ou le paiement aux mains de son mari des deniers apportés en dot ou à elle advenus pendant le mariage par succession, donation entre vifs ou testamentaire ; qu'il lui suffit de faire cette preuve par les moyens de droit commun. » Ce qui revient à dire que, le plus souvent, la femme pourra user, non seulement d'actes écrits sans date certaine ou même de date postérieure à la faillite (Douai, 29 janvier 1857, Sir. 405, Paris 20 novembre 1867, sur Req. 13 août 1868, Sir. 69, 1, 348), mais encore de témoignages et de simples présomptions. — Ainsi, en ce qui est de la dot, l'article 1569, C. civ. pourra, sous le régime dotal, être mis à profit par la femme (Poitiers, 21 juin 1881, Dall. 82, 2, 224). — De même, il pourra arriver, et il arrivera fréquemment que, la preuve faite par la femme de son droit à certaines sommes, à titre de dot ou de successions ou de donations, le mari soit, à raison de ses pouvoirs dans le ménage, présumé, sauf preuve contraire, avoir reçu ces sommes.

La jurisprudence, en effet, tout en exigeant de la femme du failli des preuves sérieuses, le fait dans la mesure que comporte sa situation au regard de son mari. Or, celui-ci est, en général, l'administrateur des biens de sa femme ; à ce titre, il a droit de réaliser les capitaux, de présider aux rentrées de fonds, d'en donner quittance sans y faire participer sa femme. Dès lors, comment exigerait-elle de lui qu'il fît constater, en telle ou telle forme, des versements qu'elle peut ignorer ? Et, les connût-elle, on sent très bien que son état de dépendance l'empêcherait d'imposer une ligne de conduite à son mari. A la rigueur, on comprendrait, par exemple, qu'elle pût l'obliger à faire constater, par inventaire ou par liquidation notariée, les forces mobilières d'une succession qui lui adviendrait. C'est un fait qu'elle n'ignorera jamais. Et puis, c'est un assez gros événement, c'est un enrichissement qui viendra de son chef au ménage et qui lui pourra donner, au regard de son mari, l'autorité et l'énergie morale qui lui font faute dans l'ordinaire de la vie. Mais, pour les rentrées et les réalisations provenant de cette succession, ce sera tout au rebours. Elles demeureront inaperçues de la femme. Et puis elles seront si multipliées, quelquefois si minimes, que les époux se lasseraient vite, la femme de surveiller son mari, le mari d'être surveillé par sa femme. Ce sont faits d'ordre psychologique dont législateurs et tribunaux ne sauraient se désintéresser [1].

**182.** — Les règles qui précèdent sur la reprise en valeur des meubles apportés en mariage, reçus en dot ou acquis à titre gratuit, s'appliquent en partie seulement, à celle des meubles acquis à titre onéreux depuis le ma-

---

1. Voy. Limoges, 29 juin 1839, Sir. 40, 2, 9. — Douai, 29 janvier 1857, Sir. 405. — Trib. civ. Dijon, 21 mars 1883, Cour de Dijon, 4 février 1884, en tête du mémoire en défense présenté par Mᵉ Choppard, lors de l'arrêt du 22 novembre 1886. — Rapport de M. le conseiller Manau (*loc. cit.*).

riage. Pour ce qui est de la preuve de la propriété et
de la consistance de ces sortes de meubles, la femme
ne sera pas tenue d'observer l'article 560 C. com. On a
vu, en effet (n° 98), qu'elle ne le serait même pas dans
le cas de reprise en nature. Elle sera, en revanche,
soumise à l'article 559 C. comm. et astreinte à prouver
qu'elle n'a pas tenu le prix d'acquisition d'une libéralité de son mari : mais elle le pourra faire dans les
formes du droit commun, sans relever de l'article 558
qui ne s'applique pas aux acquisitions de meubles
(n° 112).

**183.** Tel est, dans tout son détail et avec toute sa
portée, le système où inclinent les arrêts de la Cour
suprême, en ce qui est des reprises en valeur faites par
la femme du failli à raison de ses propres.

Ce système est loin d'être admis de tout le monde sur
tous les points. Nul ne résiste, sans doute, à dire que la
femme doit prouver soit son droit sur les meubles et la
consistance de ces meubles, soit la réception que le
mari en a prise ou de leur valeur. De même, il ne paraît
pas que les facilités données à la femme, pour prouver la réception, prêtent à critique. Mais la controverse commence sur les principes qui ont été posés et
sur les tendances qui se sont fait jour dans les arrêts
des 16 janvier 1877 et 22 novembre 1886. Un parti
nombreux tient que, pour prouver le droit aux propres et leur consistance, la femme ne doit pas observer
les articles 558 à 560 C. com. ; le droit commun suffirait à cet égard. Et cet avis me paraît devoir être
adopté. Voici pour quelles raisons, en se plaçant surtout dans l'hypothèse où les arrêts de 1877 et 1886
ont admis le principe contraire, c'est-à-dire dans le cas

11

où il s'agirait de réclamations relatives aux meubles.

**184.** La règle d'interprétation qui domine tous les articles spéciaux à la femme du failli, ainsi que nous l'avons déjà remarqué bien des fois, c'est que ce sont des dispositions à prendre à la lettre. Nulle raison n'autorise à y suppléer. Or, à consulter les textes, on voit, d'abord, que l'article 560 C. comm., qui exige l'inventaire ou l'acte authentique, ne vise que le fait de la femme qui revendique. Il parle seulement de la reprise *en nature* et il exige les formes exceptionnelles dont s'agit pour prouver *l'identité*, chose qui n'est pas en question au cas de reprise en valeur. L'article 558, spécial à la reprise en nature d'un immeuble, dans l'acquisition duquel a été employée la valeur ou remployé le prix de certains des meubles visés par l'art. 560, exige aussi l'acte authentique pour la preuve de la propriété de ces meubles. Mais, si l'on prend les textes relatifs à la pure reprise en valeur, en dehors des cas d'emploi ou de remploi, il n'y a aucune mention d'inventaire ou d'acte authentique. L'art. 563 notamment, relatif à l'hypothèque légale, en traitant des meubles apportés en dot ou acquis à titre gratuit, ne restreint le droit commun que sur la preuve de la réception, non sur celle de la consistance des propres.

**185.** A vrai dire, le système adverse s'autorise de ces mêmes articles 560 et 563, à l'appui du principe qu'il pose : mais c'est à tort. La Chambre civile veut, à cause des mots *effets mobiliers*, expliqués par l'art. 535 C. civ., que l'article 560 s'applique à *tout ce qui est meuble*. Elle a raison, et de cette remarque, fort juste, on a tiré plus haut (n° 80) des conséquences très fondées ; mais ce n'est juste que dans la sphère d'application de l'article 560, lequel se restreint formellement à la reprise en nature. Quant à soutenir, comme un auteur l'a fait, que l'article 563, § 2, n° 1, en traitant de dot, de successions, ou donations, c'est-à-dire de faits qui nécessitent la confection d'actes authentiques, suppose, par là même, que l'article 560 devra avoir été observé, c'est répondre à la question par la question. C'est, en outre, partir d'idées inexactes. Car tous les faits prévus par l'article 563, § 2, n° 1 ne nécessitent pas la confection d'actes authentiques ; ainsi, les successions peuvent être l'objet de liquidations sous seing privé.

186. Le système dont il s'agit, non autorisé par les textes (ce qui suffirait à l'exclure), paraît, en outre, ne pas s'accorder avec l'esprit de la loi, et il faut croire que le silence gardé par l'article 563 n'est pas fortuit. Le législateur a fait état de la différence profonde, marquée plus haut (n° 152), qui sépare la reprise en valeur de la reprise en nature, en ce qui est, notamment, du tort que l'exercice de l'une et de l'autre cause aux créanciers. Il a voulu, pour la reprise en nature, qui est la plus préjudiciable aux créanciers, se montrer plus rigoureux qu'à propos de l'autre.

187. Sans doute, on fait ici de nouvelles objections. D'abord, dit-on, nulle part ne se trouve une théorie semblable dans la loi. « Dans la théorie générale des preuves, le législateur se préoccupe de l'importance pécuniaire du débat, il tient compte de considérations puisées soit dans la personne du demandeur (C. civ., 1348, al. 1), soit dans celle du défendeur (C. civ., 1347 et 1348, 1°), mais il n'a nullement égard à la nature des droits réclamés quand il n'y a qu'un intérêt pécuniaire en

jeu [1] ». En second lieu, l'article 563, § 1 C. comm. et
l'article 564 paraissent, au contraire, avoir été créés
pour éviter que, par la reprise en valeur, la femme élu-
dât certaines prohibitions faites touchant la reprise en
nature. Ils dénotent la pensée, chez le législateur, de
mettre ces deux ordres de reprise sur un même pied.

188. Voici la réponse à ces objections. Il importe peu
que la théorie générale des preuves n'offre pas d'exemple d'une différence telle que celle que je crois devoir
être admise et basée sur le mode d'exercice de la reprise. Nous sommes ici dans une situation exceptionnelle. Tout en protégeant les créanciers contre les collusions des époux, il était juste de mesurer la protection
au danger et au préjudice causé par les reprises, et
qu'elle fût plus grande dans certains cas que dans d'autres. Il fallait aussi, et cette considération n'a pas
échappé à la Cour suprême pour la preuve de la réception, tenir compte de l'état de subordination qui est
ordinaire à la femme et qui pourra quelquefois l'empêcher d'exercer sur son mari l'empire nécessaire à
l'effet de se procurer les moyens de preuve requis. Or,
dans la question présente, il n'y a rien de plus naturel,
pour pratiquer la conciliation entre ces intérêts divers,
que de distinguer dans le sens que j'indique et qui est
le suivant. Au cas de reprise en nature, reprise la plus
onéreuse aux créanciers, se montrer difficile et exigeant
pour les preuves de la femme. Au cas de reprise en valeur, où la femme se prévaut du droit commun, prendre
les intérêts de celle-ci et ne pas lui imposer des rigueurs
exceptionnelles.

---

1. Note L. Guénée, *loc. suprà cit.*

189. Il est si naturel de penser ainsi que l'on retrouve, à plusieurs endroits dans la loi, des dispositions moins rigoureuses pour le cas de reprise en valeur que pour celui de reprise en nature.

Ainsi, l'article 562 C. comm., signalé plus haut, ouvre bien à la femme une preuve contraire à la présomption qu'il pose, mais il n'a garde de signaler l'art. 558 et d'obliger la femme à apporter un acte authentique, comme pour la reprise d'un immeuble, dans le cas où les deniers seraient provenus de successions ou de donations.

Ainsi l'article 563 C. comm., qui est à voir plus bas, restreint bien l'hypothèque légale de la femme. Il la soumet à des conditions spéciales et l'empêche de s'exercer sur des immeubles présumés acquis avec les fonds des créanciers. Mais ces restrictions n'ont lieu que dans certaines circonstances déterminées.

Enfin, et ceci est le plus important à noter, les dispositions du titre de la Communauté, au Code civil, qui ont servi de type à l'art. 560, restreignent, comme cet article, leur exigence au cas de reprise en nature. L'action en récompense est, au contraire, laissée sous le droit commun.

En effet, l'article 1499 C. civ. déclare que les effets mobiliers seront présumés acquêts, qui n'auront pas fait l'objet d'une preuve authentique[1] ; or la qualification d'acquêt, opposée à celle de propre, n'a jamais trait qu'à l'hypothèse d'une distraction pratiquée sur le gage des créanciers. L'article 1510 C. civ., relatif au régime de séparation de dettes, est dans le même sens. Il déclare, au § 2, que les créanciers pourront « poursuivre leur paiement sur le mobilier non inventorié, comme sur

1. Voir Dijon, 17 juillet 1874, Sir. 75, 2, 250.

tous les autres biens de la communauté ». Ajoutez à cela
que le même article (*eod.* §) réserve la question de récompense entre les époux sans la compliquer d'aucune
exigence de forme. Et la conviction sera complète si l'on
consulte l'article 1504 C. civ. : cet article, contrairement
aux articles 1499 et 1510, autorise la femme à faire
preuve, par tous moyens, d'une succession mobilière à
elle échue pendant le mariage. Or « le cas spécial sur lequel statue l'article 1504 est celui d'une clause d'apport
impliquant réalisation tacite de tout le mobilier qui excède l'apport promis et assurant au conjoint la reprise
non pas en nature, mais en valeur, de cet excédent
(art. 1503 [1]) ».

**190**. Aux raisons qui précèdent, il convient d'ajouter, en terminant, que les arrêts de 1877 et de 1886 ne
heurtent pas seulement par eux-mêmes le texte et l'esprit de la loi : ils le font encore par les conséquences où
ils amènent.

A un premier point de vue, il importe d'observer l'iné-
galité où ils placent la femme du failli au regard des
autres créanciers, dans un cas où elle ne réclame pas
pourtant un régime privilégié et où elle se présente à
la faillite, ne demandant que le droit commun. Ici, en
effet, on inflige à la femme la perte absolue de sa
créance. « Elle est écartée de la faillite de son mari par

---

1. Note de M. Bufnoir, Sir. 85, 2, 25. — Cette savante note est indis-
pensable à consulter pour qui veut bien connaître à fond la question
étudiée au texte. J'en dirai autant de deux autres études qui ont été
provoquées par le même procès. C'est, d'abord, le mémoire en défense,
déjà cité, de Me Léon Choppard et, ensuite, la brochure de M. Ray-
nald Petiet sur *la Preuve en matière de reprises matrimoniales*. Cette
dernière étude a jeté dans la controverse des éléments historiques et
théoriques très importants, qui viennent à l'appui de mon opinion.

l'effet d'une sorte de déchéance, qu'il lui a été impossible d'éviter. Elle ne pourra jamais faire valoir ses créances, tandis que les créanciers de son mari jouiront de tous les moyens de preuve du droit commun, cela est incontestable. Et cependant ils étaient, vis-à-vis du débiteur commun, le mari, dans une situation d'indépendance qui leur a permis de prendre toutes les précautions utiles, et la femme ne disposait pas de la liberté morale nécessaire pour se réserver le bénéfice d'une preuve irréfutable [1] ».

Au surplus, il ne faut pas oublier que la portée desdits arrêts ne se borne pas à la seule hypothèse qu'avait à régler la Cour de cassation. La tendance qui s'y fait jour préjuge les solutions à intervenir sur d'autres points, si la Cour avait un jour à les trancher. Or, ces solutions seraient contraires à des textes formels.

Ainsi, pour le cas de reprise en valeur d'un immeuble ou d'un meuble, acquis d'abord à titre onéreux depuis le mariage, puis revendu sans que le prix en eût été remployé, la Cour de cassation devrait logiquement forcer la femme à l'observation des articles 558 et 559 pour la preuve de son droit. C'est un point déjà noté. Or, lesdits articles 558 et 559 visent *exclusivement* la reprise en nature, tout comme l'article 560, et l'article 563, § 2 n° 2 n'exige, pas plus que le n° 1, des preuves exorbitantes du droit commun.

De même, on a vu en détail [2] que les principes posés par la Cour de cassation acheminent à exiger l'observation des articles 558 à 560 pour prouver la propriété d'un

---

1. Mémoire en défense précité (p. 36).
2. Voy. n°s 117 et suiv., 163.

bien, non seulement quand il s'agit de réclamer ce bien
directement et en nature, mais aussi quand, ce bien
ayant été vendu ou réalisé, le prix ou la valeur en a été
appliqué à l'acquisition d'un autre bien, ou au paiement
d'une dette du mari. Or, il est inutile de rappeler les
contradictions que cette théorie rencontrerait soit dans
les textes de la loi, qui ne posent pas semblable exigence,
soit dans la tendance même d'autres arrêts rendus par
la Cour suprême.

191. La conclusion résultant de tout ceci, c'est que
la femme du failli, se gérant comme créancière de la
valeur de ses propres mobiliers ou immobiliers, doit
être, sans difficulté, admise à produire dans la faillite,
si elle use des preuves du droit commun, aux trois cas
suivants [1] :

(*a*) Quand elle n'a pu, faute des justifications requises
par les art. 558 à 560 C. comm., reprendre ses propres
en nature.

(*Sic* Limoges, 29 juin 1839 ; Sir. 40, 2, 9 ; Lyon,
29 avril 1850 ; Sir. 52, 2, 599 ; Angers, 26 mai 1869 ;
Sir. 70, 2, 85.)

(*b*) Quand il s'agit de propres qui ont été vendus sans
que le prix ait été remployé.

(*c*) Quand il s'agit de propres imparfaits qui ont
perdu leur individualité parmi les biens du mari.

(*Sic* Douai, 27 mai 1844, Sir. 451 ; Dijon, 4 février
1884 (cassé), Sir. 85, 2, 25.)

192. De ces trois conséquences, les deux premières

---

1. En ce sens : Bédarrides : *Faillites*, n° 1016 *ter*. — Demangeat sur
Bravais, t. V, p. 530. — Lyon-Caen et Renault, t. II, n°ˢ 3045, 3048. —
Aubry et Rau, III, § 264 *ter*, note 17. — Petiet : *op. laud.*, n°ˢ 120-
45 *bis*.

semblent, il est vrai, choquantes. La femme est déchue d'exercer un droit de propriété sur certains biens, et voilà qu'on l'admet pourtant à s'appuyer de ce droit de propriété, pour obtenir une récompense.

C'est ce qui a incliné un maître, hostile d'ailleurs à la tendance de la Cour de cassation, à n'accepter que la dernière des trois conséquences posées ci-dessus. Dans les cas que prévoient les deux premières, la preuve ne saurait, d'après cette opinion, être administrée qu'en conformité des articles 558 à 560. Alors, en effet, dit-on, la réclamation de la femme implique qu'elle était propriétaire. Elle doit donc « de toute nécessité..... établir au préalable son droit de propriété en se conformant aux dispositions de la loi qui régissent cette preuve ». Mais, dans le cas de reprise en valeur de propres imparfaits, la femme n'a eu, *ab initio*, qu'une créance : les règles du quasi-usufruit ont empêché que la femme ne fût un instant propriétaire au moment du mariage. D'où, nul obstacle à appliquer alors la distinction entre la reprise en valeur et la reprise en nature [1].

**193.** Ce système mixte serait peut-être excellent en législation, mais, en droit positif, j'ose me permettre de ne pas l'accepter.

Dès que l'on pose et qu'on résout la question de principe dont il s'agit ici dans les termes où, à la suite de l'éminent jurisconsulte dont je me sépare, je l'ai posée et résolue, il me paraît inévitable d'admettre toutes les conséquences que j'ai déduites.

D'une part, en effet, s'il est vrai que le silence de

---

1. M. Bufnoir, *loc. suprà cit.*

l'art. 563 laisse intact le droit commun en ce qui est des formes de la preuve et qu'il n'est pas, comme le veut la Cour de cassation, une référence tacite aux art. 558 à 560, il faut accepter cette interprétation jusqu'au bout. Le silence d'un texte ne saurait jamais se prêter à des distinctions arbitraires.

S'il est vrai, d'autre part, que ce silence n'est pas fortuit et que le législateur a voulu s'attacher ici uniquement au plus ou moins grand préjudice que la reprise doit causer aux créanciers, peu importe que la femme ait été créancière *ab initio* ou qu'elle le soit devenue par la suite. Dans ce dernier cas, l'exercice de la reprise ne sera pas plus pénible aux créanciers que dans le premier.

**194.** D'ailleurs, l'hypothèse où il s'agit de reprendre en valeur des propres imparfaits ne diffère pas, en théorie, de celle où il s'agit de propres parfaits. Il est vrai que, lors de leur acquisition ou de leur apport par la femme, la communauté ou le mari, suivant les régimes, est devenu propriétaire des premiers en vertu des règles du quasi-usufruit. Mais cela n'empêche pas que la créance d'indemnité invoquée par la femme n'ait sa cause dans le droit de propriété que celle-ci avait sur ces meubles. La femme est, dès lors, tenue, comme au sujet des autres meubles, de prouver ce droit au préalable. Et si, comme le semblent indiquer les concessions que je combats, cela devait suffire pour entraîner l'application des art. 558 et suivants, il n'y aurait pas de raison pour ne pas répudier, avec les deux autres, la troisième des conséquences que je posais. De sorte que le système mixte dont il s'agit conduirait insensiblement à consacrer les mêmes résultats que celui de la

Cour de cassation, dont il combat pourtant les principes.

### 3° *Mode d'exercice des reprises.*

**195.** Pour l'exercice de ses reprises à titre de créancière, la femme du failli est soumise, comme les autres créanciers, au régime du droit commun des faillites.

Ainsi les art. 491 C. comm. et suivants, sur la vérification et l'affirmation des créances, seront applicables aux créances de la femme.

De même, la liquidation sera faite par les soins du syndic et des dividendes seront distribués à la femme au prorata de ses créances. — Nul privilège au profit de celle-ci sur les effets mobiliers. C'est un point acquis aujourd'hui pour le cas de déconfiture et qui n'a jamais fait doute pour le cas de faillite (Rennes, 17 juin 1853, Sir. 534; Req. 24 janvier 1854, Sir. 166; Paris, 8 avril 1854, Sir. 213; Colmar, 13 juillet 1854, Sir. 504; Metz, 12 juin 55, Sir. 465; Douai, 29 janvier 1857, Sir. 406). — Mais, à l'inverse, nul privilège à craindre de la part des créanciers. C'est ainsi que la femme peut se présenter à la distribution de tous les biens meubles ou immeubles du mari, quelle qu'en soit l'origine. Il importerait peu, notamment, que tel bien eût été acquis, de façon certaine ou probable, avec les fonds des créanciers. Cet événement ne saurait écarter l'action chirographaire de la femme. En effet, la pensée qui domine les restrictions apportées aux droits de la femme n'est pas de déclarer telles créances plus favorables que d'autres et de donner aux premières une situation meilleure. Procéder ainsi eût été imprudent et parfois injuste. La loi a voulu surtout garantir la sincérité des justifications. Mais, ce résultat obtenu, toutes les créances sont estimées également justes et également dignes d'être payées.

**196.** Il faut signaler, enfin, que les articles 446 et 447 C. comm., seraient applicables aux paiements reçus dans la période que visent ces dispositions.

Mais l'art. 446 C. comm. ne ferait pas obstacle à une compensation entre les reprises de la femme et les indemnités qu'elle devrait à son mari ou à la communauté (Caen, 27 juin 1874, et Amiens, 16 mai 1877, Sir. 79, 2, 145). Cette solution se justifie, d'abord, en équité. Si on ne l'admettait, en effet, il faudrait arriver à ceci que la femme serait tenue de verser dans la masse le montant intégral des indemnités qu'elle devrait, mais qu'en retour elle aurait à se contenter d'un dividende du chef de ses reprises. Or, ce résultat est bien dur pour la femme à qui on ne peut faire un grief de n'avoir pas fait liquider plus tôt ses reprises. Bien peu de femmes, on l'a déjà remarqué (*supra* n° 96), ont le courage et même le pouvoir de donner l'éveil aux créanciers par une demande en séparation de biens. — En second lieu, le texte de l'art. 446 C. comm. ne répugne pas, malgré les apparences, à une possibilité de compensation entre les indemnités et les reprises. Il ne fait obstacle qu'à la compensation *ex diversa causa;* or ici rien de tel. On trouve un quasi contrat établi entre mari et femme, d'où

les indemnités et les reprises procèdent également. Les
deux parties doivent être traitées sur un pied d'égalité
et, si la femme fournit, dans son entier, la prestation
qu'elle devait, elle a droit à la prestation équivalente
sans en être réduite à un dividende. C'est un point qui
résulte soit d'arrêts rendus sur d'autres espèces, soit de
la loi elle-même (arg. art. 578 C. comm.[1]).

*Deuxième hypothèse : La femme se prévaut de son hypo-
thèque légale.*

### SOMMAIRE

**197.** Idée générale de cette hypothèse et différence avec la première
Subdivision.
     N° 1. Causes des reprises.
     N° 2. Conditions d'exercice.
     N° 3. Mode d'exercice.

**197.** La femme mariée, en se réclamant de son hypothèque légale, ne vient, pas plus que lorsqu'elle se
pose comme chirographaire, contester le droit de saisie
des créanciers et distraire, à son profit, un bien faisant
partie de l'actif. Elle prétend, ici comme là, ne pas diminuer l'actif, et exercer seulement un droit de créance,
mais cet exercice diffère, quant aux avantages qu'il procure, de celui qui a lieu par concours au marc le franc.
Il donne droit de préférence et droit de suite sur tous
les immeubles du mari. La préférence n'a lieu, sans
doute, que sauf les droits des créanciers hypothécaires

---

1. Voir, pour le développement de ces raisons, les observations de
M. Labbé, en note des arrêts cités au texte. En sens contraire : Marx,
*Étude sur les droits de la femme dans la faillite du mari*, et article
dans la *Revue générale du droit*, etc., tome V, p. 130 et suiv.

antérieurs en date. Mais, pour les créanciers postérieurs et pour les chirographaires, c'est-à-dire, en cas de faillite, pour la masse, l'usage de l'hypothèque légale est de fort nuisible conséquence.

On comprend, dès lors, que les prohibitions et restrictions exposées ci-dessus, et relatives aux causes des reprises en valeur et à leurs conditions d'exercice, se doivent maintenir pour le cas où la femme use de son droit par la voie de l'hypothèque légale.

On comprend même qu'à ces rigueurs s'en devaient ajouter d'autres. Plus favorisée était la femme, plus la loi devait être vigilante dans l'intérêt des créanciers. L'hypothèque légale prêtait, par ses effets, à des fraudes entre époux soit au profit de certains créanciers du mari qu'on pouvait avantager, par des cessions ou subrogations (arg. art. 9, l. 23 mars 1855), soit au profit des époux eux-mêmes, en créant à la femme des reprises fictives ou en augmentant son gage immobilier. Or, aux fraudes faites au profit de certains créanciers, les dispositions générales de la faillite suffisaient pour mettre obstacle. Mais aux fraudes dont bénéficieraient les seuls époux, il a fallu créer un obstacle spécial ; c'est l'article 563 qui le contient. De toutes ces diverses dispositions combinées résultent des prohibitions et restrictions qu'il convient de faire connaître : les unes relatives aux *causes* de reprise, les autres concernant soit les *conditions* soit le *mode d'exercice*. D'où, revient ici naturellement la subdivision adoptée sur la première hypothèse.

## 1° *Causes des reprises*

**198.** En principe, les mêmes causes qui donneraient à la femme le droit d'agir au titre chirographaire lui permettront d'user dans la faillite de son hypothèque légale. C'est, en d'autres termes, désigner toutes les créances que la femme du failli peut avoir, d'un chef quelconque, à exercer contre son mari, sauf, dans les circonstances prévues par l'art. 564, C. comm., celles qui procéderaient d'avantages matrimoniaux. Il ne faudrait pas croire, en effet, que l'article 563, en n'indiquant que trois sortes de créances à raison desquelles la femme pourrait user de son hypothèque légale, ait voulu exclure de ce bénéfice les autres causes de reprise. Ce serait mal comprendre la portée de cette énumération qui n'a pour but que d'écarter l'action hypothécaire procédant des avantages matrimoniaux. Le législateur commercial a fait, dans cet article, comme le législateur civil dans l'art. 2135 C. civ. Il a voulu signaler les causes principales et les plus fréquentes d'exercice des reprises, et n'a voulu faire de suppressions que parmi ces causes. Si l'on compare, en effet, l'art. 2135 C. civ., et l'art. 563 on voit que l'énumération de l'un est semblable à celle de l'autre, sauf en ce que celle-ci omet « les conventions matrimoniales ». Or, tout le monde est d'accord pour dire que l'article 2135 ne fait pas d'énumération limitative et que la formule générale de l'art. 2121 doit seule être tenue pour vraie[1]. Il paraît naturel de décider également ainsi en ce qui est de l'article 563; et cela, alors surtout qu'aucun motif ne peut être donné, qui exclurait les causes de reprises non signalées par cet article. Ces causes sont, il est vrai, les moins importantes, mais aussi les moins dangereuses par rapport aux fraudes auxquelles elles peuvent donner lieu. Les supprimer serait chose irrationnelle devant le maintien de causes beaucoup plus préjudiciables, à tous points de vue, pour les créanciers.

199. — En principe, la femme peut faire valoir son hypothèque légale, bien que les événements d'où ce droit résulte se soient passés après la cessation des paiements ou dans la période suspecte. Le texte de l'article 446 C. comm., et l'historique de sa rédaction témoignent que, seules, les hypothèques conventionnelles et judiciaires sont visées par cet article[2]. Il n'y a pas, à ce point de vue, à distinguer entre les causes qui engendrent l'hypothèque légale et, notamment, à excepter de cette validité l'hypothèque naissant d'une cause où la volonté des intéressés aurait eu la plus grande part.

---

1. Cf. Pont : *Priv. et Hyp.* sur l'art. 2121, nos 439 et 448 cbn.
2. Lyon-Caen et Renault, II, nos 2766 et 3049.

200. Ainsi, l'obligation contractée par une femme, dans l'intérêt de son mari failli procure à celle-ci une hypothèque légale qu'elle peut céder aux créanciers. En effet, le texte de l'article 446 C. comm. ne distingue pas ; or, l'obligation de la femme, contractée après cessation des paiements ou dans la période suspecte, est valable, puisqu'elle vaudrait même contractée après la déclaration de faillite (voir n° 36) : d'où, elle produit une hypothèque légale. L'esprit de l'article 446 est dans ce sens. Il vise les concerts frauduleux contre la masse : or, dans le cas d'obligation contractée au profit du mari, la femme est présumée, loin d'avoir colludé avec son mari, avoir été circonvenue par lui. C'est même le motif pour lequel une hypothèque légale lui est attribuée. D'ailleurs, l'équité vient confirmer la loi. Bien souvent, l'accession de la femme à l'engagement du mari marchand et la subrogation aux reprises sont de précieuses ressources pour celui-ci : elles le sauvent de l'embarras et lui font accorder des délais. Il n'en serait plus de même si un report de faillite pouvait mettre à néant cette coobligation et la cession qui la suit[1].

Telle est, au surplus, la solution constante de la jurisprudence.

Et, peu importe le créancier au profit de qui la femme s'engage ; elle a la liberté de le faire envers tel ou tel créancier de son mari : « aucune disposition de la loi ne lui impose de traiter également tous les créanciers de son mari dans les sacrifices qu'elle se résout à faire[2]. »

Peu importe que la dette à laquelle la femme accède

---

1. Note anonyme (Ortlieb) Sir. 79. 2. 115.
2. Note Labbé sous Civ. cass., 27 avril 1881, Sir. 394.

soit antérieure ou non à la cessation des paiements (Req. 7 novembre 1848, Sir. 49, 1, 123; Civ. rej., 25 juillet 1860, Sir. 61, 1, 95; Req. 9 décembre 1868, Sir. 69, 1, 117; Civ. Cass. 27 avril 1881, Sir. 394; Req. 18 avril 1887, *Gaz. Pal.* 30 avril 1887).

Peu importe même que la cessation des paiements ait été connue de la femme, si, malgré cela, on n'a pas la preuve d'une fraude concertée au préjudice des créanciers du mari.(Req. rej. 7 novembre 1848; Civ. cass., 24 décembre 1860, Sir. 61, 1, 538; Lyon, 6 janvier 1876, Sir. 207; Bordeaux, 23 janvier 1882; *Journ. des faill.*, 82, p. 326; Besançon, 19 mai 1886. Sir. 176.)

**201.** Mais la solution changerait si, à la connaissance de l'insolvabilité du mari, venait se joindre l'intention, chez la femme, de conférer indirectement au créancier un avantage que son mari n'aurait pu souscrire directement à son profit. Dans ce cas, l'article 447 C. comm. serait applicable. Le texte de cet article semble, il est vrai, résister à semblable solution. Il a trait à des fraudes organisées par le failli; or ici ce n'est pas le failli, mais sa femme qui a fait l'opération. Mais au fond, et malgré cette apparente objection que fournit le texte, l'esprit de la loi est décisif pour appliquer l'article 447 dans le cas en question. Il ne faut pas oublier, en effet, l'idée que je rappelais tout à l'heure et qui est à la base de la théorie du Code civil sur le cas de la femme mariée s'obligeant en faveur de son mari et sur l'hypothèque légale qui en résulte. La femme qui s'oblige dans ces conditions est présumée avoir, en cela, subi, directement ou indirectement, l'ascendant de son mari et ne s'être engagée qu'à l'instigation de ce dernier. Dès lors, quand on voit la femme et un créancier, connaissant la

cessation des payements et ayant l'intention de faire un
acte qui favorisera ce créancier au détriment des autres,
le jugement est facile à porter. L'ascendant du mari a
seul déterminé cet acte. En apparence, c'est la femme
qui s'engage et qui subroge ; en réalité, c'est le mari
seul qui fait la fraude et qui confère avantage à l'un
de ses créanciers. Et le moyen détourné dont il use
pour éluder l'article 447 C. comm. est un motif de
plus d'appliquer cet article. D'où, les juges devront
annuler l'hypothèque légale acquise dans ces conditions.

(Civ. rej., 15 mai 1850, Sir. 613 ; Req., 11 décembre 1876, Sir. 77, 1, 408 ; Cass. civ., 27 avril
1881, Sir. 394 et note de M. Labbé ; Bordeaux, 23 janvier 1882, *loc. cit.* ; Besançon, 19 mai 1886, *loc. cit.* ;
Req., 18 avril 1887, *loc. cit.* ; Aubry et Rau, t. III,
§ 264 *ter*, texte et note 27 ; Lyon-Caen et Renault,
t. II, n° 2767).

Et si la femme avait cédé son hypothèque légale au
créancier, celui-ci n'en pourrait user, au moins du chef
de l'engagement consenti par la femme.

(Poitiers, 16 janvier 1860, Sir. 290 ; Req., 9 décembre 1868, Sir. 69, 1, 117 ; Lyon, 6 janvier 1876,
Sir. 207 ; Req., 18 avril 1887, *loc. cit.*).

**202.** Il résulte de ce qui précède que l'annulation de
l'opération qui nous occupe a lieu dans le seul intérêt de
la masse. La conséquence en est que cette annulation
se doit aussi mesurer, dans ses effets, au seul intérêt
de la masse : il ne faut « anéantir l'obligation qu'en
tant qu'elle est un expédient employé pour faire passer
à un créancier, au détriment des autres, une partie de
l'actif de la faillite ». Et l'opération doit être tenue valable : 1° au regard de la masse, en tant que cette opéra-

tion ne lui nuit pas ; 2° dans les rapports de la femme avec son mari ou avec le créancier, sans distinction.

Voici des applications pratiques :

(*a*). Le créancier subrogé, qui ne peut user de la subrogation du chef de l'obligation de la femme, le peut, au moins, du chef d'autres causes, par exemple pour la dot ou pour les reprises.

(Civ. Cass., 27 avril 1881, Sir. 394 ; Note Ortlieb sous Sir. 79, 2, 115 ; Lyon-Caen et Renault, t. II, n° 2767).

(*b*). Le créancier, subrogé ou non, garde la femme pour obligée personnellement envers lui. Les hypothèques conventionnelles consenties par la femme et les hypothèques judiciaires obtenues contre elle continuent à grever ses propres.

(Civ. rej., 15 mai 1850, Sir. 613 ; Poitiers, 16 janvier 1860, Sir. 290 ; Nancy, 19 mars 1879, Sir. 115 et note Ortlieb ; Req., 18 avril 1887, Sir. 173 — note Labbé, Sir. 84, 1, 394; Aubry et Rau, t. III, § 264 *ter*, texte et note 27).

(*c*). La femme, qu'elle ait payé ou non (Arg. art. 2032 C. civ. *vide supra*, n° 158), ne perd pas contre la masse son recours chirographaire, qui lui donnera un dividende corrélatif à la créance éteinte ou à éteindre.

(Angers, 10 juin 1846 sur Req., 7 novembre 1848; Sir. 49, 1, 237 — notes Labbé et Ortlieb précitées; Lyon-Caen, *Examen doctr. de la jurispr.*, *Rev. crit.* 1881, p. 282).

(*d*). La femme qui aurait payé ne serait pas privée de l'hypothèque légale contre son mari, si celui-ci revenait, dans la suite, à meilleure fortune.

(*e*). Le syndic seul pourrait demander la nullité de l'obligation en se fondant sur l'article 447 C. comm.; la femme ne le pourrait qu'en se fondant sur un moyen de nullité de droit commun.

D'où, si d'aventure un jugement avait accueilli, à la fois, l'action en nullité du syndic et une demande de la femme tendant à ce que l'acte fût annulé à son profit, ces deux actions ne seraient pas liées entre elles. L'appel serait recevable de la part du créancier contre la femme, tant que celle-ci n'aurait pas signifié le jugement, bien que ce jugement fût, par suite de l'expiration du délai de quinze jours (art. 443 *Proc. civ.*), passé en force de chose jugée au regard du syndic.

(Civ. cass. 21 décembre 1881, Sir. 82, 1, 423).

203. Les règles qui précèdent, au sujet de l'obligation accessoire contractée après la cessation de payements ou dans la période suspecte, dominent en jurisprudence. Mais elles ne vont pas sans objections, dont voici les principales qu'il est, du reste, aisé de réfuter.

Selon certains, jamais cet engagement ne produirait d'hypothèque légale valable. Et cela soit parce que, le failli étant incapable d'autoriser sa femme, celle-ci n'aurait pu contracter d'obligation, soit parce que l'hypothèque légale, résultant de l'obligation de la femme, serait plutôt conventionnelle que légale et tomberait sous l'article 446 C. comm.

(Coin-Delisle, *Rev. crit.* 1853, III, p. 221 et suiv. ; Pont *Hypoth.* t. I., n° 447 ; Nancy 4 mars 1876, sur Req. 11 décembre 1876, Sir. 77, 1. 407).

Mais la première de ces objections méconnaît la portée de la faillite, laquelle ne frappe le commerçant que dans l'administration de ses biens, nullement dans son autorité maritale. A plus forte raison en doit-il être ainsi quand la faillite n'est pas encore déclarée (Aubry et Rau.

III, § 264, *ter*. texte et note 27, Lyon-Can et Renault, t. II, n° 2767). La seconde objection est réfutée par le texte absolu de l'article 446 C. comm.

**204.** Selon d'autres esprits, il faudrait, avec la jurisprudence, déclarer inapplicable l'article 446 C. comm. et applicable l'article 447. Seulement, dans les cas où l'article 447 aurait lieu, l'opération devrait être annulée au regard de tous et de la femme notamment qui ne serait plus tenue envers le créancier.

En ce sens, on dit, d'abord, que la femme qui s'oblige pour son mari, étant présumée subir l'ascendant de ce dernier, doit, en compensation, être assurée d'un recours. Ce recours faisant défaut, l'engagement de la femme perd toute valeur. (Nancy 4 août 1860, Sir. 61, 2, 119 ; 4 mars 1876, Sir. 77, 2, 407). A quoi il faut répondre que le recours ne fait pas défaut dans notre système. La femme a un, recours chirographaire contre la masse et un recours hypothécaire contre son mari au cas où il reviendrait à meilleure fortune. Quant à l'annulation de l'hypothèque au regard de la masse, elle ne nuit pas plus à la validité de l'obligation que ne le feraient des hypothèques préférables en rang à celle de la femme et qui la rendraient inefficace. Nulle part, en effet, la loi n'a subordonné la validité de l'engagement de la femme à l'efficacité du recours qu'elle confère à celle-ci.

(Req. 18 avril 1887, *Gaz. Pal.* 30 avril).

On objecte, en outre, que la femme ne s'est engagée qu'à la condition de voir naître l'hypothèque légale (Nancy, 4 août 1860). Mais il faut répondre que cette volonté n'est pas certaine. Au surplus, la femme a dû sentir la portée de son engagement. Comme on l'a justement noté, le sénatus-consulte Velléien n'existe plus : on ne prend plus en considération le sexe du débiteur accessoire. Traitant donc la femme comme toute autre personne, il faut lui appliquer ce principe que « nul ne peut se faire un titre de la fraude à laquelle il a coopéré pour échapper aux conséquences licites des actes accomplis » (note Labbé).

On objecte enfin l'indivisibilité des contrats, qui ne permet pas de détacher l'hypothèque de l'obligation dont elle procède, et aussi cette considération que le maintien de la promesse profite au créancier complice de la fraude. Mais « la fraude étant dirigée contre la masse et non contre la femme, la nullité prononcée doit être mesurée sur l'intérêt de la masse qu'il s'agit de sauvegarder » (note Labbé).

### 2° *Conditions d'exercice des reprises.*

#### SOMMAIRE

**205.** Il est à peine besoin de signaler comme hors de doute que la femme qui veut exercer son hypothèque légale doit n'y avoir pas renoncé, directement ou non. La participation au concordat serait, notamment, un acte de renonciation suffisant : l'article 508 C. comm. est, à cet égard, assez général pour désigner la femme aussi bien que tout autre créancier hypothécaire. Mais il est bien entendu que, sous le régime dotal et en ce qui est des reprises dotales, cette règle souffre exception. Alors la femme « malgré son concours au concordat... conserve contre (le mari) et ses nouveaux créanciers, sur les biens qui lui adviendraient ultérieurement, tous ses droits... pour le recouvrement intégral de la dot » [1].

L'article 508 serait également applicable au créancier du failli que la femme aurait subrogé dans l'hypothèque légale. Peu importerait que la subrogation n'eût été faite que pour une partie de la créance, sauf, bien entendu, si le créancier avait eu soin, lors du vote au concordat, de scinder sa créance et de déduire la part garantie par l'hypothèque légale.

(Civ. rej. 14 juillet 1879 ; Sir. 80, 1, 23.)

**206.** Ces réserves faites, voici quelles conditions doit remplir la femme du failli pour exercer son hypothèque légale.

En principe, l'article 2121 C. civ., faisant de l'hypothèque légale un accessoire obligé des « droits et créances » de la femme, il suffit à celle-ci, pour exercer

---

1. Aubry et Rau, t. V, § 539, texte et note 16, Civ. rej. 11 novembre 1867. Sir. 68, 1, 17. — Seine, 14 décembre 1886, *Gaz. Pal.*, 22 janvier 1887.

cette hypothèque, de faire preuve de ses droits de
créance de la même façon que si elle se posait en chirographaire.

Néanmoins, cette assimilation de la femme du failli,
agissant à titre hypothécaire, à la femme créancière
chirographaire, n'a pas lieu dans tous les cas. Le droit
commun hypothécaire et le droit spécial des faillites
viennent chacun aggraver en quelques points, et par
des exigences nouvelles, la position de la femme. Il
convient de préciser la portée de ces exigences.

207. En premier lieu, il importe de dire que, lorsque
l'hypothèque légale de la femme résulte d'une obligation contractée par celle-ci avec son mari ou de la vente
d'un propre de la femme, et lorsque, pour opposer alors
l'hypothèque aux tiers, il en faut fixer la date, cette
date doit être certaine au sens de la loi [1].

Ainsi, la femme est-elle en conflit, sur le prix d'un immeuble, avec un créancier se prévalant d'une hypothèque conventionnelle ou judiciaire, qu'elle dit être de date
postérieure à la sienne ? Il ne lui suffit pas, comme dans
le cas où elle se pose en chirographaire, de produire un
acte d'obligation ou de vente purement sous seing privé.
Elle est tenue de prouver ici, non seulement sa créance,
mais l'antériorité de cette créance, et, dès lors, d'apporter
soit un acte authentique, soit un sous seing privé régu-
larisé, quant à sa date, selon l'art 1328 C. civ. Les créanciers hypothécaires, en effet, ne sont pas les ayants
cause de leur débiteur, lorsqu'ils se prévalent de leur

---

1. Pont : *Priv. et Hyp.* n° 761. — Massé, note Sirey, 59. 1. 193. —
Aubry et Rau, III, § 264 *ter*, texte et note 70. — Bufnoir, note Sir.,
85. 2. 27, col. 3 *in fine* et 4.

droit réel. Ils exercent alors un droit propre qui les constitue *tiers* au regard de la femme. (Req. 21 novembre 1887 *Gaz. Pal.* 9 décembre).

De même, si l'on suppose que la masse chirographaire conteste l'antériorité de la créance de la femme au regard de l'ouverture de la faillite [1], celle-ci est tenue d'apporter un acte ayant date certaine. Dans ces cas-là, un arrêt de Douai du 25 janvier 1857 (Sir. 408) a très justement précisé que « la femme se prévaut de son titre non seulement contre son mari, mais encore contre les autres créanciers auxquels elle veut être préférée. Ceux-ci sont évidemment des tiers, lorsqu'ils combattent cette préférence et sont, à ce titre, protégés par l'art. 1328. Le débat existe de créancier à créancier, non de créancier à failli. » Les créanciers ont alors un rôle analogue à celui qu'ils jouent dans le cas de l'action paulienne (art. 1167 C. civ.).

Mais encore faut-il que la masse n'ait pas, de façon ou d'autre, reconnu comme antérieure à la faillite la créance constatée par l'acte dont la femme se prévaut. C'est pour avoir méconnu cette nuance que l'arrêt précité de Douai a été cassé par un arrêt du 15 mars 1859 (Sir. 193), lequel a prononcé que, lorsqu'après la faillite du mari les créances résultant des obligations du mari et, par suite, la créance de la femme pour les indemnités par elle prétendues, ont été admises au passif de la faillite, la masse ne peut refuser à la femme l'hypo-

---

1. Il ne peut s'agir, bien entendu, que de l'antériorité au regard du jugement déclaratif, non pas au regard de la cessation des payements ; car on a vu (n₀ 199) que l'art. 446 C. comm., ne s'appliquant pas à l'hypothèque légale, il importe peu que les causes qui la produisent soient, ou non, antérieures à la cessation des payements ou à la période suspecte.

thèque légale du chef de cette créance. Reconnaître, en effet, une créance de la femme et la tenir pour anté- rieure à la faillite, c'est admettre le droit réel qui en est la suite nécessaire.

(En ce sens : Orléans, 24 mai 1848, Sir. 50, 2, 145 ; Amiens, 26 mars 1860, Sir. 124, Civ. rej. 19 février 1862, Sir. 382 ; Note Massé *loc. cit.* ; Aubry et Rau III, § 264 *ter* note 70.

208. La seconde différence qui sépare la femme du failli créancière hypothécaire de la femme chirographaire se trouve dans l'article 563 § 1 et § 2, n° 1, C. comm.

Par cet article, le législateur a eu dessein d'éviter que la femme vînt produire dans la faillite de son mari, en se réclamant de deniers dotaux ou provenant de suc- cessions ou donations postérieures au mariage alors qu'en réalité le mari ne les aurait pas touchés. Il suffi- rait, à cet égard, de faire, après la déclaration de faillite, des quittances menteuses qu'on antidaterait. Cette fraude n'a pas été jugée périlleuse au cas où la femme est chirographaire, puisque les textes ne disent rien là dessus. Elle ne l'a même pas été, aux yeux des ré- dacteurs du Code civil, pour le cas où la femme est créan- cière hypothécaire de son mari en déconfiture, puisque, en général, c'est du jour où la femme a acquis droit aux sommes, non du jour où son mari les a touchées, que l'hypothèque légale prend date (art. 2135 C. civ.). Les rédacteurs du Code de commerce, au contraire, motif pris du préjudice que l'hypothèque légale cause aux créanciers du mari, ont voulu assurer à ceux-ci la sin- cérité entière des reprises de la femme. Ils avaient même, à cet effet, prescrit à celle-ci d'apporter, dans tous les cas où elle se prévaudrait de sa dot ou de deniers provenant de successions ou donations, une preuve authentique de la délivrance ou du paiement. Mais la loi de 1838 est venue adoucir, à un double égard, ces sévérités. Elle ne prescrit de conditions dérogatoires que lorsque le mari était commerçant lors du mariage ou que n'ayant pas, à ce moment-là, de profession déterminée, il l'est devenu dans l'année. En second lieu, il n'exige, pour prouver la délivrance ou le paiement, qu'un acte ayant date certaine. — Un mot sur chacun de ces points.

**209.** Les circonstances qui donnent lieu à l'application de l'art. 563 sont les mêmes que celles, déjà marquées, dans lesquelles l'art. 564 fait perdre à la femme ses avantages matrimoniaux. Il n'y a donc pas sujet de revenir sur un commentaire déjà fait.

Mais il convient de faire ressortir pour quels motifs l'art. 563 ne restreint son application qu'à ces circonstances.

On pourrait, d'une première vue, se demander s'il y a eu raisonnable motif de ne pas édicter, comme les art. 558 à 560, des prohibitions ou restrictions applicables à tous les cas où le mari serait en faillite. Si le législateur a craint que la femme n'alléguât frauduleusement des versements de sommes aux mains du mari et que les moyens de preuve du droit commun ne prêtassent à cette fraude, ce péril existerait aussi bien que le mari eût ouvert boutique plusieurs années après son mariage ou qu'il l'eût fait auparavant ou dans l'année. Ce ne sont pas, en effet, des fraudes qui se passent, comme celles que vise l'article 564 C. comm., au moment du mariage. C'est pourquoi le Code de 1807 semblait plus logique, qui n'instituait pas de distinctions dans l'hypothèse où nous sommes, ni pour les restrictions qu'il posait.

Néanmoins l'innovation de 1838 n'a pas été fortuite et le législateur d'alors a fait ici un raisonnement semblable à celui que le législateur de 1807 avait fait sur d'autres points. Il a voulu concilier l'intérêt des créanciers, qui devaient être mieux protégés qu'en droit commun, et l'intérêt de la femme qui est souvent dans l'impossibilité d'exiger de son mari les preuves suffisantes. Il l'a voulu d'autant mieux qu'il s'agissait de reprise en valeur, moins pénible aux créanciers que des reprises en nature. Et, dès lors, il a marqué une distinction qu'il n'avait pas agréée pour cette dernière catégorie de reprises. Il n'a imposé à la femme des moyens de preuve exorbitants que pour le cas où, en se mariant, la femme avait pu prévoir la possibilité d'une faillite. Il est vrai qu'en fait bien rares sont les jeunes filles qui, épousant un commerçant, ont la pensée qu'un désastre puisse arriver et prennent, en vue de ce malheur et pour éviter l'art. 563, la résolution de surveiller les quittances que délivrera, dans la suite, son mari, pour sa dot ou pour les successions et donations qu'elle doit recueillir. Néanmoins, à vouloir créer une distinction favorisant certaines femmes de commerçants plutôt que d'autres, l'intérêt du législateur devait porter sur celles qui, lors de leur mariage, n'ont pu augurer que leur mari ouvrirait plus tard un commerce et s'exposerait, dès lors, à la faillite.

**210.** Les restrictions posées par l'art. 563, § 2, n° 1 consistent, ai-je dit, en ce que, pour la preuve de la délivrance ou du paiement des deniers et effets mobiliers apportés en dot ou advenus par successions ou donations, un acte ayant date certaine est requis. Voici le sens de certaines de ces expressions.

**211.** En parlant de preuve de la délivrance ou du paiement, la loi ne parle pas nécessairement de délivrance ou de paiement fait *au mari*. Ainsi, la femme prouverait-elle, par une quittance ayant date certaine et donnée avec l'assistance de son mari, qu'elle a reçu des deniers provenant d'une succession ; nul besoin de prouver, en outre, qu'elle a versé les fonds au mari. Le silence de la loi sur ce point procède d'une sage appréciation des rapports entre mari et femme. Dès que celle-ci a prouvé que son droit est né et a été réalisé, on doit présumer que le mari a reçu. Il a, le plus souvent, ce pouvoir, d'après les conventions matrimoniales, et toujours la facilité de toucher les fonds.

(Civ. rej. 27 décembre 1852 et mémoire en défense y joint. Sir. 53, 1, 161.)

**212.** En parlant de preuve par acte ayant date certaine, le législateur vise une date antérieure au jugement déclaratif de faillite [1].

Au surplus, la certitude de la date n'est acquise que conformément au droit commun. Ce n'est qu'un acte authentique ou un sous-seing privé en règle avec l'article 1328 C. civ. qui peut répondre aux vœux de la loi.

**213.** Ainsi, la date ne serait pas suffisamment établie par des correspondances, des notes, des énonciations de livres de commerçants, etc., en un mot par des présomptions. Il n'y a pas à alléguer, en sens contraire, que, dans les matières commerciales, les tribunaux peuvent induire des éléments de la cause la certitude d'une date. On peut répondre, en effet, que ce n'est pas tou-

---

1. Lyon-Caen et Renault, t. II, n° 3054.

jours exact. Dans les cas où le Code de commerce impose, comme ici, un acte ayant date certaine, c'est l'art. 1328 qui doit être suivi. D'ailleurs, ce n'est pas de *matière commerciale* qu'il s'agit quand la femme veut prouver la réception de deniers par son mari, à l'effet d'acquérir une hypothèque légale.

(Note Devilleneuve, sur Civ. rej. 27 décembre 1852, Sir. 53, 1. 751 ; Req. 13 août 1868, Sir. 69, 1, 348.)

De même, serait inapplicable, en l'espèce et relative à la dot, la présomption de l'article 1569 C. civ. En effet, l'art. 563 C. comm. exige que la femme prouve la réalité du paiement de la dot et qu'elle le fasse en une certaine forme. Or, l'art. 1569 C. civ. se contente de présumer le paiement de la dot même n'eût-il pas été effectué. D'ailleurs, l'art. 1569 C. civ. a pour but unique de protéger les intérêts de la femme au regard de son mari. Or, l'art. 563 suppose une lutte de la femme avec les créanciers de son mari et veut éviter que ceux-ci soient fraudés par les deux époux. Le but de cet article serait manqué si la femme pouvait suffisamment justifier sa demande par des présomptions,

(Angers, 23 décembre 1868, Sir. 69, 2, 194 ; Poitiers, 21 juin 1881, Dall. 82, 2, 224 ; Lyon-Caen et Renault, 1, II, n° 3054.)

**214.** A l'inverse, l'art. 563, § 2, n° 1, serait observé si la femme produisait, à l'appui de ses prétentions, un jugement rendu dans une instance antérieure, et constatant la réception de deniers dotaux ou successoraux (Limoges, 29 juin 1839, Sir. 40, 2, 9). Il le serait également par la production de l'acte de mariage au cas où le contrat anténuptial aurait spécifié que la célébration vaudrait quittance. On ne saurait objecter, dans une vue contraire, que cette solution ouvre la voie à des fraudes préjudiciables aux créanciers. A ce compte-là, en effet, il ne faudrait même pas se contenter d'une quittance séparée, où les fraudes ne seraient pas moins à craindre.

(Civ. rej. 19 janvier 1836, Sir. 200 ; Colmar, 28 décembre 1853, Sir. 56, 2, 397 ; Req. 22 février 1860, Sir. 435 ; Lyon-Caen et Renault, *loc. cit.*)

215. Au surplus, il faut reconnaître que la présomption de fraude qui résulterait, contre la femme du failli, d'un acte qu'elle produirait sans date certaine, cesserait devant la reconnaissance, par les créanciers, de la sincérité de la date portée dans cet acte. Ainsi, au cas où les créanciers auraient admis au passif de la faillite, une créance de la femme qui, soumise aux conditions de l'art. 563 § 2, n° 1, ne les remplirait pas, ils seraient sans droit pour écarter, de ce chef, l'hypothèque légale (arg. *suprà* n° 207). Les arrêts, cités plus haut sur un cas analogue, font foi que la Cour suprême prononcerait dans le même sens sur l'hypothèse qui nous occupe.

216. La troisième différence à marquer, du côté des conditions à remplir, entre la femme du failli exerçant son hypothèque légale et celle qui ne l'exerce pas, c'est que, dans certains cas, la première est soumise aux déchéances de l'article 448 C. comm. Voici dans quels cas.

En principe, l'hypothèque légale de la femme ne requiert pas plus inscription s'il y a faillite du mari que s'il y avait déconfiture. Par voie de suite, la femme du failli, qui désirerait inscrire cette hypothèque, le peut, à toute époque, même après le jugement déclaratif de la faillite et, à plus forte raison, après la cessation de paiements ou dans la période suspecte.

Néanmoins il ne faut pas oublier que la dispense d'inscription dont jouit l'hypothèque légale cesse, d'après le droit commun, avec la dissolution du mariage. Dans l'année qui suit cette dissolution, la femme ou ses héritiers, suivant le cas, sont tenus de faire inscrire cette hypothèque s'ils veulent lui conserver le rang que, d'après la nature des créances, lui assigne l'article 2135 C. civ. En d'autres termes, passé ladite année, l'hypothèque légale retombe sous le droit commun des autres hypothèques. Or, dans le cas de faillite de leur débiteur, les créanciers hypothécaires subissent, de par l'article 448 C. comm., des restrictions et des déchéances. Il s'ensuit que l'hypothèque légale doit, sitôt écoulé l'an de la dissolution du mariage, tomber sous l'empire de l'article 448 C. comm.

**217.** Cette formule se résout dans les propositions suivantes :

1° Passé ladite année, la femme ou ses héritiers seraient empêchés d'inscrire l'hypothèque légale par la déclaration de faillite du mari survenue, soit pendant l'année, soit postérieurement (art. 448 § 1).

(Civ. cass. 17 août 1868 (arg. d'analog.) Sir. 379 ; Aubry et Rau, III, § 269, texte et note 21).

2° Passé l'année de la dissolution, les tribunaux sont en droit de prononcer l'annulation de l'inscription prise avant la déclaration de faillite, mais après l'époque de la cessation des paiements ou dans la période suspecte (art. 448 § 2). Cette seconde proposition se trouve, il est vrai, contredite par certains esprits et même par la Cour de cassation. Pour le faire, on part de cette idée que l'article 448 § 2 ne permet l'annulation de l'inscription hypothécaire que si elle est prise plus de quinze jours

13

après la date de l'*acte constitutif* du droit réel à inscrire. Or, il n'y a pas d'acte constitutif pour les hypothèques légales et, s'agissant ici d'une déchéance, il faut l'appliquer aux seuls cas prévus par le texte.

(Cass. 18 juin 1879, Sir. 80. 2, 201 ; Lyon-Caen, Examen doctr. de la jurisp., *Revue crit.*, 1881, p. 279).

Néanmoins, l'esprit de la loi paraît formel dans le sens que j'indique. Sitôt l'année écoulée qui suit la dissolution du mariage, la femme retombe sous le droit commun, et, dès lors, elle est soumise, comme les autres créanciers hypothécaires, à l'article 448 § 2 C. comm. Cet article parle d'*actes constitutifs* parce que, lors de sa rédaction, l'hypothèque légale était dispensée d'inscription : mais, depuis la loi de 1855, les choses ayant changé, les règles concernant les hypothèques sujettes à inscription sont devenues applicables à l'hypothèque légale. D'ailleurs, ne pas appliquer l'article 448 § 2 C. comm., aboutirait à induire les tiers en erreur sur la solvabilité du mari commerçant et à favoriser les collusions entre époux. Quant au délai de quinzaine, il faut, non pas le supprimer, comme le voudraient certains partisans de mon opinion, mais le faire courir de l'expiration de l'année. Ce n'est, en effet, qu'à partir de ce moment que l'hypothèque légale est sujette à inscription. Elle doit donc, comme les hypothèques ordinaires, bénéficier d'un délai de quinzaine.

(Aubry et Rau III, § 269, texte et note 21 ; Lyon, 19 août 71, S. 72, 2, 80 ; Bordeaux, 4 avril 76, S. 77, 2, 257 ; Alger, 23 juin 1879, Sir. 201).

**218.** Il est essentiel de dire que, d'après la tendance

---

1. Voir, notamment, motifs de Cass., 15 juillet 1857 (Sir. 58, 1, 705).

des arrêts et aussi d'après l'esprit et le texte des dispositions qui environnent l'article 448 C. comm., cet article n'a été institué que dans l'intérêt de la masse. La femme du failli rencontre donc, dans cet article, une disposition qui, relativement aux personnes pouvant la lui opposer, est moins rigoureuse que celle des articles 557 et suivants. Seuls, le syndic, au nom de la masse, ou les créanciers hypothécaires, dans l'intérêt de la masse, peuvent s'en prévaloir. Dès lors, un créancier hypothécaire, valablement inscrit mais primé par l'hypothèque de la femme, ne pourrait se prévaloir, pour écarter celle-ci, de ce que l'inscription aurait été faite contrairement à l'art. 448 C. comm. Alors, en effet, il importe peu à la masse que ce soit la femme, ou son compétiteur, qui produise au titre chirographaire.

### N° 3. — Mode d'exercice des reprises.

#### SOMMAIRE

**219.** De droit commun, la femme mariée peut exercer l'hypothèque légale sur tous les immeubles de son mari, quelle que soit la date, ou quel qu'ait été le mode de l'acquisition qu'il en a faite. Mais l'article 563 C. comm. vient, en ce point-là, amoindrir les droits de la femme dont le mari est en faillite. Il laisse bien sous l'action hypothécaire les immeubles appartenant au mari lors de son mariage ou qui lui sont advenus depuis à titre de libéralité; mais il y soustrait les immeubles acquis à titre onéreux depuis le mariage.

220. Cet article a pour but d'éviter que le commerçant marié, prévoyant la faillite et désirant assurer aux reprises de sa femme le plus complet remboursement possible, applique à des acquisitions d'immeubles tous ses capitaux, spécialement l'actif commercial qu'il doit aux opérations faites avec ses créanciers. Le législateur n'a paru craindre ce danger, que pour le temps postérieur au mariage. Mais, dans ces limites, il a voulu garantir les créanciers par une sorte de privilège, à leur profit exclusif et analogue, quant à ses effets, à celui qu'institue l'art. 2103-2º C. civ. en faveur des bailleurs de fonds. Les créanciers du mari, au lieu d'être primés, primeront l'hypothèque légale et en empêcheront l'exercice sur les biens que leur argent a aidé à acquérir.

D'où, l'on peut dire que, au regard des immeubles acquis par le mari, l'article 563 C. com. pose, comme le fait l'art. 559 pour les biens acquis par la femme, une double présomption fondée sur la date et sur la nature du titre qui a fait acquérir. En faveur de la femme, il présume que les immeubles, appartenant au mari lors du mariage ou à lui advenus gratuitement depuis lors, n'ont pas appauvri l'actif commercial. Contre la femme, il présume que les immeubles acquis à titre onéreux ont, au contraire, fait l'objet d'une machination hostile aux créanciers et pratiquée au moyen de leur argent.

**221.** Il est aisé de voir que, semblables par les circonstances qui les font naître, les présomptions des articles 557 à 559 et celles qui résultent de l'article 563 diffèrent entre elles par leur portée d'application. A comparer, en effet, le texte de l'art. 559 et celui de l'article 563, on arrive aux deux remarques suivantes :

1° Au lieu que l'article 559 C. comm. s'applique dans tous les cas où le mari est en faillite, sans distinction sur l'époque où le commerce s'est ouvert, l'article 563 C. comm. ne vient déroger au droit commun que dans l'hypothèse où le mari était marchand lors du mariage ou l'est devenu dans l'année.

2° Au lieu que le texte de l'art 559 C. comm. ouvre à la femme la preuve contraire à la présomption qui lui est hostile et l'accorde, par là, implicitement aux créanciers contre la présomption de l'art. 557 C. comm. (n° 87), l'article 563 ne dit rien de tel. La loi, comme on l'a très bien dit[1], a statué par catégorie d'immeubles sans qu'il y ait lieu de scruter plus avant les circonstances de chaque acquisition. « Relativement aux acquisitions à titre onéreux une seule constatation est à faire : la date de l'acquisition. Est-elle antérieure au mariage, elle est présumée accomplie avec des valeurs étrangères au commerce exercé pendant le mariage; l'hypothèque légale existe nonobstant la faillite. *Secus* sans distinction, si l'acquisition à titre onéreux est contemporaine du mariage. »

**222.** Ces deux différences entre l'article 563 C. com.

---

[1]. Labbé, note Sir., 76, 1, 241.

et les articles 557 à 559 ne sont pas d'un pur caprice du législateur. Elles répondent aux différences qui séparent les hypothèses auxquelles ces articles ont trait.

**223.** Dans la théorie des articles 557 à 559, il s'agissait de régler la composition de l'actif, de séparer nettement l'avoir propre de la femme de celui du failli, d'éviter qu'il fût attribué à l'un ou à l'autre plus qu'il ne devait leur revenir. Force était donc de réglementer les choses aussi rigoureusement et aussi strictement que possible, pour fixer avec justice la part de chacun.

Il était, dès lors, naturel, qu'en jugeant nécessaires certaines présomptions pour arriver à ce résultat, le législateur les maintînt dans tous les cas où le mari serait en faillite et sans prendre garde à l'époque où se serait ouvert le trafic.

Il était également naturel que, là où les circonstances de fait viendraient contredire les présomptions de la loi, les créanciers ou la femme, suivant les cas, pussent s'appuyer des circonstances, et arriver ainsi à établir, sur des bases plus exactes, la composition de l'actif.

**224.** Dans l'hypothèse de l'article 563 C. comm., nulle discussion sur l'actif. La femme ne veut pas accroître sa fortune. Elle se présente, il est vrai, avec des prétentions sur le prix d'un immeuble de son mari : mais c'est en vertu de reprises d'une sincérité parfaite, dont le chiffre n'est pas dénié, et elle réclame le droit ordinaire aux femmes mariées. Elle y vient, munie d'un droit de préférence, mais à son rang et prête à subir l'antériorité d'autres créanciers hypothécaires. On comprend qu'alors le législateur ait eu moins souci de régler avec rigueur et exactitude cette hypothèse. Il a bien voulu protéger les créanciers contre un danger, mais avec moins d'énergie que dans le cas de l'art. 559. C'est pourquoi l'on trouve dans l'article 563 une sorte de conciliation, que l'art. 559 ne pouvait faire, entre les intérêts des créanciers et ceux de la femme.

Il a distingué, d'une part, les immeubles apportés ou acquis à titre gratuit, d'autre part, les immeubles acquis à titre onéreux, ne laissant que les premiers sous le droit commun. Mais il ne l'a voulu faire que dans les cas où la femme aurait pu, en se mariant, prévoir l'hypothèse d'une faillite et, par voie de suite, les restrictions qui atteindraient l'exercice de son droit hypothécaire. Hors de là, le droit commun maintient ses exigences et la généralité de l'hypothèque légale ne subit pas échec.

Au surplus, dans les cas où s'appliquent les restrictions de l'article 563 C. comm., les créanciers ont cet avantage que la femme ne peut, en aucun cas, les éluder même en prouvant que les motifs qui les ont fait édicter ne se rencontrent pas dans la cause. Mais, en revanche, ils n'auront jamais le droit d'écarter l'hypothèque légale des immeubles que l'article 563 laisse sous le droit commun, l'acquisition de ces biens se serait-elle effectuée dans les conditions qu'a réprouvées le législateur.

**225.** Ces idées générales établies, sur la disposition de l'article 563, il convient, selon la méthode que j'ai suivie jusqu'ici, d'en faire application à des hypothèses particulières.

**226.** 1° L'article 563 C. comm. maintient l'hypothèque légale, sur les immeubles apportés en mariage ou acquis depuis lors à titre gratuit, et il le fait sans distinctions. En d'autres termes, dont a usé un arrêt de la Chambre civile (10 novembre 1869, Sir. 70, 1, 8, col. 3), « les biens qu'il déclare seuls soumis à l'hypothèque de la femme, en demeurent grevés dans les termes et sous les conditions du droit commun. La loi considère uniquement soit la date de l'acquisition antérieure au mariage, soit le titre essentiellement gratuit des acquisitions postérieures ».

Voici quelques conséquences de cette proposition.

**227 (A).** — Dans l'opinion de ceux qui admettent qu'en droit commun la femme du non-commerçant a hypothèque légale sur les conquêts (point qui n'est pas à discuter ici), les immeubles qu'un commerçant, marié sous le régime de communauté, avait lors de son mariage ou qu'il aurait acquis depuis lors gratuitement, seront frappés de l'hypothèque légale de la femme, encore qu'une clause du contrat de mariage (art. 1505 et suiv., art. 1526 C. civ.), ou la volonté du donateur, s'il s'agit de biens donnés (art. 1405), les ait fait tomber en communauté.

On ne saurait objecter que la loi semble ne maintenir l'hypothèque de la femme que sur des immeubles appartenant exclusivement au mari. On ne saurait dire que, ayant en vue le cas de communauté légale, qui est le régime de droit ordinaire, et, excluant les immeubles acquis à titre onéreux, c'est-à-dire les seuls qui, sous ce régime, tombent dans la communauté, le législateur a marqué par là son dessein de soustraire tous les conquêts à l'hypothèque légale. — Ce raisonnement heurte l'esprit de l'article 563, qui veut simplement éviter que l'actif commercial, les deniers des créanciers, servent à avantager la femme. La loi juge qu'un immeuble acquis antérieurement au mariage ou depuis lors à titre gratuit, n'offre pas ce danger : or y aurait-il plus de dangers par

le fait que des immeubles de cette sorte seraient, en
vertu du contrat anténuptial, tombés en communauté ?
Au surplus, le texte ne sépare pas les propres des acquêts ; il statue en dehors de toute application à tel ou tel
régime matrimonial, et s'attache uniquement à la date
ou à la nature du titre d'acquisition, pour exclure ou
maintenir l'hypothèque légale [1].

**228.** Un arrêt de rejet de la Chambre civile du 26 janvier 1876 (Sir. 241), rendu au rapport de M. le conseiller
Goujet, a admis l'hypothèque légale de la femme du
failli sur un immeuble appartenant à celui-ci lors du mariage, encore qu'il eût été ameubli. Mais si la solution
est conforme aux vues que j'ai émises, les motifs posés
par le magistrat rédacteur n'ont pas la généralité de
ceux que j'ai invoqués. Dans l'espèce de l'arrêt, la femme
avait renoncé à la communauté. Or, dit l'arrêt, cette
renonciation fait tenir la communauté pour non exis-
tante : la femme perd tous droits sur les biens en dépendant, qui sont, dès lors, réputés avoir été, dès l'origine,
la propriété exclusive du mari. — Il faut reconnaître
que cet argument, en supposant vrai que la femme renonçante est censée n'avoir jamais été commune, écarte,
pour le cas de renonciation, les objections ci-dessus.
Mais c'est pour ce cas seulement, et cela laisse en doute
si, la femme acceptant la communauté, la Chambre
civile exclurait ou admettrait l'hypothèque légale. Heureusement, le principe rappelé plus haut (n° 226) et qu'a
si nettement posé un arrêt de cette Chambre, rendu au
rapport de M. Larombière, fait préjuger que le droit
commun serait appliqué dans cette hypothèse comme

1  En ce sens, M. Labbé, note Sir., 76, 1, 241.

dans celle où la femme renoncerait. Il faut penser de même pour les autres cas où les immeubles que l'article 563 laisse soumis à l'hypothèque légale seraient tombés en communauté.

**229.** (B). Les immeubles achetés avant le mariage par le mari sont frappés de l'hypothèque légale quand même, en fait, le prix en aurait été payé postérieurement. L'essentiel est, en effet, que l'acquisition ait eu lieu antérieurement au mariage. Or, la propriété, en matière de vente, est transférée par la volonté des parties contractantes et non par le paiement du prix.

(Paris, 13 juin 1874, sur Civ. rej. 26 janvier 1876, Sir. 76, 1, 242).

**230.** (C). Pour la même raison, sera maintenu le droit commun hypothécaire dans le cas suivant : « Le mari, avant le mariage, avait acheté un immeuble ; il en avait payé le prix comptant, et, par conséquent, avant le mariage. Mais il l'avait payé avec de l'argent emprunté et nous supposons démontré qu'il a remboursé le montant du prêt avant le mariage avec des valeurs puisées dans son commerce. Le vœu du législateur n'est pas satisfait. Il n'importe, l'acquisition est antérieure au mariage : l'immeuble est atteint de l'hypothèque légale de la femme du failli ». (Note de M. Labbé, Sir. 76, 1, 241).

**231.** (D). Qu'on suppose que le failli, ayant acquis, soit avant son mariage pour une cause quelconque, soit postérieurement à titre de succession ou de donation, une part indivise dans un immeuble a, postérieurement au mariage et lors du partage de cet immeuble, acquis, moyennant soulte ou prix de licitation, une part d'immeuble excédant la quotité à laquelle il avait droit.

Les avis sont partagés pour savoir si l'attribution de

cet excédant constitue une acquisition à titre onéreux postérieure au mariage, ou si elle participe, quant à sa date, des causes de l'indivision. Si c'est une acquisition à titre onéreux, les restrictions de l'article 563 C. comm. devront s'appliquer et la femme devra laisser déduire, du prix de l'immeuble ou des parts de cet immeuble, la somme payée pour l'excédant attribué au mari. Au cas contraire, la femme du failli exercera, sans difficulté, son droit de préférence sur cet excédant comme sur la part originairement acquise.

**232.** C'est cette dernière solution qu'a consacrée l'arrêt, déjà cité, de la Chambre civile du 10 novembre 1869 (Sir. 70, 1, 8). Il n'a fait, en cela, que ratifier l'avis de la pluralité des Cours d'appel [1] sur la question. L'attribution faite à suite de licitation ou partage est un simple mode de lotissement, le titre de propriété continuant de résider dans les causes de l'indivision. En décidant ainsi, la Chambre civile s'est appuyée de ce double motif : 1° que l'article 883 C. civ., qui consacre l'effet rétroactif du partage, a une portée absolue, loin de se borner au cas de lutte du cohéritier *attributaire* avec les ayants cause de ses cohéritiers ; 2° que l'article 563 C. comm. ne manifeste pas de dérogation, sur ce sujet, aux principes généraux du droit civil.

**233.** L'avis contraire est soutenu par de savants jurisconsultes et il a été consacré par trois arrêts de Cour d'appel, antérieurs à celui de la Chambre civile. Mais les divers tenants de ce système ne sont pas tous

---

1. Limoges, 14 mai 1853, Sir. 567. — Grenoble, 5 août 1857, Sir. 58, 2, 633. — Angers, 27 mai 1864, Sir. 270. — Metz, 14 novembre 1867, Sir. 68, 2, 270. — Douai, 26 novembre 1868, Sir. 334.

d'accord, soit sur les motifs à invoquer, soit sur l'étendue de la solution.

Sur les motifs. — Certains auteurs, en effet, excluent l'application de l'art. 883 C. civ., parce que le caractère déclaratif du partage ne serait qu'une fiction, applicable dans les seuls cas pour lesquels on l'a jugée nécessaire. D'autres, au contraire, reconnaissent à l'article 883 C. civ., comme le fait la Chambre civile, une portée absolue : mais ils soutiennent que l'article 563 C. comm. empêche, par son texte et par son esprit, d'appliquer les effets ordinaires du partage dans l'hypothèse présente.

Sur l'étendue de la solution. — Alors, en effet, que la plupart de ceux qui sont d'avis d'exclure l'hypothèque légale ne distinguent pas avec quels deniers les copropriétaires du mari ont été remplis de leurs droits, Aubry et Rau pensent de la façon que voici. Ils écartent l'hypothèque légale quand les cohéritiers ont été remplis de leurs droits avec des deniers personnels du mari, mais ils l'admettent quand les cohéritiers ont été récompensés en valeurs héréditaires. Dans ce dernier cas, la déchéance hypothécaire de la femme serait contraire à l'esprit de l'article 563 : la réalité des choses effacerait cette présomption que le mari a usé des fonds de ses créanciers.

**234.** Cette controverse indiquée [1], il convient d'en dire quelques mots à un double point de vue.

**235.** D'abord sur le terrain où elle doit se mouvoir. A mon avis, en effet, et d'après les principes posés

---

1. Voir, pour plus de détails, la note, très complète et très intéressante, de M. Labbé, sous l'arrêt de la Chambre civile (Sir. 70, 1, 5 et suiv.).

ci-dessus, touchant la portée de l'article 563 C. comm., il semble que deux opinions sont seules possibles dans la question. Ou bien s'appuyer, comme le fait la Cour de cassation, des effets absolus de l'article 883 C. civ., et considérer le payement de la soulte ou du prix de licitation, opéré par le mari, comme une acquisition, soit antérieure au mariage, soit postérieure, mais gratuite. Ou bien répudier ici l'article 883 C. civ. à titre de fiction qui n'aurait qu'une application restreinte, et dans ce cas, regarder l'acquisition de l'excédant, faite par le mari, comme un simple achat. Mais la femme serait alors déchue de son hypothèque de la façon la plus absolue et sans qu'il y eut à prendre garde aux deniers dont aurait usé le mari dans l'acquisition.

C'est, en d'autres termes, écarter l'opinion qui, pour exclure, au cas présent, l'hypothèque légale, soutient que, sous le droit commun, l'effet déclaratif du partage est un principe absolu, mais auquel l'article 563 C. comm. serait venu déroger. En effet, l'article 563 ne fait, on l'a vu, qu'une seule chose. Il écarte l'hypothèque légale des immeubles acquis à titre onéreux postérieurement au mariage. Mais cela se doit entendre des immeubles que le droit commun déclare être en réalité dans ces conditions ; car, pour distinguer si un immeuble a été acquis à titre onéreux ou non, postérieurement ou non au mariage, l'article 563 n'établit pas un critérium spécial. Or, les exceptions ne se présument pas. Dès lors, si l'on reconnaît que, d'après le droit commun, l'article 883 C. civ. a un effet absolu et que la rétroactivité, posée par lui, attribue à l'acquisition de l'excédant, dont il s'agit ici, la date ou la nature de l'acquisition de la part indivise, on est forcé d'admettre l'hypothèque légale.

De même, en posant la controverse dans les termes que j'indique, doit être écartée l'opinion intermédiaire qui n'exclut l'hypothèque légale que quand les cohéritiers auront été remplis de leurs droits avec les deniers personnels du mari. S'il est vrai, en effet, que l'article 563 C. comm. s'attache uniquement à la date ou à la nature des acquisitions immobilières, il faut négliger les circonstances de fait où elles ont eu lieu, seraient-elles contraires aux présomptions résultant de la loi. Sitôt qu'on juge une acquisition comme faite à titre onéreux et postérieurement au mariage, cela doit suffire pour en soustraire l'objet à l'hypothèque légale.

**236.** Venant maintenant aux deux opinions qui, d'après ceci, peuvent seules utilement lutter, la solution de la Chambre civile me semble la préférable. Je crois que l'article 883 C. civ. doit être pris comme une proposition générale et absolue qui a son empire dans notre matière. C'est une opinion de droit civil dont il serait malséant de déduire ici les motifs, mais dont l'application à notre hypothèse doit faire juger comme l'a fait la Chambre civile. En second lieu, on peut dire, avec cette dernière, que « l'article 563, en prévoyant spécialement le cas de succession, admet, par là même, l'éventualité d'un partage avec tous ses effets légaux et, notamment, le caractère déclaratif qui y est attaché par l'article 883 C. civ. » Enfin, on a fort justement observé qu'un motif d'équité milite en faveur de la femme. Si, au lieu du mari, le cohéritier de celui-ci fût devenu adjudicataire, la femme eût été privée, en vertu de l'article 883, de toute hypothèque sur l'immeuble. Or, il serait injuste que l'article 883 C. civ. fût applicable à la femme quand il lui est contraire et inapplicable quand il la favorise.

(En ce sens : Pont, *Hyp.*, t. I, n° 536. Demangeat sur Bravard, t. V, p. 565, note. — Labbé, note précitée.)

**237.** (E). Dans le cas où le mari aurait fait, pendant le mariage, des constructions ou améliorations sur des immeubles lui appartenant lors du mariage ou à lui advenus depuis lors à titre gratuit, la mieux-value en résultant serait frappée de l'hypothèque légale, comme en droit commun (arg. art. 2133 C. civ.). Peu importerait qu'il s'agît de constructions sur un terrain nu, de simples réparations ou de reconstructions. Peu importerait aussi que tels ou tels deniers eussent servi à ces changements.

(Rouen, 29 décembre 1855, Sir. 57, 2, 753 ; Grenoble, 28 juin 1858, Sir. 59, 2, 249 ; Caen, 3 juin 1865, Sir. 310).

Cette opinion n'est pas adoptée en doctrine. On lui oppose le texte et l'esprit de l'article 563. Le texte : car on se refuse à ranger des constructions importantes, faites pendant le mariage, dans la catégorie des immeubles acquis antérieurement ou reçus depuis à titre gratuit. L'esprit de l'article : car, en matière commerciale, un supplément d'hypothèque légale ne peut être accordé comme l'art. 2133 l'autoriserait en matière civile. D'où, au cas de vente de l'immeuble, il faudrait qu'une ventilation fixât sur quelle part du prix la femme aura droit de préférence.

(Bédarrides, *Faill.* II, n° 1034 ; Massé, *Droit commercial*, II, n° 1435 ; Pont, *Hypoth.*, n° 535 ; Demangeat, sur Bravard, V, p. 566 ; Lyon-Caen et Renault, II, n° 3052 ; Rodière, note, Sirey, 57, 2, 754. Aubry et Rau III, § 264 *ter*, texte et note 51).

Mais, quoi qu'on en ait, le texte de l'article 563 ne

justifie pas ce système. Il laisse sous le droit commun
les immeubles qui appartenaient au mari lors du mariage ou qui lui sont advenus gratuitement; or, l'article 2133 C. civ. fait partie du droit commun. Quant à
l'esprit de l'art. 563, il n'a que faire là où le texte est
formel. Sans quoi il faudrait distinguer sur chaque
espèce et rechercher, en fait, si, oui ou non, tel immeuble sur lequel la femme prétend hypothèque a été
pris sur l'actif commercial. C'est ce que n'a pas voulu
la loi.

238. (F). La femme, ayant hypothèque légale sur
tous les immeubles acquis avant le mariage ou postérieurement à titre gratuit, doit, pour ce motif, être
admise à prouver qu'une acquisition faite, en apparence,
à titre onéreux par son mari et postérieurement au mariage est, en réalité, gratuite ou antérieure à ce dernier
événement. Alors, en effet, ce n'est pas prouver contre
la présomption; c'est établir seulement qu'elle n'est pas
applicable. La cour de Grenoble (28 juin 1858, Sir. 59,
2, 249) l'a décidé au profit d'une femme qui contestait la
date d'une acquisition onéreuse postérieure au mariage.

Dans ces sortes de procès, tous les moyens de preuve
seront ouverts à la femme. Non pas, comme l'a dit à tort
l'arrêt de Grenoble, que les créanciers soient ayants cause
du failli : s'agissant ici d'hypothèque, ceux-ci ont à se
défendre d'un droit propre à la femme. Mais il faut
reconnaître que la femme n'a pu (art. 1348 C. civ.) se
procurer la preuve écrite des faits qu'elle articule, puisqu'il s'agit d'une simulation, qui est un pur fait matériel, et, dans tous les cas, d'actes auxquels elle est
demeurée étrangère.

239. 2° L'art. 563, ai-je dit plus haut, refuse dans les

cas indiqués par son § 1, l'hypothèque légale par rapport aux immeubles acquis à titre onéreux depuis le mariage, et il le fait sans distinction.

Voici quelques applications pratiques.

**240** (A). La femme ne peut se prévaloir de son hypothèque sur un immeuble acquis à titre onéreux par son mari, encore que celui-ci n'en ait pas payé le prix ou l'ait payé avec des valeurs lui provenant d'une succession. La date et le titre suffisent à écarter la femme, bien qu'il soit sûr que les deniers du commerce n'ont pas contribué à l'acquisition.

**241** (B). Pour la même raison, il importerait peu que la femme eût reçu, lors du mariage, des deniers dotaux supérieurs en valeur aux immeubles que possédait le mari à ce moment-là. Cette circonstance serait, il est vrai, des plus favorables à la femme, car alors très probablement ce ne serait pas les deniers des créanciers qui auraient servi aux acquisitions nouvelles faites par le mari. Mais le texte est inflexible. Le mari ne peut, par des acquisitions postérieures, procurer à sa femme un gage immobilier plus étendu que ne le veut la loi commerciale.

(En ce sens Rodière: note Sir. 57, 2, 754 col. 3 *in medio*).

**242** (C). Il faut, en suivant la même voie, aller jusqu'à dire que, si le marchand avait, depuis le mariage, échangé un immeuble soumis à l'hypothèque légale ou si, l'ayant vendu, il en avait remployé le prix, l'immeuble acquis en contre-échange ou à titre de remploi échapperait à l'hypothèque légale [1]. On ne

---

1. *Contrà*, Demangeat sur Bravard, t. V, p. 564, en note. — Lyon-Caen et Renault, II, n° 3 51.

On ne saurait, à l'encontre, objecter de motif d'équité. Ici, c'est le texte seul qui doit être pris en considération. On ne saurait davantage parler de subrogation réelle. Il s'agit, en effet, d'une de ces actions « portant non point sur une universalité de droit ou sur les éléments qui la composent, mais sur une ou plusieurs choses particulières, prises en elles-mêmes » (Aubry et Rau, VI, § 575 texte et note 8). Or, dans de tels cas, la loi seule peut créer une subrogation.

**243.** (D). A plus forte raison, faudrait-il soustraire à l'hypothèque légale un immeuble acquis à titre onéreux et sans remploi, quand même, la femme ayant, volontairement et au profit de ses créanciers, renoncé à son hypothèque sur un immeuble qui en était frappé (par exemple en adhérant à la vente de cet immeuble), il y aurait équité à procurer à cette femme une garantie équivalente. M. Labbé a répondu excellemment, aux motifs d'un arrêt de Metz qui avait l'air de donner dans ces vues, que, la loi n'ayant pas autorisé semblable remplacement d'un immeuble par un autre, ce serait ouvrir la porte à l'arbitraire que de le consacrer. Les créanciers doivent savoir avec certitude si la femme pourra venir, ou non, exercer son hypothèque légale sur certains immeubles. « Cela ne peut, sans de graves inconvénients, dépendre de faits étrangers, accidentels, antérieurs ou postérieurs, ignorés peut-être des créanciers[1].

**244** (E). En écartant l'hypothèque légale de certains immeubles, l'article 563 C. com. ne distingue pas entre le droit de préférence et le droit de suite. Le second est exclu comme le premier.

---

1. Note Labbé, Sir. 70, 1, 6, col. 2, *in fine*.

D'où, l'on ne saurait admettre la collocation de la femme sur le prix d'un immeuble acquis à titre onéreux postérieurement au mariage, mais revendu par le mari avant sa mise en faillite. Le syndic, dans l'intérêt de la masse, ou, dans leur intérêt [1], les créanciers, à qui le failli aurait concédé hypothèque sur cet immeuble pourraient faire rejeter cette collocation.

(Agen 22 juillet 1859; Sir. 60, 2, 87; Nancy 27 mai 1865; Sir. 66, 2, 346).

**245** (F). Dans le cas où le failli ayant, depuis son mariage et en vertu d'une cession onéreuse de droits successifs, acquis une part indivise sur cet immeuble, se serait fait attribuer, moyennant soulte ou prix de icitation, un excédant de la quotité à laquelle il avait droit en vertu de la cession, la femme n'aurait hypothèque sur aucune part de cet immeuble. La part originairement indivise lui est advenue, en effet, dans des conditions que réprouve l'article 563 Code de commerce. Et, quant aux parts acquises à suite de partage ou de licitation, elles doivent, comme le veut logiquement l'article 883 Code civil, (n° 232), être assimilées à la part indivise au point de vue de la date et de la nature de leur acquisition.

En d'autres termes, la controverse, qui divise les auteurs dans le cas où l'indivision procède d'une cause antérieure au mariage, ou postérieure mais gratuite, cesse dans le cas où la cause est, à la fois, postérieure au mariage et onéreuse.

---

1. Dans le système qui soutient que seule la masse peut se réclamer des articles 557 et suiv., la solution du texte comporte bien des distinctions. Les principales ont été marquées dans une savante note de M. Labbé (Sir. 66, 2, 346). Il suffit d'y renvoyer.

**246**. (G). Enfin les créanciers ont le droit, en présence d'une acquisition dont la date ou la nature apparente admettrait l'exercice de l'hypothèque légale, de contester la sincérité de l'acte d'acquisition à l'un ou à l'autre de ces points de vue. Cette solution s'appuie des motifs qui nous ont fait, plus haut (n° 238), reconnaître un droit analogue à la femme au regard des acquisitions dont la date ou la nature nuirait à son hypothèque. Comme la femme dans ce dernier cas, les créanciers pourront user ici de toutes sortes de moyens.

## II

### DE LA FEMME DU FAILLI CRÉANCIÈRE *de* LA MASSE.

#### SOMMAIRE

**247**. Au cas où la femme est créancière de la masse, c'est-à-dire pour des obligations que le syndic aurait contractées envers la femme dans l'intérêt de la masse, nulle restriction à ses droits de créance n'est apportée par la loi. Comme les autres créanciers, elle prélèvera, avant les créanciers antérieurs au jugement déclaratif de faillite, le montant intégral de sa créance.

**248**. Ainsi, il a été jugé que la femme, expropriée pour cause d'utilité publique sous le nom de son mari, a action contre la faillite de ce dernier, pour la répétition du montant intégral de l'indemnité qu'à touchée la faillite (Req. 11 décembre 1848; Sir. 49, 1, 342).

**249**. C'est en vertu du même principe que la jurisprudence, en même temps qu'elle déclare le syndic débiteur des frais de la demande en séparation de biens,
l'autorise à les employer en frais de syndicat [1]; la femme
les prélèvera donc sur l'actif, avant toute répartition,
et la créance relative à ces frais ne suivra pas le sort de
la créance de la femme pour les reprises. A cet égard,
aucune distinction n'est admise par la jurisprudence.
Ainsi, cette solution s'applique même au cas où le syndic s'en est remis à justice. (Douai, 22 avril 1874; Sir.
75, 2, 229; Paris, 22 mai 1876; Sir. 77, 2, 52; Req.
11 juin 1877; Sir. 78, 1, 465; Req. 23 février 1880; Sir.
248; Seine 2 novembre 1885; *Gaz. des Trib.* 7 novembre),
ou quand la femme n'avait fondé sa demande en séparation en biens que sur des reprises éventuelles (Trib. civ.
Lyon 9 avril 1881; *Journal des faillites* 82, p. 186). Il n'y
a pas à distinguer non plus quant aux frais exposés antérieurement à la faillite, si l'instance en séparation avait
été introduite avant le jugement déclaratif : ces frais seront repris intégralement avec les frais postérieurs (Req.
11 juin 1877). Il en serait encore de même pour les
frais motivés par la mise en cause ou par la présence du
mari, qui n'ont pas un sort différent des frais exposés
contre le syndic (Douai, 22 avril 1874; Req. 8 fév. 1880;
Trib. Lyon 9 avril 1881).

---

1. *Contrà* : Thaller. Des créanciers dans la masse et des créanciers

Art. 2. — La femme n'a pas produit dans la faillite.

SOMMAIRE

**250.** Dans ce cas, les opérations de la faillite se poursuivent sans que la femme y prenne part. Elle peut bien s'opposer à la vente de ses biens personnels, y compris ceux qu'elle avait donnés à son mari par contrat de mariage et que la loi lui restitue (art. 564 C. comm.). Mais son droit d'opposition est limité à certains égards.

D'abord, elle ne peut empêcher ni la vente des biens qu'elle a acquis à la suite d'un appauvrissement du mari, ni la vente des biens qu'elle a reçus de lui par contrat de mariage au cas de l'article 564. En second lieu, pour les autres biens, la femme doit prouver, selon les articles 557 et suivants, son droit de propriété.

Il convient de dire aussi que les créanciers de la femme pourraient, en vertu de l'article 1166 C. civ., exercer les droits négligés par leur débitrice et produire à la faillite. Mais ils seraient bornés dans cet exercice, comme le serait leur débitrice, en vertu des articles 557 et suivants.

**251.** Si l'on suppose que la femme veuille plus tard exercer ses droits et reprises, ou soit forcée de le faire, par exemple, à la mort de son mari, sa situation sera réglée par une distinction.

Ou bien les créanciers, au profit de qui les restrictions

de la masse dans la faillite, n° 17 (*Rev. crit. de législ.* 1881, p. 657).

des articles 557 et suivants ont été établies, n'auront pas encore été satisfaits. Dans ce cas, les restrictions dont s'agit auront lieu de s'appliquer. Ainsi, la femme n'aura point d'actions pour donations procédant du mari ou, dans le cas de l'article 564, pour avantages matrimoniaux. De plus, elle devra se conformer aux articles 559 et 560, pour la reprise en nature, et aux articles 562 et 563, pour la reprise en valeur.

Ou bien, les créanciers ont été satisfaits ; alors les restrictions cesseront. La femme fera reprise en nature, en en justifiant par les moyens de preuves du droit commun, et, si les biens ont été vendus par le syndic, parce que la femme n'a pu prouver son droit selon les articles 559 et 560, la femme fera sa reprise en valeur. Les article 562 et 563 ne s'appliqueront plus. Les avantages faits par le mari au profit de sa femme pourront être réalisés par elle, soit en nature, soit en valeur.

## § II.

*Les reprises sont liquidées lors du jugement déclaratif de faillite.*

### SOMMAIRE

**252.**    I. Les reprises n'ont pas été exercées avant le jugement déclaratif.

**253.**    II. Les reprises ont été exercées avant le jugement déclaratif.

252. I.—Si les reprises, quoique liquidées, n'ont pas été exercées (art. 1444 C. civ.) avant le jugement déclaratif, l'exercice en sera soumis aux restrictions exposées dans le paragraphe qui précède. L'assiette de l'hypothèque légale notamment sera réduite, en conformité de l'arti-

clé 563 C. comm , aux seuls immeubles appartenant au mari lors du mariage ou qui lui sont advenus depuis gratuitement.

Mais rien n'empêcherait la femme d'agir hypothécairement sur les immeubles acquis à titre onéreux par le mari, si, avant le jugement déclaratif, en vertu des jugements de séparation de biens et de liquidation, elle avait pris inscription de l'hypothèque *judiciaire* qui en résulte. En effet, l'article 563 ne pose des restrictions que pour l'hypothèque *légale*. Il faut d'autant mieux se tenir à ce texte que l'hypothèque judiciaire préjudicie moins aux créanciers du mari que l'hypothèque légale : elle ne prend, en effet, date que du jour de l'inscription[1]. Cette solution n'est, du reste, exclusive ni de l'application des règles ordinaires, s'il y avait eu fraude entre époux pour tourner l'article 563, ni de l'application de l'article 448, § 2, au cas où l'inscription aurait eu lieu après la cessation des payements ou dans la période suspecte.

La même solution s'appliquerait à tous les autres cas où la femme du failli aurait inscrit une hypothèque judiciaire, à suite de jugements obtenus avant la faillite. Ainsi en serait-il au sujet d'une pension alimentaire, que son mari aurait été condamné à lui fournir par jugement de séparation de corps (Civ. rej. 14 juin 1883, Sir. 609, Massé, *op. laud. loc. cit.*)

**253. II.** — Si les reprises ont été exercées et réglées avant le jugement déclaratif de faillite, la femme ne peut, en principe, être inquiétée ; ses droits sont fixés irrévocablement.

---

1. Contra, Bédarride, *Faill.*, t. II, n° 1\2) ; Massé, *Droit commercial*, t. II, n° 1347.

Mais il peut arriver que le jugement déclaratif de faillite reporte la cessation des payements à une date antérieure. Si, dans ce cas, le règlement des reprises a eu lieu postérieurement à l'époque fixée ou dans les dix jours qui la précèdent, les articles 446 et 447 C. comm. peuvent être applicables. L'article 446 notamment aura lieu si le mari a cédé à la femme, en payement de ses reprises, un immeuble qui lui était propre. L'article 447 C. comm. s'appliquera, en quelque forme qu'ait été fait le règlement, si la femme a connu la cessation des payements.

(Req. 24 janvier 1854 ; Dall. 81 ; Metz, 12 juin 1855, Sir. 465 ; Paris, 21 janvier 1858, Sir. 567 ; Agen, 23 février 1881, Sir. 150, req. 17 juin 1884), Dall. 85, 1. 392.

Sous le régime de communauté, la décision serait sûrement la même au cas où la femme aurait été payée avec des biens communs. Il faut pourtant signaler que ce dernier avis n'est pas adopté par tout le monde. Les Cours de Bordeaux et d'Aix (4 avril 1876, 28 février 1878, Dall. 79,2,265) ont, en effet, décidé, que si la femme acceptante exerce les prélèvements destinés à acquitter ses reprises, à titre de copartageante, les créanciers du mari ne peuvent attaquer l'attribution à elle faite de biens dépendant de la communauté.

# TABLE DES MATIÈRES

# POSITIONS

## DROIT ROMAIN

I. — Jusque vers le milieu du VII<sup>e</sup> siècle de Rome le legs *per damnationem* ne put avoir pour objet que des quantités certaines, qui se comptent ou qui se pèsent.

II. — Dans le très ancien droit romain, les obligations étaient intransmissibles.

III. — Un enfant est sous la puissance de son père, moins par la seule vertu du mariage que par la volonté du mari qui l'a agréé comme héritier sien.

IV. — Dans le très ancien droit romain, l'usucapion se réalisait sans juste titre et sans bonne foi.

## DROIT CIVIL FRANÇAIS

I. — La donation faite au mari par contrat de mariage, et en considération du mariage, ne peut être annulée, sur la demande des créanciers du donateur, que s'il est prouvé qu'un concert frauduleux a existé entre le donateur, le mari donataire et la femme.

II. — La reconnaissance d'un enfant naturel, fait

dans une déclaration reçue par le magistrat instructeur au cours d'une procédure criminelle, qui d'ailleurs se rattache étroitement aux relations du père et de la mère, est valable.

III. — L'aveugle a pleine capacité pour faire un testament par acte public.

IV. — La renonciation à un usufruit faite par le père de famille, au profit de l'un de ses enfants institué légataire de la nue propriété par le testament qui a légué l'usufruit au père, oblige cet enfant de rapporter à la succession de celui-ci la valeur de l'usufruit dont il a profité pendant la vie de son père.

## DROIT COMMERCIAL

I. — L'hypothèque, constituée pendant la période suspecte, pour sûreté d'une dette antérieure, n'est pas *nulle de droit*, en vertu de l'article 446 C. comm., si la promesse de constituer cette hypothèque a été concomitante avec la dette.

## DROIT ADMINISTRATIF

Le failli non réhabilité ne peut être gérant d'un journal.

## DROIT CRIMINEL

Les peines, prononcées par deux condamnations différentes et déclarées confondues par la dernière de ces condamnations, en vertu de l'article 365 C. inst. crim.,

doivent être individuellement comptées pour la reléga-
tion.

## PROCÉDURE CRIMINELLE

L'article 322 l. c., qui interdit la déposition de l'enfant
contre son ascendant, ne s'oppose pas à ce que le des-
cendant soit entendu à titre de renseignement, sans serment, en vertu du pouvoir discrétionnaire du président
de la Cour d'assises.

*Vu par le président de la thèse :*
7 juillet 1887.
A. DELOUME.

*Vu par le doyen de*
*la Faculté de droit :*
12 juillet 1887.
Henry BONFILS.

*Vu et permis d'imprimer :*
Toulouse, 12 juillet 1887.
*Le Recteur,*
Cl. PERROUD.

Châteauroux. — Typ. et Stéréotyp. A. MAJESTÉ.

CHATEAUROUX. — IMPRIMERIE A. MAJESTÉ